U0458669

SURPRISED BY JOY

# 惊 悦

## 我的前半生

C.S. 路易斯 —— 著　丁 骏 —— 译

C. S. Lewis

上海三联书店

献给

本笃会比德·格里菲斯神父

我心惊悦

一如风，迫不及待

——华兹华斯[1]

---

1. 此处引用英国诗人华兹华斯（William Wordsworth, 1770—1850）的十四行诗《惊悦》中的第一句，这首诗是诗人怀念不到四岁即夭亡的女儿凯瑟琳而做，本书书名即取自此诗的题目。——译者注（本书星号注 * 为原书注，其他注释均为译者注或编者注，以下不再另外注明）

# – 目录 –
## Contents

序

写作这本书，一部分原因是有人提出让我谈谈我是如何从无神论进入基督教的，我要做点回应；还有一部分原因，是纠正一两个看似已经传扬开的错误看法。这个故事对我自己之外的其他任何人能有多少意义，取决于其他人在多大程度上也体验了我称之为"喜悦"的内心经历。如果这一经历真是普遍存在，那么对它做一次尚未有过的（我这样觉得）细致描述，也许多少会有些用处。我有勇气写下这一经历，是因为我注意到，当有人提及他自认为最独特的感受时，在场者中往往至少有一位会说："什么!**你**也这么感觉吗？我一直以为只有我是这样呢。"

　　这本书旨在讲述我归信的故事，并非一般的自传，更不是圣奥古斯丁或卢梭式的"忏悔录"。这意味着随着故事的展开，会越来越不像一般的自传。在前面几章中，网撒得相当之广，为的是当明确的精神危机到来时，读者可以理解，我的童年和青少年时期将我塑造成了怎样一个人。"铺垫"一旦完整，我就严格围绕主旨来写，省略了那个阶段所有（无论按照一般传记标准有多么重要）看似不相关的内容。我觉得也不会有太多缺憾，我读过的所有自传都是描写早年的部分远比其他部分更有趣。

　　这个故事恐怕主观到无以复加，是我以前从未写过的一类作品，也很可能不会再写第二本了。第一章我就采用极端主观的写法，这样一来，那些无法忍受此类故事的读者便能一眼认出自己读的是什么，随即把书合上，不必再多浪费一分钟了。

C. S. 路易斯

# - 第 1 章 -

## 人之初

幸福，奈何福极祸至。[1]

——弥尔顿

　　我出生在贝尔法斯特[2]，那是 1898 年的冬天。我父亲是位律师，我母亲是牧师的女儿。我父母只有两个孩子，都是男孩，相差三岁，我是老二。两种截然不同的禀性在我和哥哥体内交汇。父亲是他家

---

1. 此句引自弥尔顿（John Milton, 1608—1674）《失乐园》第四章第 370 行，语境是撒但初见亚当与夏娃，它内心有一段独白，思量着如何去引诱他们，破坏他们的幸福。
2. 贝尔法斯特：北爱尔兰首府。

族中走出的第一位专业人士。他的祖父是威尔士农民；他的父亲从小工干起，白手起家，后来移民到爱尔兰，最后成为"迈西维尼 & 路易斯"公司的合伙人，这个公司承接"锅炉制造、机械工程以及钢铁船舶制造"。我母亲娘家姓汉密尔顿，祖上好几辈人都是牧师、律师、水手，在她之后出生的也是如此；而她的母亲那一边，沃伦家族的血统，可以一直追溯到一位长眠于巴特尔修道院[3]的诺曼骑士[4]。我身后这两个家族的气质性情也与他们的出身血统一样大相径庭。我父亲这边的人是真正的威尔士人，感情用事，激情四溢，且出口成章，动辄或血脉偾张，或柔情似水；他们经常捧腹大笑，也不时热泪盈眶，缺乏感受幸福的天赋。汉密尔顿家族则冷静得多。他们的大脑审慎批判，尤善冷眼旁观，而且他们具有感受幸福的高度天赋——他们直奔幸福而去，就如一位经验丰富的旅行者直奔列车上的最佳位置而去。我从很小的时候起就意识到我父母之间这种强烈的反差，一面是令人愉悦宁静的母爱，一面是父亲跌宕起伏的情感活动，这使得我体内生长出某种对情感的不信任或者反感，早在我能把这种感觉描述出来之前，我就

---

3. 巴特尔修道院：为纪念诺曼征服中决定性的黑斯廷斯战役（1066年），诺曼底公爵威廉于1095年建造了巴特尔修道院，位于英国东萨塞克斯郡的巴特尔镇。
4. 诺曼骑士：1066年来自法国北部的诺曼人征服了英格兰。

觉得情感令人不舒服，令人尴尬，甚至是危险的。

　　按当时当地的标准来看，我父母都是爱读书的人，或者是"聪明"人。我母亲年轻时是个大有前途的数学能手，拿到贝尔法斯特女皇大学的学士学位，她在去世前已经给我打下了法语和拉丁语的基础。她读起好的小说来如饥似渴，我继承的那些梅瑞狄斯[5]和托尔斯泰的书应该都是她买的。我父亲的品位很不一样。他喜欢演讲术，年轻时曾经在英国的政治论坛上做过演讲，要是当时有独立的经济能力，他定会走上从政的道路。除非他那近乎堂吉诃德式的荣誉感令他失控，父亲很可能真的会从政成功，因为他身上具备的众多天分一度是国会议员所必备的——优雅得体的举止，会产生共振的嗓音，头脑敏捷，出口成章，还有超群的记忆力。特罗洛普[6]的政治小说深得他的欢心，我现在觉得，追踪菲尼亚斯·芬[7]的事业对他来说是满足他本人欲望的一种方式——过过干瘾。他喜欢诗歌，但这些诗要么辞藻华丽，要么哀婉动人，要么既辞藻华丽又哀婉动人，《奥

---

5. 梅瑞狄斯（George Meredith, 1828—1909）：英国小说家、诗人，代表作是长篇小说《利己主义者》。

6. 特罗洛普（Anthony Trollope, 1815—1882）：英国小说家，代表作是长篇小说《巴塞特郡纪事》。

7. 菲尼亚斯·芬是特罗洛普的另一部小说《爱尔兰议员菲尼亚斯·芬》的主人公。

赛罗》应该是他最喜欢的莎士比亚戏剧。几乎所有的幽默作家他都由衷热爱，从狄更斯[8]到 W. W. 雅各布斯[9]，而且他本人就是我听过的故事讲得最好的人，几乎无可匹敌，所谓最好是指在他那一类型中是最好的，这一类型的**讲故事者**会把所有的角色挨个儿演一遍，又做鬼脸又打手势，手舞足蹈，一刻不停。他最开心的事莫过于和我的一两个叔叔在房间里关上一小时，交换"俏皮话"（在我们家也不知道为什么管轶闻趣事叫"俏皮话"）。有一类文学作品是我父母全都不喜欢的，而那恰恰是我一旦可以为自己挑书便发誓效忠的。他俩谁也没有倾听过从精灵国传来的号角声。我家没有一本济慈[10]或者雪莱[11]的书，倒是有一本柯勒律治[12]的书，但据我所知从来没翻开过。如果我是一个浪漫主义者，我的父母完全无须负责。我父亲倒确实喜欢丁尼生[13]，但他喜欢的是《悼念集》和《洛克斯利大厅》里的丁尼

---

8. 狄更斯（Charles Dickens, 1812—1870）：英国现实主义作家代表。

9. W. W. 雅各布斯（W. W. Jacobs, 1863—1943）：英国小说家，尤以惊悚短篇著称。

10. 济慈（1795—1821）：英国浪漫主义诗人代表。

11. 雪莱（1792—1822）：英国浪漫主义诗人代表。

12. 柯勒律治（1772—1834）：英国诗人、评论家，与华兹华斯合著《抒情歌谣集》，开创了英国文学史上浪漫主义新时期。

13. 丁尼生（Alfred Lord Tennyson, 1809—1892）：英国维多利亚时代著名诗人。

生。我从未听他提起过《食莲人》或者《亚瑟王之死》。至于我的母亲，我听说她对诗歌毫无感觉。

除了父母好、吃得好，以及一个可以在里面玩的花园（当时感觉这个花园可真大）之外，我的人生之初还有两样福气。其一是我们的保姆丽兹·艾丁科特，即便在儿童苛求的记忆里，从她身上也找不出一点错来——有的就是慈祥、欢快，还有通情达理。那时候还没有关于"淑女保姆"之类的胡话。我们经由丽兹而在当郡[14]的农民中扎下了根。于是乎，我们得以在两个非常不同的社交世界自由出入。有些人把教养等同于德性，而我之所以能对这样一种失误有终身的免疫力，都得感谢丽兹。早在记事之前我就已经知道有些玩笑可以在丽兹面前开，但是在客厅里是万万不行的；而且，丽兹作为一个人其实再简单不过，她就是一个好人。

另一样福气是我的哥哥。尽管他比我大三岁，但是他从来都不像是我的兄长，打一开始我们就是同盟者，即便不说是知己吧。然而我们又是非常不一样的。我们幼年时画的画（在我的记忆中我们永远都在不停地画啊画）就充分说明了这一点。他画的都是轮船、火车、战争；而我的画里，除了模仿他的那些，就全是被我俩叫

---

14. 当郡（County Down）：英国北爱尔兰的一个郡。

作"穿衣服的动物"的东西——儿童故事书里的野兽被画成人的模样。他写的最早的故事——他既年长些，便先于我从画画进展到写作——名字叫作《青年拉甲[15]》。印度早已成为"他的国度"，而我的国度则是动物国。存留下来的那些画应该都不是我六岁之前画的，即我眼下正在描述的这段岁月，但其中很多也不太可能是比六岁大很多时画的。从这些画来看，我的天赋要比哥哥更高些。很小的时候我就知道怎么画动作——看上去人物好像真在跑动或者打架，透视也不错。但是，无论是我的还是哥哥的作品，没有一处是遵循美的概念而画的，哪怕是最粗糙的美的概念。有动作、有喜剧、有创造，但是设计的感觉一丁点儿都没有，而且对于自然形态的无知简直到了让人瞠目的地步。树看上去就像电线杆子上粘着棉花球，也没有任何迹象显示我俩有谁知道花园里任何一片叶子的形状，尽管我们天天在那儿玩。现在想起来，这一美的缺失正是我们童年时代的特征。父亲房子墙上挂的画没有一幅引起过我们的注意——确实也都不值得注意。我们从没见过一幢美的建筑，也没想过建筑可以是美的。我最早的审美体验，如果确实称得上审美的话，不是那种类型的，而是早已无可救药的浪

---

15. 拉甲：指印度的酋长、王公或贵族等。

漫，与形式无关。有一次，我还非常小的时候，哥哥把一个饼干盒的盖子带进了育儿室，他在盖子上铺了一层青苔，又插了些嫩枝和小花，把它做成了一个玩具花园，要么就是玩具森林。正是这个盒盖子带给我关于美的第一次体验。玩具花园给了我现实花园所没能给我的。它让我意识到了自然的存在——并不是蕴藏形式与颜色的自然，而是凉凉的、沾着露水、新鲜又茂盛的自然。我想，在那一时刻这并不是一个多么重要的印象，但是这个印象很快在我的记忆中变得重要起来。在有生之年，我想象中的乐园将始终带着哥哥那个玩具花园的影子。还有就是每天都在那里的被我们叫作"青山"的东西——我们透过育儿室的窗户看到的卡斯尔雷山的低矮山脉。它们离得并不远，但是对孩子来说却是那么难以企及。是这些山教会了我渴望——*Sehnsucht*[16]，且不论于我是好是坏；在我还不满六岁时，正是这些山让我成了蓝花[17]的追随者。

---

16. *Sehnsucht*：这是一个德语词，可泛泛地译作"渴望"，但 *Sehnsucht* 不同于一般的渴望，而是专指某种灵魂深处挥之不去又无法描述的渴望，原因是人的灵魂不能确切把握这种渴望的对象。由于英语中没有一个原生的、有此含义的对应词，便直接借用 *Sehnsucht* 一词。这个词的深刻内涵也许正是路易斯的这本自传努力要诠释的核心内容之一。

17. 蓝花（Blue Flower）：象征自然与人类精神的结合。最早赋予"蓝花"这一象征意义的是德国浪漫派诗人诺瓦利斯（Novalis，1772—1801）。

如果说审美体验极少发生，宗教体验则完全是空白。有人从我的书里得出印象，认为我在严格正宗的清教主义家庭长大，事实并非如此。该学的东西我都学了，也做祷告，到了一定年龄也被带去教堂。我很自然地接受教给我的东西，但是我不记得对此有任何兴趣。我父亲根本不是什么特别的清教徒，以 19 世纪爱尔兰教会的标准来看，他属于相当"高教会派"[18]，而他对待宗教的态度与后来我自己对待宗教的态度可谓大相径庭，正如我们对文学的态度一样。他生来便喜爱祈祷书（我是后来才学会欣赏这些书），要找到一个与他智力相当且对形而上学同样如此漠不关心的人恐怕是很难的。至于我母亲的宗教观，我的记忆里几乎什么也没有留下。无论如何，我的童年几乎与彼岸世界毫无关联。除了那个玩具花园和那些青山，我的童年甚至毫无想象力可言。在我的记忆中，童年就是一段平淡无奇、毫无诗意的幸福时光，当我回忆起远不如童年幸福的少年时代，总会有一种锥心的依恋，而这种感觉是我的童年不曾唤起的。令过去的岁月焕发光彩的往往不是安稳的幸福，而是转瞬即逝的欢乐。

---

18. 高教会派：英国国教中的一派，虽然脱离教皇辖制，但要求维持教会的较高权威地位，主张在教义、礼仪和规章上大量保持天主教的传统。

在这一片幸福之中也有一个例外。我最早的记忆是一些梦境带来的恐惧。这是那个年纪的孩子常有的烦恼，然而对我来说仍感困惑的是，在备受呵护关爱的童年，那扇明明就是通向地狱的窗户何以会如此频繁地打开。我的噩梦分两种，一种是梦见鬼魂，另一种是梦见虫子。无须比较，更糟糕的是后一种，时至今日，我宁愿遇到鬼也不想遇到狼蛛。时至今日，我也几乎可以让自己去理性地思考解释我的这种恐惧症。欧文·巴菲尔德[19]有一次对我说："虫子的麻烦在于它们和法国机车一个样——所有的零部件都露在外头。"**零部件**——这就是麻烦的地方。它们的尖腿儿，它们抽搐般的爬行，它们枯燥、机械的叫声，这一切都在暗示：要么就是机器活过来有了生命，要么就是生命退化成了机器。或许还有一点：在蜂巢和蚁穴里可以看到两个完全被实现的景象——雌性的统领和集体主义的统领，这是我们中间有些人深恐人类自己会遭遇的。关于这一恐惧症的历史有一项事实也许值得记录。我到了十几岁的时候，因为读了拉波克的《蚂蚁、蜜蜂和黄蜂》，产生了认真研究昆虫的兴趣，但只持续了很短的时间，其他学习任务很快

---

19. 欧文·巴菲尔德（Owen Barfield, 1898—1997）：英国哲学家、作家，是路易斯除《指环王》作者托尔金（J. R. R. Tolkien, 1892—1973）之外的另一位终生挚友，对路易斯及托尔金的思想和作品均有深厚影响。

就把这个兴趣挤没了。不过，在研究昆虫学的那段时间，我的恐惧几乎消失殆尽，我倾向于认为真正客观的好奇心一般都会有这样的净化效果。

心理学家恐怕不会满足于将我对昆虫的恐惧做如下解释，尽管头脑更简单些的一代人会这样诊断其成因——我的一本童年读物里有一幅让人厌恶的画面。在这幅画里，一个侏儒小孩，"大拇指汤姆"[20]之类的，站在一棵伞菌上，正受到底下一只比他大得多的鹿角甲虫的威胁。这已经够糟了，但是还有更糟的。这只甲虫头上的两个角是长条纸板做成的，独立于书页之外，有一个活动支点。只要移动背面一个见鬼的机关，就可以让这两个角像钳子一样一开一合——咔嚓—噼啪—咔嚓—噼啪——我现在写着，眼前分明还能看见这两只角。母亲如此明智，却竟然让这样一个怪物进了育儿室，真是难以理解。除非这张画本来就是噩梦的产物（此刻我心头一阵狐疑），但我觉得不是。

1905 年，我七岁，发生了我人生中的第一次大变化。我们搬家了。父亲决定离开这个迎接了我的诞生的半独立式别墅，我猜想他是事业更成功了，要给自己盖一幢更大的房子，搬到当时更加乡下的地方。那幢我们

20. "大拇指汤姆"：英国民间传说中的侏儒主人公。

连着好几年都喊作"新房子"的建筑，即便按我现在的标准也是庞大的，对一个孩子来说，它更像座城池而不是房子。父亲是我认识的人里面最具被骗潜力的，他被建筑商骗惨了：下水道不好，烟囱不好，且每个房间都漏风。然而，对一个孩子来说，这些都没关系。对我来说，这次搬家的重要之处在于我生活的背景变大了。"新房子"几乎是我故事里的一个主角。长长的走廊，空荡荡的洒满阳光的房间，楼上屋子里的寂静，独自探险过的阁楼，远处水箱和水管发出的咕咕声，瓦片底下风的呼啸——是这些东西造就了我。还有，就是无穷无尽的书。父亲把所有他读的书买回家，从来不会处理掉任何一本。书房里有书，客厅里有书，衣帽间里有书，落地大书橱里有书（双排摆放），卧室里有书，安置水箱的阁楼里有堆得和我比肩的书，可以反映出我父母每个短暂兴趣阶段各种类型的书，可读的和不可读的书，适合孩子的和最不适合孩子的书。没有什么是我不能看的。在那些仿佛永无止境的阴雨绵绵的午后，我从架子上拿下一本接一本的书。我总是很肯定自己一定会找到一本没读过的书，就像一个走进田野的人很肯定自己会找到一根没见过的小草。我们来新房子之前所有这些书都放在哪里？直到我开始写这一段时才第一次想到这个问题。我对答案毫无头绪。

户外的"风景"无疑是选择这块地皮的主要原因。在大门口我们可以俯瞰辽阔的田野，直到贝尔法斯特湖，湖的那面是安特里姆郡海岸上的群山轮廓——迪维斯山、科林山、凯弗山。在那些遥远的日子里，英国仍是这个世界的运输者，贝尔法斯特湖上航运兴旺，这是我们两个男孩的乐事，但主要是对我哥哥而言。夜晚汽船的鸣笛声仍然能够为我唤起整个童年时代。房子后面是霍利伍德山，要比安特里姆的群山更绿、更矮，也离我们更近，但很长一段时间我都没有注意霍利伍德山的存在。一开始被关注的是西北面的风光，蓝色山脊后面长得没有尽头的夏季的落日，还有归巢的乌鸦。在这些景致的环绕中，命运的突变接二连三降临了。

　　先是哥哥被送到一所英格兰的寄宿学校，这意味着一年中的大多数时间他都不在我身边了。我清楚记得每逢他假期回家时我是多么欣喜异常，却已经不记得他离开时我感到的痛苦。他的新生活并没有改变我们俩的关系。与此同时，我继续在家里接受教育，跟着母亲学法语和拉丁语，其余的都是跟一位很不错的女家庭教师安妮·哈珀学的。那时候我把这位温和谦虚的小个子女士当成了大妖怪，但是根据我尚存的记忆我可以肯定那样做是不公平的。她是位基督教长老会信徒[21]，有一次，她在算术和作文课之间插了一段挺长的训话，我记得那是第一次，彼岸的那个世界多少有些真实地被带到我面前。不过我想得更多的还是很多其他的事情。我真实的生活——或者说记忆中我真实的生活——正变得越来越孤独。我确实还有很多可以说话的人：我的双亲，和我们一起住的祖父路易斯（他早衰且耳聋），几个女佣，还有一个无酒不欢的园丁。我那时就是个让人忍无可忍的话痨，我确信无疑。但是孤独几乎总是招之即来，不在花园的这处，就在房子的那处。我已经学会读书写字，我总有一打能做的事儿。

驱使我写作的原因是我双手极度笨拙，我一直都是这样。我将其归因于一种我和哥哥遗传自父亲的生理缺陷：我们的大拇指只有一个关节。上关节（离指甲最远的那个）虽然看得到，却是个冒牌货，我们没法弯曲这个关节。不过不管怎样吧，打出生起，我就注定毫无动手能力，什么都做不了。使用铅笔、钢笔我都还算顺手，男人衬衣上看得到的像样领结我也还能凑合弄一个出来，但要是其他什么工具，棍子也好，枪也好，袖口

---

21. 长老会是基督教新教派别之一，长老会教会通常由选举出的德高望重的几位老者主持。

链扣，螺丝起子，无论怎么教我都一概学不会。正是这一点迫使我写作的。我渴望动手造东西，船、房子、机车。我毁了很多硬纸板和好几把剪刀，最终只是从毫无希望的失败中泪眼婆娑地走出来。作为最后的出路，万不得已的一步，我被迫开始写故事，我做梦也没想到我正在走进一个多么美妙欢乐的世界。在故事里你能对一座城堡做的事，比起育儿室桌子上站着的那个最棒的纸板城堡，不知要多多少呢。

我很快就把一间阁楼划归自己名下，让它成了我的"书房"。墙上钉着我自己画的画，或者从五光十色的各种圣诞杂志里剪下来的画片。我在那里放了我的笔、墨水瓶、写字本，还有颜料盒，我在那里——

自由地享受欢乐

生命还能获得比这更大的幸福吗？[22]

我在那里写出了我最早的故事，还给故事配了画，真是心满意足。这些画试图把我的两个艺术偏好融合起来——"穿衣服的动物"和"穿盔甲的骑士"。于是乎，我写了一

---

22. 此句引自英国诗人斯宾塞（Edmund Spenser，1552—1599）的诗作《蝴蝶的命运》（1591 年）。

群侠义的老鼠全副武装冲锋杀敌，它们杀的不是巨人，是猫。我想要系统化打造故事的心态已经很强烈了，同样的心态曾引领特罗洛普没完没了地写他那个巴塞特郡。节假日我哥哥在家的时候，那个动物国就会启动，它是一个现代动物国，那里必须有火车和汽轮才能是个可以和他分享的王国。当然，这就意味着我故事里那个中世纪的动物国必须处于同一个地方的历史早期，而这两个时代必须有个合适的衔接。我就这样从编故事转向了编历史，我开始撰写一部动物国编年史。尽管这一说明性作品保留下来的不止一个版本，但我从来没能写到现代部分，所有的历史事件都出自历史学家的脑袋，这几个世纪可有的好填了。不过这部**历史**里面有一点至今仍让我感到骄傲。我以前编的那些故事里全是侠义动物的冒险经历，但在这部史书里我却只是轻描淡写地提到几次，还敬告读者这些可能只是"传说而已"。出于某种原因——天知道什么原因——我那时候竟然已经意识到历史学家应该对史诗性的材料保持一种批判接受的态度。历史与地理仅一步之遥。很快就有了一幅动物国地图——是几幅地图，还具有相当可观的连贯性。接着，动物国需要和我哥哥的印度在地理上关联起来，于是印度就从真实世界的板块里被连根拔起了。我们把印度变成了一个岛，北部海岸线沿着喜马拉雅山脉，在印度和动物国之间我哥哥迅速发明了主要的汽轮航线。很快一个完整的世界诞生了，还有这个世界的地图，把我颜料盒里的颜料全用上了。而这个世界中我们认为属于我们的那些部分——动物国和印度——有了越来越多的连贯人物。

那段时间我读过的书现在大都还记得，但也不是说我到现在还喜欢所有那时读过的书。最早引我认识"穿盔甲的骑士"的是柯南·道尔[23]的《奈杰尔爵士》，但我从来没起过重读这本书的念头。我现在更不可能读的是马克·吐温的《亚瑟王宫廷里的美国佬》[24]，那时是我手头关于亚瑟王故事的唯一资料，我读这本书是为了其中的浪漫部分，读得满心欢喜，完全不顾那些有针对性的粗俗的讥讽。比这两本好得多的是 E. 内斯比特[25]的三部曲：《五个孩子和一个怪物》《凤凰与魔毯》《护身符》。最后一本最让我受益，它第一次向我打开了远古世界，"已逝的黑暗，时间的深渊"。我现在仍然可以读得津津有味。未删节版的《格列佛游记》还配着丰富

---

23. 柯南·道尔（Arthur Conan Doyle, 1859—1930）：英国作家，福尔摩斯系列作品的作者。
24. 马克·吐温（Mark Twain, 1835—1910）：美国作家，他的这本小说的原名是《亚瑟王宫廷里的康州北佬》。
25. E. 内斯比特（Edith Nesbit, 1858—1924）：英国女作家。

恣意的插图，那是我的最爱之一，我还没完没了地钻研过父亲书房里一整套旧的《潘趣》[26]。坦尼尔[27]画的俄国狗熊、英国狮子、埃及鳄鱼等等，满足了我对"穿衣服的动物"的激情，而他对植物马虎敷衍的处理则是对我自己不会画植物这一缺陷的肯定。接着就是毕翠克·波特[28]的书了，在她的书里，美终于出现了。

比较清楚的是，那段时间里——六、七、八岁的时候——我几乎完全活在想象中，或者至少那些年里的想象经历，现在在我看来是最重要的。所以我会忽略诺曼底的某个假日（尽管我对那个假日的记忆非常清晰），觉得那无关紧要，如果把那个假日从我过去的生活中拿走，我应该还会是和现在一样的人。但是想象是个模糊的词，我必须做些区分。它可以指想入非非的世界，白日梦，幻想愿望的实现。这些我知道得太多了。我总把自己想成一个崭露头角的人物。但我必须坚持这是和创作动物国完全不同的一种心理活动。动物国（在某种意义上）根本不是幻想作品。我不是其中的人物之一。我

---

26. 《潘趣》（Punches）：更多译作《笨拙》，是1841年问世的一份英国幽默周刊，曾经在英国家喻户晓，2002年停刊。

27. 坦尼尔（John Tenniel, 1820—1914）：英国著名漫画家及插图作者，因创作《爱丽丝漫游仙境》（1865年）的插图而闻名。

28. 毕翠克·波特（Helen Beatrix Potter, 1866—1943）：英国儿童文学家，世界童书经典"彼得兔"系列的作者。

是这个王国的创造者，不是要进入其中的候选者。创造与幻想有本质上的不同，如果有人无法认识这种不同，那是因为他们没有两者都经历过。任何人只要两者都经历过就会理解我。做白日梦的时候我是训练自己做个傻子；给动物国画地图做年谱的时候，我是训练自己做个小说家。请好好注意，一个小说家，而不是诗人。我创造的那个世界里充满了（对我而言）乐趣、喧闹、幽默和人物，但是那里没有诗，甚至没有浪漫。几乎平淡无奇\*到令人震惊的地步。因此，如果我们所考虑的是想象的第三层含义，也是其最高级的含义，那么我创造的这个世界是谈不上有想象力的。但还有一些其他的经历属于想象范畴，我现在就会试着记录下来。这件事特拉赫恩[29]和华兹华斯做得比我好多了，不过每个人都得说他自己的故事。

第一段经历是关于记忆的记忆。夏日的某一天，我站在开着花的醋栗丛边，突然心中毫无征兆地升起一段记忆，仿佛来自几个世纪而不是几年前的深处——还在"老房子"的那个早晨，哥哥把他的玩具花园带进了育

---

\* 对于我的儿童书读者来说，最好的解释就是：动物国与《纳尼亚传奇》毫无共同之处——除了都有被赋予人形的野兽。整体而言，动物国不存在丝毫奇幻元素。

29. 特拉赫恩（Thomas Traherne, 1637—1674）：英国作家及玄学派诗人。

儿室。很难找到语言来描述攫住我的那种感受，有点像弥尔顿所谓的伊甸园的"巨大喜悦"（赋予"巨大"其完整的、古老的意义）。当然，这是一种渴望的感觉，但是这渴望是什么呢？肯定不会是渴望一个装满苔藓的饼干盒，甚至也不是我自己的过去（尽管过去确实进入了渴望）。Ἰοὔλίανποθῶ*——在我弄清自己的渴望之前，渴望本身却已消失，那灵光一现随即褪去，整个世界重又恢复了平凡，只是对那刚逝去的渴望生出的渴望，让人难以平复。这一切只在瞬间发生，可在某种意义上，所有我曾经历过的事与之相比都显得无足轻重了。

第二次惊鸿一瞥是经由《小松鼠纳特金》[30] 实现的，虽然所有毕翠克·波特的书我都喜欢，但只有纳特金唤起了这种感觉。其他的故事仅仅是有意思而已，小松鼠纳特金却给了我震撼，这是困扰我的问题。它对我的困扰，我只能称之为"秋天的概念"。痴心迷恋某个季节，这听起来有点怪，但事实基本上就是那样。而且和前一次一样，这次的经历也是一种强烈的渴望。回头再去看那本书，不是为了满足那个渴望（那是不可能的——人怎么可能**占有**"秋天"?），而是为了重新唤起那个渴望。

--------

\* 意为："哦，我的渴望太过强烈。"

30. 小松鼠纳特金：毕翠克·波特"彼得兔"系列故事中的一个人物，是彼得兔众多的动物朋友之一。

在这次经历中也有同样的惊奇，以及同样无法衡量的重要性。它与普通的生活很不一样，甚至与普通的快乐也不一样，用现如今人们的话来说，是"另一个维度里的"某种东西。

第三次是经由诗歌。我那时候已经很喜欢朗费罗[31]的《奥拉夫王传奇》[32]，喜欢它的故事和强烈的节奏感，是一种随意、肤浅的喜欢。但是，有一次我随意地翻着书，发现了《泰格纳挽歌》[33]，是没有押韵的翻译版，那一刻我感受到了非同一般的快乐，仿佛来自遥远异域的一个声音，我读到：

> 我听见一个声音在喊，
>
> 美丽的巴尔德尔
>
> 死了，死了——

---

31. 朗费罗（Henry Wadsworth Longfellow, 1807—1882）：美国浪漫主义诗人。
32. 《奥拉夫王传奇》：1863 年出版的朗费罗诗集《路边客栈的故事》中的一首长诗。
33. 《泰格纳挽歌》：朗费罗诗集《海边与炉边》（1849 年）中的一首，巴尔德尔是北欧神话中的光明智慧之神。下文中路易斯引用了第一段的前半部分 "I heard a voice that cried/Balder the beautiful/Is dead, is dead"，后半部分的内容是 "And through the misty air/Passed like the mournful cry/Of sunward sailing cranes"（雾蒙蒙的空中/犹如那悲伤的哭声/鹭鸶迎着太阳驶去）。路易斯说这是朗费罗的翻译作品，但其实是后者的原创诗作，仿古斯堪的那维亚诗歌体所作，哀悼瑞典诗人泰格纳（1782—1846）。

巴尔德尔是谁我一无所知，但是刹那间我整个人升上了宽广的北方的天空，我渴望着某种永远无法描述的东西（除了冰冷、巨大、严厉、苍白，以及遥远这些词儿），这种渴望强烈到几乎让我感到虚弱。接着，和以往几次经历一样，几乎就在同一时刻我发现渴望已经消失了，我多么希望能重新置身于渴望之中。

对这三段经历丝毫提不起兴趣的读者不妨合上这本书，因为在某种意义上，我人生最主要的故事舍此无他。对那些仍然愿意读下去的人，我不过想强调一下这三段经历的共同特质：那是一种没有获得满足的渴望，而这渴望本身却比任何渴望的满足都更让人心驰神往。我称其为"喜悦"，作为一个专有名词，在这里有必要同时与"幸福"和"快乐"作一个区分。"喜悦"（在我的定义中）与后两者有一个相同的特点，而且也是仅有的一个，即任何经历过这种感受的人都会希望再来一次。除此之外，仅考虑其本身的特质，则几乎完全可以称之为某种特别的不幸或者伤痛。不过那仍然是我们想要的一种不幸或伤痛。任何尝过那滋味的人，如果"喜悦"和"快乐"同时摆在他面前，我想他也不会愿意拿"喜悦"去换取全世界的快乐。不过，"喜悦"从来不在我们的掌控之中，而快乐常常是可以掌控的。

我不能十分肯定我刚刚讲到的这些事情是发生在我们家庭遭受的那场巨大变故之前还是之后，我现在不得不着墨那场变故了。有一天晚上我病了，又是头疼又是牙疼，我大声哭着，非常难过，因为母亲没有过来看我。那是因为她自己也病了，不同寻常的是她房间里有好几个医生，还有说话声，整个房子里人来人往，门开了又关。这种情况好像持续了几个小时。接着，父亲含着泪走进我的房间，他开始试图向我被吓坏了的大脑传递一些我从来没想到过的事情。确切地说就是癌症，接着便是通常的程序：一场手术（那时候手术是在病人家里做的），表面上的恢复，疾病复发，越来越痛，死亡。我的父亲一直没能走出这场变故的阴影。

　　孩子们感受到的痛苦并不比成人少（我这样觉得），只是他们感受的方式有所不同。对我们两个男孩来说，早在母亲去世前，真正的丧亲就已经发生了。随着母亲一步步退出我们的生活，由护士照管，再到神志不清，依赖吗啡，我们就逐渐失去她了。与此同时我们整个的存在变成了某种完全陌生且险恶的东西，房子开始充满奇怪的气味、半夜传来的嘈杂声，以及有着不祥之兆的压低嗓门的对话。这进一步造成了两个后果，一个极坏，一个极好。这让我们在与母亲分开的同时也与父亲越来越疏离。有人说共同的悲伤会让彼此靠得更近，如果是在彼此年龄悬殊的情况下，我几乎无法相信共同的悲伤会产生这样的效果。依我自己的经历所见，成人的痛苦和恐惧对孩子所产生的效果，无非是令孩子错愕疏离。也许是我们的错。也许，如果那时的我们是更好的孩子，我们可以减轻父亲的痛苦。我们肯定没有做到。他的神经一向都算不上最稳定，他的情绪也常常失控。在焦虑的压力之下，他的脾气变得不可预测：出口伤人，行事不公。于是因着命运不寻常的残忍，在那几个月里，这个不幸的男人其实在失去他妻子的同时，也正在失去他的儿子们，他若是知道这些该有多好。我们，我和哥哥，越来越彼此依赖，获取一切让生活方可忍受的东西，我们越来越以对方为唯一可信赖的人。我估计我们（至少我）已经开始学着对父亲撒谎了。所有让这个房子成其为家的东西已经不复存在——所有一切，除了我们彼此。我们一天比一天更加亲密（这就是那个好结果）——两个饱受惊吓的顽童，在一个凄冷的世界里相拥取暖。

童年时的悲伤又因其他各种苦恼而变得复杂。母亲死后躺在卧室里，我被领进房间，照他们的话是"去见见她"，而事实上我立即意识到，是"去见见它"。它倒也没有什么成年人会称之为变形的地方——除了死亡本身，那是彻头彻尾的变形。悲伤被恐惧淹没。直到今天我也不明白他们说死人的身体很美是什么意思。与最可爱的死人比起来，最丑的活人也称得上美丽天使。对于接下来的棺木、鲜花、柩车还有葬礼，我的反应都是恐惧。我甚至还对我的一个阿姨长篇大论地谈了丧服式样的荒诞性，在大多数成人眼中，我一定显得既没心没肺又过度早熟；不过那是我们亲爱的安妮舅母，舅舅的加拿大妻子，几乎和我母亲一样明智阳光的女人。我那时就觉得葬礼上全是小题大做和虚情假意，对此我满心憎恶，在这种憎恶里我也许可以找到某种属于我的特质——对一切公众性的、属于集体的事务的反感，以及面对繁文缛节时的乡巴佬似的不知所措——我现在看它是种缺陷，但一直也没完全克服。

有人（但不是我）也许会把我母亲的死看作我的第一次宗教体验。当人们宣布她已经没救了，我想起了我学过的东西：怀着信念所做的祷告是会灵验的。于是，我凭借意志力在自己心中制造了一个坚定的信念，即我所做的让母亲康复的祈祷一定会实现；而且，我一度觉得我确实成功了。但是当她最后还是死了，我就转换方向，让自己相信一定会有奇迹发生。我失望了，虽然失望也并没带来什么别的后果。奇迹没有发生。不过我已经习惯了凡事不顺，也就没再多想什么。我觉得事实是，我通过自我催眠而到达的信念本身离宗教性太远了，以至于其失败也就不可能造成什么宗教革命。我试着靠近上帝，或者说靠近我关于上帝的概念，但我心里没有爱，没有敬意，甚至也没有畏惧。在我对这场奇迹的想象中，上帝既不是救世主，也不是审判者，而仅仅是个魔法师；而他要是一旦做了我请求他做的事，他也就会——怎么说呢，转身走开。我祈求的这种非同一般的与上帝的接触，目的仅仅是让一切还原如初，除此之外还应该带来什么后果，这是我从来没有考虑过的。在我想象中，此类的"信仰"常常会在孩子身上出现，而对这种信仰的失望也没有任何宗教上的重要性可言；正如孩子相信的东西如果真能完全如他所愿地实现，同样不会有任何宗教上的重要性。

随着母亲的去世，幸福也告一段落，一切安宁的、可依赖的东西都从我的生活中消失了。还是会有很多趣事，很多快乐，很多阵发性的"喜悦"，但是儿时的安全感再也没有了。眼前是大海和岛屿，大陆如亚特兰蒂斯岛般沉没了[34]。

_____

34. 亚特兰蒂斯：传说中的岛屿，据说位于大西洋直布罗陀海峡以西，后沉于海底。

- 第 2 章 -

## 集中营

算术与颜色棒[1]。

——《泰晤士报教育副刊》

1954 年 11 月 19 日

喀嚓—喀嚓—喀嚓—喀嚓……1908 年
9 月的一个晚上，我们——父亲，哥哥，
还有我——坐在一辆四轮出租马车上，在

---

1. 这里的"颜色棒"是指奎茨耐颜色棒，一种由比利时教师
奎茨耐发明的帮助学生学习算数的木棒教具。20 世纪 50
年代的英国教育界正在宣传推广这一教具，而路易斯引用
《泰晤士报教育副刊》某篇相关主题的文章标题应该是出
于幽默感，他小学时代遭遇的老师就很喜欢用"木棒"来
教育他们。

湿漉漉的暮色中穿过贝尔法斯特街道上坑洼不平的广场。那是我第一次去学校。我们全都情绪低落。我哥哥最有理由提不起精神，因为只有他知道我们的目的地是什么样的，他也是把内心掩饰得最好的一个。他已经是个老手了。我可能有点小激动，但实在微乎其微。眼下最重要的现实是我被迫穿上的可怕行头。就在今天早上——事实上仅仅两个小时之前——我还穿着短裤、运动上衣和跑鞋到处疯跑。这会儿我裹着那层深色的厚东西，脖子被伊顿制服领[2]卡着，我喘不过气来，浑身出汗，还发痒，我的脚已经因为穿不惯靴子而痛起来。我穿着在膝盖上扣紧的灯笼裤。有很多年，每年有四十个星期，我一脱衣服就会看到那些扣子在我皮肤上留下的又红又痛的印子。最糟糕的要数紧扣在我脑袋上的圆顶礼帽，简直就像铁打的。我知道有同样处境的男生很欢迎这些东西，觉得它们是长大成人的标记，但我丝毫没有这样的感觉。在我的经历中从没有任何事情让我觉得做学生比做孩子好，或者做大人比做学生好。我毫无保留地相信我的父亲，他所代表的成人生活就是无休止的苦役，而且不断受到彻底破产的威胁。他在这方面从来

---

2. 伊顿制服领是一种紧贴脖子的衬衣领口式样，最初是英国伊顿公学校服的式样。

无意对我们隐瞒什么。性格使然，他常常会惊呼："很快就都没了，只能进救济所了"，他说这些话的时候真是这么想的，或者至少是有这样的感受。而我则听到什么就是什么，对于成人生活的期待悲观至极。与此同时，我很清楚穿上校服就意味着套上囚衣。

我们到了码头，登上"老弗利特伍德号"，父亲在甲板上闷闷不乐地溜达了几圈之后，就和我们告别了。他陷入深深的离情别绪，而我，唉，主要是觉得尴尬和不自在。等他上了岸，我们几乎就兴高采烈起来，相对来说是这样。我哥哥开始带我在船上参观，还跟我介绍所有能看见的各种船只。他已是经验丰富的旅者，见过世面的人。一种愉快的激动悄悄爬上我的心头。我喜欢油腻腻的水面上港口和右舷灯的倒影，船舶起货机的格格声，轮机舱天窗口飘来的温暖的气味。我们启程了，码头和我们之间的黑色空间越来越大，我感觉到脚底下螺旋桨的震动。很快我们就往河下游去了，嘴唇上有盐的味道，船身后面的灯火正离我们远去，那是我曾经熟悉的一切。之后，我们进了自己的船舱铺位，船开始鸣笛。那一晚很艰难，我哥哥晕船了。我竟然还嫉妒他能晕船。他的表现更像经验丰富的旅行者应该有的样子。极尽努力之后，我终于也成功呕吐，不过实在差强人意——无论彼时还是现在，我都是个顽固的不会晕船的水手。

没有哪个英国人能够理解我对英格兰的第一印象。我们大概是次日早晨六点（但感觉像半夜）下船上岸的，我发现自己身处的这个世界让我立刻生出厌恨。一大清早的兰开夏郡公寓楼实在是令人抑郁的景象，对我来说，它们就像冥河的岸堤。奇怪的英语口音将我团团包围，听起来像是魔鬼的声音。但最为糟糕的还是从弗利特伍德到尤斯顿的英格兰风景。即便在已经成年的我眼中，那条主干线仍是这个岛上最沉闷、最不友好的一带。但是对于一个一直生活在海边、眼前总有连绵山脉的孩子来说，我想我的感觉也许就像一个英国孩子看到了俄国吧。那样的平坦！那样的无边无际！成千上万英里毫无特点的陆地，把人与大海隔离，这无异于囚禁，让人窒息！没有一样东西是对头的：木头栅栏，而不是石墙石篱；红砖砌的农庄，而不是白色的村舍；田野太广袤了；干草垛的形状也不对头。《英雄国》³里不也说过，在陌生人家里，地板到处都是节疤。后来我也就释然了，但是那一刻我对英格兰产生的厌恨花了很多年才化解。

---

3.《英雄国》（*The Kalevala*）：芬兰民族史诗，原为民间口头相传的神话传说，1835 年首次整理出版，也译作《凯莱维拉》。

我们的目的地是哈弗德郡的一个小镇——姑且叫它贝尔森吧。"绿色的哈弗德郡",兰姆[4] 这样说,但是对一个在当郡长大的男孩来说,它不是绿色的。它是一望无际的哈弗德郡,是硬如燧石的哈弗德郡,是遍地黄土的哈弗德郡。爱尔兰与英格兰的气候差距之大,一如英格兰之于欧洲大陆。我在贝尔森经历了以前从来没遇见过的天气,在那里我第一次领教了严酷的霜冻和刺骨的寒雾,还有汗流浃背的酷暑和超大规模的雷暴雨。在那里,透过没有窗帘的宿舍窗户,我第一次领略了满月的恐怖之美。

我刚进学校的时候,那里有八到九名住校生,以及差不多数量的走读生。除了沿着坚硬的操场没完没了地绕圈,有组织的体育项目早已行将废弃,我到了之后不久就彻底取消了。除了每周一次在浴室洗澡,其他时间不能洗澡。1908 年我到那里的时候已经在做拉丁文法练习(就是我母亲教的内容),等我 1910 年离开那里的时候我还是在做拉丁文法练习,我从来没能接触到一个罗马作家。唯一有激励性质的教学元素是那些使用频繁的藤杖,挂在那唯一一间教室的绿色铁壁炉台上。教学

4. 兰姆(Charles Lamb, 1775—1834):英国散文家、评论家,与胞姐合编《莎士比亚故事集》,1904 年由林纾译成中文,这是莎士比亚作品第一次正式介绍给中文读者。

人员包括校长兼业主（我们管他叫老鬼）、他的成年儿子（威威），还有一个助理教员。助理教员的更替速度十分惊人，有一位只做了不到一个星期。还有一个当着学生们的面被开除了，老鬼还放话说，自己要不是有牧职在身，肯定一脚就把那人踹下楼去了。这奇怪的一幕发生在宿舍，但我想不起来为什么会这样了。所有的助理教员（除了那个待了不到一星期的）显然都和我们一样对老鬼充满敬畏。但是后来不再有助理教员了，由老鬼最小的女儿教低年级学生。那时候只剩下五个住校生，最终老鬼放弃了学校，转而救人灵魂去了。我是最后的幸存者之一，船彻底沉了，我们才上岸。

老鬼生活在权力的孤独之中，就像航海时代的船长。那个房子里的男男女女没有一个人能以平等的姿态和他说话，除了威威之外也没有人能主动先和他说话。吃饭的时候我们这些男生能略略一瞥他的家庭生活。他的儿子坐在他右手边，他们俩有单独的食物。他的妻子和三个成年女儿（不说话）、助理教员（不说话），还有男生们（不说话）嚼着自己的次等饭菜。他的妻子被允许对他做出类似回答的反应，尽管我觉得她从来没和老鬼说过话；女孩们——三个悲剧人物，从夏到冬永远穿着一样破旧的黑衣服——偶尔被提问的时候，除了近乎耳语的"是，爸爸"或者"不，爸爸"之外，从来没说过别的什么话。很少有访客走进这间屋子。老鬼和威威晚饭时总会喝啤酒，他们会问助理教员要不要喝，并觉得后者应该拒绝；没拒绝的那一位会喝上一杯，但是几分钟后一个响雷般嘲讽的声音会让他知道自己所处的位置，"说不定您还想**再来**一点儿啤酒，N先生？"N先生，一个颇有个性的人，随意地答道："那好啊，谢谢您，C先生，我想就再来一点儿吧。"他就是那个没待满一星期的家伙，那一天剩下的时间对我们几个男生来说真是暗无天日了。

我本人倒是老鬼的一个宠儿，或者吉祥物——我发誓我从来没有争取这样的地位，更何况作为他宠儿的优势都是纯负面的。连我哥哥也算不上他最喜欢的牺牲品之一。他确实有他最喜欢的牺牲品，那些男孩永远做不对任何事。我总记得老鬼吃过早饭走进教室，眼睛环视一圈，说道，"哦，你在那里，里兹，你这个万人嫌。今天下午如果我不是太累的话，我就好好抽你一顿。"他并没有生气，但也不是在开玩笑。他个头很大，留着胡子，嘴唇厚得像个纪念碑上的亚述王，他强壮无比，整个人脏兮兮的。如今人们喜欢谈论施虐狂，我则怀疑老鬼的残忍是不是也有点色情的成分。我当时就有点猜到，而现在似乎看得很清楚了，即那些总挨他抽打的男孩有共同之处。他们处于某个特定社会阶层之下，通常有很重的口音。可怜的 P——亲切、诚实、努力、友好、虔诚——不停地被鞭打，我现在觉得，这都是因为一个仅有的罪过：他是牙医的儿子。我亲眼看到老鬼让那个孩子在教室最后面弯下身子，然后每打完一次就在教室里跑一个来回。不过 P 久经鞭打，一直不哼一声，直到酷刑快结束前，才传来一声几乎不像是人发出的声音。那一声咕咶抑或嘎喳声，以及所有其他男生铅灰色的脸，还有他们死一般的安静，是我情愿放弃的记忆 * 之一。

令人好奇的是，尽管有这样的残酷，我们的功课却少得惊人。这可能部分因为这种残酷实乃非理性的、不可预测的，不过部分也因为那些奇怪的教学法。除了几何（他确实喜欢几何），几乎可以说老鬼什么都不教。他会叫学生起来，然后问问题。答案要是不让人满意，他就会以轻轻的、平静的声音说，"把我的藤杖拿来。我看我是用得上它了。"要是哪个男生弄不清问题，老鬼就会用藤杖打桌子，以渐强音喊道："用脑子——用脑子——**用脑子!!**"接着，他会咕哝，那是用刑的前奏："出来，出来，出来。"真生气的时候，他会做出滑稽的动作，伸手在耳朵里掏耳屎，一面含糊不清地嘀

---

* 惩罚的原因是一道几何证明题做错了。

咕，"是啊，是啊，是啊，是啊……"我还见过他跳起来，像只表演的熊一样转着圈跳舞。与此同时，威威或者助理教员，或者（那是后来）老鬼最小的女儿，就会在另一张桌子前对我们低年级学生提问。这一类"课程"不会上太长时间，那么其余的时间让这些男孩干什么呢？老鬼决定让他们做算术题，这样他自己最省力。于是乎，早上九点一进教室，你就要拿出你的石板开始做算术；不一会儿你会被叫去"背一课"；背课结束后你就回自己的座位，然后做更多算术题——如此这般直到永远。所有其他的人文学科和科学便显得如岛屿一般（大都是岩石重重的危险岛屿）——

犹如绚丽多姿的各色宝石
镶嵌在深海那朴实无华的怀抱之中[5]

这里的"深海"便是无边无际的算术之海。到了中午，你就得报告做了多少道算术题，撒谎是不太安全的。但是监管很松，也很少有学习上的帮助。我哥哥——我告诉过您他早已久经考验——很快就找到了合适的招数。他每天早上都会宣布他做了五道算术题，他说的是大实

───────────────

5. 此句引自英国诗人弥尔顿的作品《酒神之假面舞会》。

话，只不过没有补充说明每天都是同样的五道题。算算这些题他一共做了几千次不失为一件乐事。

我必须克制自己。我可以继续这样写上几页有关老鬼的事，最糟糕的一些还没有说出口。但是也许这样做是邪恶的，而且也肯定没必要。我能说出一样他的好来。有一次，一个男孩迫于良心向他承认了一个本来不会被发现的谎言。这个巨人妖怪被感动了，他只是拍了拍那个吓坏了的男孩的背，对他说："要坚持讲真话。"我还可以说，尽管他教几何的方法很残忍，他教的效果还是不错的。他强迫我们训练逻辑思维，这些几何课让我终身受益。至于其他方面，还有一个可能的解释会让他的行为更可宽恕。很多年以后，我哥哥遇到一个人，他是在老鬼学校的隔壁长大的。这人和他的家人，还有（我这样觉得）别的邻居，都相信老鬼是个疯子。也许他们是对的。而且如果他是后来才发疯的，这也能解释我的一个困惑。在那个学校里，就我所知大多数学生什么也没学到，能学到很多的更是一个也没有。但是老鬼可以拿出一堆他以前取得的骄人学术成就。他的学校不可能一直都是我们就读时所经历的那个冒牌货的样子吧。

您也许要问，那么我们的父亲怎么会把我们送到那里去的呢。当然不是因为他做了个粗心大意的选择。保留下来的往来信件显示他在选定老鬼的学校之前还考虑了其他很多学校，而以我对他的了解，我可以肯定在这样的事上他绝不会跟着自己最初的想法走（那倒可能是些正确的想法），他甚至也不会跟着自己的第二十一个想法走（那至少还可以说得通）。毫无疑问他曾一再延长权衡利弊的时间，直到出现第一百零一个想法，而那可就是万无一失的大错特错的想法了。一个明明很简单的人偏要觉得自己细心敏感，这样的人一旦深思熟虑起来，后果可想而知。就像厄尔[6]在《宗教怀疑论者》中所说的，他"总是对自己太过严厉"。我父亲最引以为豪的，是他所谓"能从字里行间读出深意"的本事。任何事实或文件中显而易见的意思永远是可疑的，而真正的内在含义除了他之外，任何的肉眼凡胎都看不到，这些含义便在他躁动而丰富的想象力中被无意识地创造出来。他以为他是在解读老鬼的学校简介，其实他是在自己脑子里构建这个学校的故事。所有这一切极度煞费苦心，甚至带着些痛心疾首，对此我毫不怀疑。也许有人会想，等我们去了贝尔森之后，我们可以将真实的故事讲给他听，这样他的那个故事就会被戳穿了。但是这没有发生。我相信这样的事不太会发生。如果每一代父母

---

6. 厄尔（John Earle, 1601？—1665）：英国国教会牧师、作家。

总能（或常常）知道他们儿子的学校里究竟在发生些什么，那么教育的历史当是另一副模样。无论如何，我和哥哥肯定是没能让事实真相进入父亲的大脑。一方面他不是一个轻易能听进去什么话的人（在后文中这一点会更加清楚）。他的大脑太活跃了，以至于没法执行准确的接收功能。他认为他听到的内容和你真正说的内容从来不是一回事。我俩甚至都没试图告诉他真相。和别的孩子一样，我们没有可比较的标准，我们想当然地以为贝尔森的痛苦是不管上什么学校都会有的无可避免的痛苦。虚荣更是让我们三缄其口。一个从学校回家的男孩（尤其是放假的第一个星期，假期感觉永远不会过完）喜欢出风头。他宁愿自己口中的师长是个小丑而不是凶残的巨人。他最恨被人看作胆小鬼或是爱哭鬼，他若是给自己的集中营生活来一幅写实画，那么就不得不承认自己在过去的十三个星期里就是个脸色苍白、抖抖缩缩、泪痕斑斑、卑躬屈膝的奴隶。我们都喜欢炫耀战场上留下的伤疤，若是囚笼里落下的伤口，就没那么想炫耀了。我们在老鬼学校里浪费的那些悲惨岁月的账也不该都算在父亲头上。至于眼下，用但丁的话来说就是，"且把我在那里遇见的好细数从头。"[7]

---

7. 这句话选自但丁（Dante Alighieri, 1265—1321）的作品《神曲·地狱篇》。

首先，我学会了合群，如果那还算不上友谊的话。我哥哥刚去那里的时候，学校里也有恃强凌弱的事。我最初的几个学期有哥哥保护（后来他去了一个我们可以称之为威尔文[8]的学校），但我怀疑其实也不是必需的。在学校最后衰落的那几年里，住校生人数太少了，而且待遇太糟糕，以至于互相之间欺负和被欺负的事很少发生。而且，过了一段时间，就再没有新生进校了。我们这些男孩也会吵架，当时感觉很严重，不过早在最后离校之前，我们已经彼此认识太久了，也一起受了太多的罪，至少都算得上是老相识。我觉得，贝尔森从长远来看对我的伤害微乎其微，原因就在这里。对一个男孩来说，从上头来的压迫无论有多少，都不会像来自同伴的压迫那样令他真正灰心丧气。我们五个留下来的住校生一起度过了很多愉快的时光。有组织的体育活动被取消，在当时真是我们的福气，尽管那是为上公学所做的令人生厌的准备（我们大多数人都难逃进公学的命运）。我们会放半天假去校外散步。当然不止散步。我们在没什么人的村庄小店买些糖果，然后在运河边上闲逛，或者坐在铁路路堑边，盯着隧道口等火车开来。那时的哈弗德郡不再显得充满敌意。我们的话题自然不限于一些

---

8. 路易斯在本书中提到的"威尔文公学"是现实中的"莫尔文公学"的假名。

狭窄的兴趣（那或许能满足公学的学生），我们还有着属于孩子的好奇心。我甚至还记得那些日子里我参与了第一场形而上话题的辩论。我们争论未来到底是一条你无法看见的线，还是一条尚未画出的线。我已经忘了我站在哪一边，但我知道我带着极大的热情参与了辩论。切斯特顿[9] 所谓"往日的笑话也会渐至成熟"，向来如此。

读者诸君会注意到，学校反映出我早已在家庭生活中遇到过的那个模式。在家里，不幸的时光让我和哥哥靠得更近；而在这里，不幸无时不在，对老鬼的害怕和仇恨在我们所有人身上起到了同样的作用。他的学校在某些方面很像《反之亦然》[10] 里的葛力姆斯通的学校，但是和葛力姆斯通的学校不一样的是，这里没有告密者。我们坚定地面对着同一个敌人。这个模式在我生命里那么早就出现了两次，我怀疑我的整个世界观因此蒙上过度的偏见。直到今天，世界就是"我们俩"或者"我们几个"（某种意义上是"幸福的我们几个"）一起

---

9. 切斯特顿（Gilbert Keith Chesterton, 1874—1936）：英国作家，以布朗神父系列侦探小说最为著名。

10. 《反之亦然》：1882 年出版的一部英国幽默小说，作者是格思里（Thomas Guthrie），1947 年由 BBC 改编成广播剧，之后又多次拍成电影。主要情节是男孩迪克不愿意回到葛力姆斯通的学校上课，因为魔法作用，迪克与父亲交换了身体，于是他把父亲送去了那所学校。

并肩面对某些更强、更大的东西，这对我来说是对这个世界的最自然的认识。英国在 1940 年的处境一点也不让我吃惊，它符合我惯常的预期。因此，虽然友谊肯定是我幸福感的主要源泉，但熟人或一般的社交圈对我来说一直无足轻重，我不太能理解一个人为什么会想认识更多的人，认识那些可以成为朋友的人难道还不够吗？也因此，对于大型的非个人的运动、事业以及诸如此类的东西，我向来缺乏兴趣，也许这种兴趣的缺失已到了罪过的地步。一场战役（无论在故事还是现实中）在我心中引起的关注，几乎与参战人数直接成反比。

老鬼的学校在另一方面也是对我家庭经历的复制。老鬼的妻子死了，在我们上学的时候。他对丧妻的反应是变本加厉的暴力，以至于威威曾经代他向学生道歉。您该记得我已经学会了害怕和厌恶情感，在这里我又有了新的理由。

但是我还没有提到我在老鬼的学校里所经历的最重要的事情。在那里我第一次成了一个事实上的信徒。我自己觉得，这主要是因为我们每个星期天都会去两次教堂，那是个"英国国教高教会派"。在意识层面，我激烈反对这个教会的各种特性——我难道不是北爱尔兰的新教徒吗？这些陌生的仪式难道不是我所憎恶的英格兰氛围的一个主要部分吗？可我怀疑在我的无意识中，那些蜡烛和焚香、法衣和跪着诵唱的赞美诗，也许对我有着相当深刻的相反的作用。但我觉得重要的事情不在这些。真正重要的是，在这里我听到了由虔信者传授的基督教教义（与一般的"道德提升"截然不同）。由于我心里没有丝毫的怀疑主义，其效果就是，那些我本来就声称自己相信的东西变得鲜活起来。这个经历有很多恐惧的成分。我倒也没觉得这些恐惧到了不健康的程度，甚至可能是必要的；但是如果我的书里有太多关于地狱的讨论，而评论家又想为这一事实找到一个历史性的解释，那么他们切不可想当然地去我北爱尔兰童年的清教主义里找，而是要去贝尔森的英国国教高教会里找。我为自己的灵魂恐惧，尤其是在某些月光大亮的晚上，在那个没有窗帘的宿舍里——其他男孩熟睡中的呼吸声又在耳畔响起！要我自己说，其效果是有百益而无一害。我开始认真祈祷，读我的圣经，还试图遵循自己的良心。宗教是我们常常讨论的话题之一，如果我没记错的话，这些讨论非常健康有益，很严肃，并非狂热夸张，也没有更大些的男孩会有的丢脸感觉。至于我是如何从这个开端往后倒退的，后文会详述。

从学业方面来看，我在老鬼的学校里度过的时间几乎是完全浪费了。如果学校没有倒闭，如果我在那里又多待了两年，可能我成为学者的命运会就此夭折。几何学以及韦斯特的《英语语法》（我甚至觉得这些书都是我自己找到的）是唯一可称道的。至于其他的，那些从算术的汪洋中升腾而起的丛林——某个日期、战役名称、进出口额，诸如此类——则刚学会就被抛到了脑后，而且即便记住了也是一无用处。我的想象力也一落千丈。有很多年，"喜悦"（如我前文所定义的）不仅是缺席，而且是被遗忘了。我这时读的东西主要都是垃圾，但是学校没有图书馆，所以也不能让老鬼为此负责。我读了蠢话连篇的校园故事《船长》。准确来说，这里的乐趣仅仅是美梦成真的幻想以及纯粹的胡思乱想，在主角的胜利中过过干瘾。当男孩从幼儿文学过渡到校园故事，他是在往下，而不是往上走。《彼得兔》所给予的愉悦来自无关自身利益的想象力，因为孩子并不想变成兔子，尽管他也许喜欢假装是只兔子，这跟他日后可能喜欢饰演哈姆雷特是一样的，但是一个没出息的男孩成了十一号舰队的船长，这样的故事写出来就是为了满足男孩真实的野心。我也对那时能找到的所有关于古代世界的小说兴味盎然：《你往何处去？》[11]《黑暗

---

11.《你往何处去？》：应该是指波兰小说家亨利克·显克微支（Henryk Sienkiewicz, 1846—1916）的历史小说，书中描写了古罗马暴君尼禄统治的覆灭和早期基督教的兴起。凭借这部作品他获得 1905 年诺贝尔文学奖。

与黎明》[12]《角斗士》[13]《宾虚》[14]。读者诸君或许以为这是源于我新近对宗教的兴趣，其实不然。早期基督徒出现在很多这样的故事中，可他们不是我关注的对象。我想要的不过就是草鞋、寺庙、托加袍[15]、奴隶、皇帝、战舰、圆形露天竞技场，在我现在看来，那是一种色情性质的吸引力，一种相当变态的色情。而作为文学，这些书大多很糟糕。那时我喜欢的作品中比较经得起考验的是瑞德·哈格德[16]的作品，以及 H. G. 威尔斯[17]的"科学小说"。那时关于其他星球的概念对我有一种特殊的、令人眩晕的吸引力，与我其他所有的文学兴趣迥然不同。可以肯定的是，这不是"远方"的浪漫魔力。"喜

---

12.《黑暗与黎明》：疑为美国作家乔治·亚伦·英格兰（George Allan England, 1877—1937）的小说三部曲。

13.《角斗士》：按时间判断应该是指苏格兰作家怀特-梅尔维尔（George John Whyte-Melville, 1821—1878）的作品。

14.《宾虚》：美国作家华莱士（Lewis Wallace, 1827—1905）最著名的小说，小说的隐线描述了耶稣基督的降世、受死和复活，1880 年出版后即成为最畅销的美国小说，超过《汤姆叔叔的小屋》（1852 年），直到《飘》（1936 年）出版后才取代了它畅销书榜首的位置。但 1959 年米高梅将小说改编成电影大获成功之后，该书销量又超过了《飘》，在 20 世纪 60 年代再次成为最受欢迎的美国小说。

15. 托加袍：古罗马市民穿的宽松长袍。

16. 瑞德·哈格德（Henry Rider Haggard, 1856—1925）：英国小说家，主要作品有非洲冒险小说《所罗门王的宝藏》和《她》等。

17. H. G. 威尔斯（Herbert George Wells, 1866—1946）：英国作家，主要作品是科幻小说《时间机器》和《星际战争》，以及历史著作《世界史纲》等。

悦"（按我的严格理解）永远不会来自火星或月亮。这是一种更粗糙、更强烈的东西。当这种兴趣发作时，会贪得无厌，犹如性欲一般。我把这种特别粗糙的力量视为一个标记，即带有这种力量的兴趣都是心理上的，而不是精神上的，我怀疑这种强烈兴趣的背后隐藏着心理分析的解释。也许可以再补充一点：我自己的星球浪漫史[18]与其说是满足倒不如说是祛除了那种猛烈的好奇。驱除的方式是让好奇心与一种更加难以琢磨、真正充满想象力的冲动相调和，或者是让前者屈服于后者。对于科学小说的一般兴趣是心理分析师的研究对象，这一结论可以在以下两个事实中得到同样的证实：所有喜欢的人都喜欢得如饥似渴，而不喜欢的人则常常感到生理性的恶心。某一人群的厌恶与另一人群的迷恋具有相同性质的粗糙力量，这也同样说明问题。

关于老鬼的学校就说到这里吧，一年到头也并非只有学期。在此意义上，邪恶的寄宿学校的生活也是在为基督徒生活做良好的准备，它教会一个人依靠希望活下去。甚至在某种意义上，是依靠信仰，因为每学期开始的时候，家和假期是那么遥远，感觉就和天堂一样难以企及。面对近在眼前的恐怖，假期和天堂有着同样可怜

18. 此处指路易斯所著系列科幻小说"空间三部曲"。

的不真实性。第二天的几何课抹掉了遥远的期末，就像第二天的手术也能抹掉天堂的希望。然而，一学期又一学期，那遥不可及、难以置信的事还是发生了。"六星期后的这个时候"这样荒唐的天文数字，缩小到"下星期的这个时候"这样实在的数字，接着是"明天这个时候"，再接着就是"末日"按时降临时那几乎超自然的幸福感。这一欢乐几乎需要用酒壶来阻止，用苹果来安慰；这一欢乐沿着后脊梁骨一路激动地往下走，肚子也会跟着不舒服起来，有时候甚至会呼吸停滞。当然这也有可怕的相反效果，而且同样意义重大。假期的第一个星期我们也许会承认还会再次开学——就像一个健康的年轻人承认他总有一天会死。但是，即便最阴郁的死亡象征也不可能让这个年轻人理解死亡本身。同样，每一次，难以置信的事还是发生了。狞笑的骷髅最终撕破所有伪装探出头来，我们运用意志力和想象力所能企及的一切方式想让那个最后的时刻无法靠近，但它还是来了——圆顶礼帽、伊顿制服领、灯笼裤，还有（喀嚓—喀嚓—喀嚓—喀嚓）傍晚驶往码头的车程。因为这些记忆，信仰生活对我来说才没么难，我确确实实这样想。在阳光灿烂、信心十足的日子里想到我也会死、也会腐烂，或者想到总有一天这个世界会逝去、成为记忆（就像老鬼每年会有三次滑进我的记忆，随他而去的还有藤杖和难以下咽的食物、臭烘烘的盥洗室和冰冷的床）——因为经历过那种事情，这对我们来说就没那么难。我们已经学会了不凭表面去判断眼前的事物。

我试图描述这段时期我们的家庭生活，但我遇到的麻烦是无法确定时间顺序。学校里发生的事多少可以通过现存的记录来明确日期，但是家庭生活缓慢、持续的展开却没有记录可循。我们与父亲有一点疏离，尽管难以察觉。在一定程度上，这不能怪任何人；但在很大程度上，还是要怪我们俩。一个情绪多变的鳏夫，丧妻之痛仍然压得他身心俱疲，他必得拥有非同一般的仁慈和智慧，才可能不出一点岔子带大两个还在上学的调皮捣蛋的孩子，更何况他们互相只把对方当成知心人。偏偏我父亲身上的优点和弱点一概让他无法胜任这一职责。他的男子气概和宽厚决定了他不会打孩子发泄怒气，他的冲动又决定了他对孩子的惩罚从来不可能是冷静而有原则的。因此他完全依赖于自己的唇枪舌剑来给孩子做规矩。于是乎，他那夸大其词、滔滔不绝的致命倾向（我这么口没遮拦，正是由于继承了这一倾向）产生的是一个可悲却又带着喜剧性的效果。当他开口批评我们的时候，他毫无疑问也想言简意赅，直指我们的常识和良知。唉，怎奈他做演说家远先于为人父。他曾经做过很多年的公诉人。只要话一出口，他自己就先醉了。事实是，一个小男孩不过穿着拖鞋在湿津津的草地上走了走，或者把浴室弄得乱七八糟，他就会发现自己面对的责难简直犹如喀提林纳[19]被西塞罗[20]攻击，或者黑斯廷斯[21]遭伯克[22]痛斥——一个比喻接一个比喻，一个反问句接一个反问句，演说家目光如炬、双眉如电，还有那些手舞足蹈、抑扬顿挫、刻意停顿。危险主要来自停顿。有一次他停得那么久，我哥哥就满心以为责骂已然告一段落，于是谦恭地拿起他的书继续往下读；在父亲眼中他这样做是"冷酷的、有预谋的傲慢行径"，父亲这么批评也不能说就是不近人情（他的停顿毕竟只是出于修辞考虑，这一次也只不过就是多停了一秒半钟）。如此长篇大论的演讲与场合之间滑稽的失调让我想起马提亚尔[23]书里的那个律师，他将罗马历史上的恶棍训斥个遍，可同时 *lis est de tribus capellis*[24]——

---

19. 喀提林纳（Catiline）：西塞罗执政期间一场企图篡夺国家权力的暴乱首领，后被西塞罗镇压。

20. 西塞罗（Marcus Cicero，公元前106—前43）：古罗马政治家、演说家和哲学家。

21. 黑斯廷斯（Warren Hastings，1732—1818）：英国驻印度行政官，组织东印度公司，曾以武力消除法国及印度反英势力的威胁。

22. 伯克（Edmund Burke，1729—1797）：英国辉格党政论家，维护议会政治，反对法国大革命，反对暴力执政。

23. 马提亚尔（Marcus Valerius Martialis，40？—104）：古罗马诗人，代表作是《隽语》，下面的引文即出自此书。

24. 这句拉丁文的意思是，"这个案件是关于三只羊的"。

此案件，鄙人恳请法庭留意

乃是有关一只山羊的非法侵入。


我可怜的父亲，他一开口说话，就不仅忘了是为什么生气，而且也把他听众的承受力完全抛到脑后。他巨大的单词量的全部储备一泄而出。我至今还记得"十恶不赦""老于世故""鬼鬼祟祟"这些词儿。其整体效果您是不能体会的，除非您了解一个怒气冲天的爱尔兰人发爆破辅音时的能量，以及他那个咆哮而出的重口味的"r"。很难有比这更糟糕的待遇了。在一定岁数之前，这些厉声痛斥总是令我充满无尽的恐惧和绝望。从形容词的汪洋和不明所以的混乱中升腾起一些我自以为很能理解的意思，正如我曾确信无疑地听父亲说过：他自己如何即将破产，我们不久就该沿街讨饭，他会紧闭家门让我们一整年待在学校，他应该把我们送去殖民地，在那里悲惨地结束我们的罪恶生涯，看起来我们一只脚已经踏上犯罪之路了。我觉得似乎所有的安全感都被夺走了，脚下已无立足之地。那段时间里，我晚上醒来如果不是马上听到隔壁床上哥哥的呼吸声，我就总会怀疑他和父亲已经趁我睡着的时候偷偷起床去了美国——我终于被抛弃了。这一经历很能说明问题。这就是我父亲的雄辩术在我达到某个年岁之前的影响力。接着，很突然地，这一切变得荒诞起来。我甚至还能记得这一变化发生的那一刻，这个故事能很好地阐释我父亲发怒的公正性，以及他表达怒气的不幸方式。有一天，哥哥想做个帐篷。于是我们从阁楼上弄到一个防尘套。下一步是找到支撑的零件，洗衣房里的折梯倒是现成可用。对一个手握小斧的男孩来说，把那个梯子变成一堆零散的杆子不过三下五除二的工夫。四个杆子被插进泥里，防尘套便披挂在杆子上。为了确保这个东西真的牢固，哥哥随即一屁股坐到帐篷顶上。我们记得把破破烂烂的防尘套藏起来，却把杆子忘得一干二净。当天晚上，父亲下班回家，饭后他到花园散步，由我们陪着。眼见草地上升出四根细细的木头杆子，他心里升起好奇，这也实在难怪他。随之而来的便是审问，这一次我们说了实话。于是好一番电闪雷鸣，本来这一幕也会像以往的好多幕一样结束，可是高潮来了——"你们倒好，把一个折梯大卸八块。这一切究竟是为了什么，啊？就为了弄出这么一个东西，活像夭折的'潘趣和朱迪滑稽戏'[25]。"那一刻，我俩把脸埋了起来，呜呼，却并不是为了哭。

---

25. 潘趣和朱迪滑稽戏：英国一种传统的滑稽木偶剧。

从这个小插曲可以见到我们家庭生活的一个主导因素，即我们的父亲每天大约从早上九点到晚上六点都是缺席的。这些时间里，整个家只属于我们俩，除了厨子和女仆，我们和他俩时而干仗，时而联手。一切的一切都在牵引着我们去过一种与父亲无关的生活。我们日常活动中最重要的内容就是动物国和印度的无休无止的故事，这足以使我们与他远隔万里。

但是我不能给读者留下一个印象，就好像假期所有的快乐时光都是父亲不在时才出现的。他的脾气变化无常，他的情绪时高时低，他的宽恕也和他的不悦一样彻底。他常常是家长中最快活、最友善的那一类。他能和我们任何一个孩子一样"做傻事"，对自己的尊严毫不在意，"啥都不往心里去"。当然，在那个年龄我不可能明白他是多么好的伙伴（按成人的标准），要欣赏他的那种幽默，对生活至少得有点了解，我只是把他的陪伴当成好天气一样享受着。而且从头至尾都有种人在家中身心愉悦的感受，那是奢侈的愉悦——"文明"，我们是这样说的。我之前提到过《反之亦然》。它之所以成功显然不仅仅是因为滑稽可笑，它是唯一真实的校园故事。每个男孩在离开家庭生活的温暖、温柔和尊严，进入学校生活的匮乏以及那种原始、污秽的丑恶时，他内心所经历的真实感受在电影里获得了揭示，这就是"揭路荼魔石"[26] 的功效。我说的是以前，不是现在，因为可能眼下这个世界上的家庭在走下坡路，而学校倒是进步了。

　　有人要问，我们是不是既没朋友也没邻居。我们有的。有一家人对我们尤其恩重如山，最好和其他一些事情一起留到下一章再说。

---

26．揭路荼魔石：电影中那块发挥魔力让男孩迪克与父亲交换身份的魔石。

# - 第 3 章 -

## 蒙特布莱肯与坎贝尔

　　舞会上这些美丽的人们正当韶华；天底下再没有人比他们更幸福；他们的国王，品性高贵至极。时至今日，若想于任何城堡中找到如此英勇的一干人众，难矣。

——《高文爵士与绿衣骑士》[1]

1.《高文爵士与绿衣骑士》：14世纪英语韵文浪漫诗的代表作，作者佚名。题材属于亚瑟王和圆桌骑士的传说系列，展现了骑士制度的理想以及中世纪贵族文化的精神。引文出自该诗第一部分，第55—59行。

谈到我的近亲，我总会想起路易斯家族和汉密尔顿家族的反差如何完全主导了我人生最初的那些岁月。对我来说，这种反差是从祖父母辈开始的。爷爷路易斯，耳聋，慢手慢脚，嘴里哼着他的赞美诗曲子，非常在意自己的健康，常要提醒全家人他很快就不会和他们在一起了。与他相对的是外婆汉密尔顿，那个伶牙俐齿、反应机敏的寡妇，满脑子离经叛道的念头（让所有亲戚都受不了的是，家里总是她说了算），浑身上下每一寸都是姓沃伦[2]的，对习俗的不以为然只有老牌的南爱尔兰贵族才做得到，她一个人住在一幢摇摇欲坠的大房子里，有不止五十只猫作伴。她会对一个平常的社交性开场白回敬以"您可真是信口开河"，这样的话也不知她说过多少遍。要是再晚出生几年，我想她会是个费边社[3]成员。对含糊其词的闲话，她会无情地回以足可佐证的事实；对陈词滥调式的格言，她会毫不客气地要求拿出证据。很自然，人们都说她是个怪人。在下一代人那里，我也看到了同样的反差。我父亲的哥哥"乔叔叔"，还有他的家人，两个男孩三个女孩，和我们住得很近，那是在老房子里的时候。他的二儿子是我第一个朋

---

2. 本书第一章开头作者曾提到他母亲的母亲姓沃伦，祖上可以追溯到一位诺曼骑士。

3. 费边社：20世纪初英国的一个工人社会主义派别。

友，但随着年龄增长，我们渐行渐远了。乔叔叔不仅人聪明善良，而且特别喜欢我。但是长辈们在那幢房子里说过些什么话，我完全不记得了，只不过就是些"大人的"对话——关于人、生意、政治，还有健康。但是"谷希舅舅"——我母亲的兄弟，A.W. 汉密尔顿——和我说起话来就好像我们是同龄人。也就是说，他的话"有内容"。他跟我讲我那时能接受的所有科学知识，讲得既清楚又热切，没有傻乎乎的玩笑和哄孩子的态度，他显然和我一样喜爱这些对话。是他为我阅读 H.G. 威尔斯提供了知识背景。我觉得他对我作为一个人的喜爱应该还不如乔叔叔的一半，而那恰恰是我喜欢的（不管这是否算不公平）。在那些谈话中，我们的注意力不是集中在彼此身上，而是集中在话题上。他的加拿大太太我已经提到过了。在她身上我也找到了我最喜欢的东西——持久而温良的善意，没有一丁点儿的感情用事，平静的理智，她还具有一种不引人注目的天分：在任何时候让一切保持周遭环境所允许的愉悦和舒适。缺什么也都无妨，凡事随遇而安。路易斯家的人总喜欢重提旧伤过恨，各种庸人自扰，这在她和她丈夫是做不出来的。

　　但是对我们来说，还有一些亲戚要比姑婆叔伯们重要得多。离我们家不到一英里的地方有一幢我那时见过的最大的房子，我将称之为蒙特布莱肯，那里住着 W.E. 爵士。爵士夫人是我母亲的表妹，可能也是母亲最亲密的朋友，毫无疑问她是为了我母亲才自愿担负起教导我们的繁重职责。只要我们在家，就一定会收到去蒙特布莱肯午餐的邀请，几乎完全是托这些午餐的福，我们才没有长成野蛮人。有恩于我们的不仅仅是E夫人（"玛丽表妹"），也包括她的全家。我们被邀请去散步，开车兜风（那时候这可是让人兴奋的新鲜事），野餐，还有上剧院看戏。年复一年，我们的粗野、吵闹还有迟到，似乎永远不会削弱他们的亲切友好。我们在那里几乎就和在自己家一样自在，但是有一个巨大的差别：必须保持一定水平的礼貌。我关于礼仪（所知有限）和处事之道的全部知识都是在蒙特布莱肯学到的。

W爵士（"考特斯表兄"）在几个兄弟中排行老大，他们名下的一份产业是贝尔法斯特最重要的工业产业之一。事实上，现代人对他所属的那个阶级和一代人的印象是从高尔斯华绥[4]的《福尔赛世家》里得到的。除非考特斯表兄是个非常表里不一的人（他说不定真是那样），那种小说里得来的印象极其有失公允。再没有一个人比他更不像高尔斯华绥式的人物了。他和蔼亲

---

4. 高尔斯华绥（John Galsworthy, 1867—1933）：英国小说家、剧作家，1932年诺贝尔文学奖得主。

切，孩子气，有着深沉的宗教式谦逊，且乐善好施。没有人比他对自己的家人更有责任感。他身上有很多孩子的乐呵劲儿，与此同时我总能感觉到他的生活受制于他的责任感。他仪表堂堂，有着灰色的胡须和异常英俊的侧脸，这些是我记忆中最令人肃然起敬的形象。美丽的容貌确实是这一家的大多数成员所共有的。玛丽表妹是典型的美丽老妇人，她满头银发，有着甜美的南爱尔兰嗓音——外国人要注意了，这种嗓音和所谓的"土腔"[5]相去甚远，就像一位高地[6]绅士的用语和格拉斯哥[7]贫民窟土话的差别那么大。但我们最熟悉的还是他们家的三个女儿。三位都是"成年人"，但事实上比起我们认识的所有其他成年人，她们在年龄上与我们是最接近的，三位也都天生丽质。最年长也最庄重的 H 是位朱诺[8]，一位黑女皇，有些时候看起来像个犹太女子。K 更像瓦尔基里[9]（尽管我觉得她们三个全都是优秀的女骑士），侧脸酷似她的父亲。她的脸上有着某种属于纯种马的优雅的狂野，鼻翼的精致透着愤怒，从那里可以传递出无

---

5. "土腔"：原文 brogue，是指爱尔兰口音的英语。

6. 高地：苏格兰北部郡。

7. 格拉斯哥：苏格兰西部港口城市。

8. 朱诺：罗马神话中主神朱庇特之妻，相当于希腊神话中的赫拉。

9. 瓦尔基里：北欧神话中奥丁神的侍女之一，其使命是在战场上选择有资格进入瓦尔哈拉殿堂的阵亡者。

可挑剔的蔑视。她身上有一种"男子气的"诚实（这是我这一性别的人出于虚荣的称呼），若说谁可以做一位真正的朋友，没有哪个男子及得上她。至于最年轻的G，我只能说她是我见过的最美丽的女人，体型、肤色、声音以及举手投足皆无可挑剔——但美丽难道是可以被描述的吗？读者诸君也许会置之一笑：这岂不是早熟的少年恋情的回声？但是您错了。有些美丽如此毫不含糊，不需要戴上任何镜片便能被察觉，即便是孩子无心而客观的眼睛也一样能看见。（第一位让我热血沸腾的女人是我在学校里遇到的一个舞娘，后面某章我会提到。）

蒙特布莱肯在有些方面和父亲的房子很像。在那里我们也找到阁楼、安静的大房间、望不到头的书架。早些年，当我们受驯化的程度很不完善的时候，我们常常把女主人们抛到脑后，自己四处寻宝，我就是在那里找到了卢伯克的《蚂蚁、蜜蜂和黄蜂》[10]。但还是有很多差别的，那所房子里的生活与我们的相比更宽广，更经过深思熟虑，如驳船般平缓滑行着，而我们的生活则如马车般颠簸向前。

---

10. 卢伯克（Sir J. Lubbock，1834—1913）：生于英国伦敦，是享有盛誉的考古学家、生物学家和政治家。一生留有三部著作：《史前时代》《蚂蚁、蜜蜂和黄蜂》《人生的乐趣》。

与我们同龄的朋友——男孩和女孩——我们一个也没有。在一定程度上，这是上寄宿学校的自然结果，孩子们直到长大成人也不认识邻居是谁。但更主要的在于，这也是我们自己固执选择的结果。有一个住在附近的男孩时不时试图来认识我们，我们竭尽全力躲开他。我们的生活已经排得满满的，假期太短了，还不够我们念完想念的书，写完想写的东西，还有那么多要玩的游戏、要骑的车、要说的话。我们讨厌任何第三者的出现，那在我们眼里都是令人恼火的打搅。我们更讨厌所有盛情款待的邀请（除了蒙特布莱肯伟大而成功的努力）。这类邀请在那个时期还没有成为严重的烦恼，但是等我们上学之后，情况逐渐变得越来越严重，请允许我在这里说几句，然后就可以丢开这个话题了。我们邻里之间有一个开派对的习俗，那事实上是成年人的舞会，然而上学的男孩女孩也会被邀请。从女主人的角度来看，这样的安排确有益处：小客人们一旦彼此熟悉，就不再难为情，也许他们真能玩得开心。对我来说，这些舞会就是折磨——害羞只是部分原因。折磨我的是虚假的角色（我能非常清楚地意识到）：我明明被当作孩子，却又被迫参加一个本质上是成年人的活动，去感受现场的成年人半嘲讽式的善意，他们假装你是成人，虽然你根本不是。此外，还有伊顿制服和僵硬的衬衫带来的不舒服，脚丫疼，脑袋发热，早过了平时的上床时间，却还要疲惫地硬撑着不睡。我猜想，即便是成年人，如果没有性和酒精的吸引，恐怕也会感到难以忍受。至于一个小男孩，既不会调情，也不会喝酒，却指望他在打蜡的地板上蹦跶到凌晨两三点还乐此不疲，这实在匪夷所思。我当然对这其中的社会关系一无所知。我从来没意识到有些人是出于礼节而不得不邀请我，因为他们认识我父亲或者以前认识我母亲。对我来说这一切都是不可理解的、无缘无故的迫害，而这样的活动还常常放在假期的最后一周，要夺去一大块寸秒寸金的时间，我真是连手撕女主人的心都有了。她为什么非要这样纠缠我？我从来没有对不起她，我从来没请过**她**参加什么派对。

在舞会上我的举止极不自然，又觉得如此表现是我的责任，这便加剧了我的痛苦煎熬，其原委称得上有趣。我书读得多，又很少与同龄孩子一起玩，所以上学前我已经有了很大的词汇量，这些词从一个穿着伊顿制服的胖乎乎的顽童嘴里说出来，一定很滑稽（我现在能理解了）。我每次一说那些"大词"，大人们就觉得我是在炫耀，他们这样想也很自然。可他们确实想错了。我只是用了我唯一知道的一些词。事实与他们设想的恰恰相反，如果我能用那些我学会的学校男生们的俚语我会非常引以为豪，用那些脱口而出的（在我的处境中这是不可避免的）书面语我可一点都不感到骄傲。而偏偏喜欢假装感兴趣、假装一本正经地故意鼓励我的大人还不在少数——如此这般，直到我突然意识到大家都是在笑话我。我的惊恐当然是极其强烈的。在这样一两次经历之后，我就给自己制定了一个严格的规则，即在"社交功能场合"（我私下这样称呼），无论如何我都不能参与任何令我感到一丁点儿兴趣的话题，也决不说任何自然想要说的话。这个规则我遵循得简直可以说一丝不苟。咯咯咕咕地模仿最枯燥的成人闲谈，故意把我真实的想法隐藏起来，感觉隐隐的滑稽和激动，这些就成了我后来的派对举止，就像演员进入角色一般刻意地如此表现。为保持这样的举止真是精疲力竭，等到我和哥哥两人终于踉踉跄跄钻进计程车，踏上回家的路（整个晚上唯一开心的时刻），我才立即打回原形，大舒一口气。我花了很多年才发现，一堆穿戴整齐的人聚在一起，也是可以进行真正的人与人之间的交流的。

令我印象深刻的另一件事是公正与不公正的混杂。我们因为一些确实存在的缺点受到责备，但受责备的场合往往不对劲儿。毫无疑问我是个自高自大的男孩，也因此受责备，但是这些责备通常针对一些与自高自大扯不上边儿的事。大人常指责一个孩子虚荣，却不会静下来观察一下孩子们或某个特定的孩子，一般在什么情况下更容易虚荣。我因为抱怨新内衣让皮肤瘙痒而被父亲认定是可耻的"做作"，这让我有很多年百思不得其解。我现在已经看得一清二楚了：他脑子里是一个再普通不过的想法——把皮肤娇嫩与良好教养联系起来，于是认为我是要显得格外有教养。事实上，我对那种联系一无所知，而且如果说我在这件事上会有虚荣，那么拥有水手的皮肤会让我骄傲得多。扣在我头上的罪名是我没有能力犯下的罪过。还有一次我因为问"stirabout"是什么意思而被斥为"做作"。事实上，这个词的意思是"粥"，只不过是爱尔兰语里下等人的用词。对某些大人来说，如果有人声称他不知道一个下等人的用词，这个人就明显是在假装上等人。然而，我这样问的真正原因是我从来没有听说过这个词，我要是知道这个词，就会以用这个词为荣了。

老鬼的学校，您应该还记得，无人惋惜地消亡于1910 年。于是，必须为我的教育问题做新的安排了。我父亲这时有了一个让我满心欢喜的计划。离我们新家一英里处升起了高高的大红砖墙和一幢幢塔楼，那是坎贝尔中学，这所中学建立的初衷很明确：让北爱尔兰的男孩们不必大老远跨过爱尔兰海也能获得公学教育。我聪明的表兄，乔叔叔的儿子，已经在那里上学了，而且学得不赖。商议的结果是，我也得去那里做个寄宿生，但我可以获得一个短时离校的许可：每周日回家。我醺醺然了。我相信只要是爱尔兰的东西，哪怕是学校，也不可能不好，肯定不会像我知道的英格兰的一切那么糟。于是乎，我去了"坎贝尔"。

我在这个学校只待了很短一段时间，因此我将不对它妄作论断。它与我听说过的任何英国公学都大不一样。这个学校里也有级长（prefects），但是完全无足轻重。学校在名义上按英国模式分成几个"书院"，但都只是形同虚设，除非是有体育比赛了（也并非强制参加），没人真的在意它们。与大多数英国中学相比，学生的家庭背景"杂"得多，我在那里与农村孩子厮混在一起。我差点和一个小商贩的儿子成了朋友，他曾在他父亲跑生意的货车上帮过忙，因为司机是文盲，没法"记账"。我非常羡慕他的这份美差，而他，这个可怜的小子，回首那段日子简直就是黄金时代。"上个月的这个时候，路易斯，"他那时常常这么说，"我可不用去上预习课。我呀正下班回到家，一块小小的茶巾已经在桌子一头给我摆好了，还有香肠做我的茶点呢。"

作为历史学家，我一直很高兴自己能对坎贝尔有所了解，因为我觉得它在很大程度上体现了阿诺德[11]之前的英国学校的状态。在坎贝尔有真正的斗殴，双方各有副手，有赌输赢的（我这样觉得），还有一百多个高声吆喝的旁观者。那里也有恃强凌弱的现象，尽管没有主导现代英国中学的那种严格的等级制，每个男孩的位置完全由他的拳头大小和天资高低决定。从我的角度来说，一个很大的缺陷是学校里没有一个所谓给人归属感的地方。只有很少一部分高年级学生有书房。我们其余这些人不属于任何地方，除了坐下来吃饭，或者在一个巨大的"预习室"上"晚自习"。没有课的时候，学生们要么躲开要么加入那些难以解释的群体移动：人群在这里缩小，又在那里增大；一会儿放慢节奏，一会儿像潮水般涌向一个特定的方向；这会儿看着像是要散开了，另一会儿又聚拢成一团。光秃秃的石头走廊里不停回响着脚步声，掺杂着嘘声、扭打声，以及一阵阵的大笑声。感觉总在"向前走"，或者"闲逛逛"——在洗手间，在储藏室，在大厅。仿佛永远住在一个庞大的火

---

11. 托马斯·阿诺德（Thomas Arnold，1795—1842）：英国著名教育学家，历史学家。阿诺德在担任拉格比公学校长期间做了大量教学变革，使这所学校成为英国公学的楷模，奠定了后来英国公学的基础。阿诺德强调古典语言（拉丁文、希腊文）的重要性，并在其学校始倡英式橄榄球，此运动在英语中便以拉格比（rugby）命名。

车站里。

恃强凌弱的现象也有其价值，虽然是负面的，即这些都是诚实的欺侮行为，而不是级长制度下冠冕堂皇、获得授权的欺侮。这些欺侮主要是帮派行为：一个帮大约八到十个男孩，每一个都在长得没有尽头的走廊里四处搜寻猎物。他们的突袭快如旋风，等受害者发现时往往已经太迟了，我觉得正是始终上演的没完没了的混乱和喧嚣给了他们掩护。有时候被抓住的结局是很惨的，有两个我认识的男生被掳走后在某个隐蔽之处被施以杖刑——完全不包含私人恩怨的刑罚，因为抓他们的人和他们完全不认识：为艺术而艺术[12]。我自己只被抓住过一次，而且我的命运相比起来没有那么惨，这次经历古怪得颇值一晒。我被拖着一路狂奔穿过迷宫般的一个个过道，已经完全超出我熟悉的路标范围，等我回过神来，发现囚犯不止我一个，我们几个人在一个地下的空房子里，半明半暗的光线（我感觉）来自唯——盏煤气灯。土匪们稍作停顿平复喘息之后，其中两个把第一位俘虏拉了出来。我这时已经注意到，对面墙上有一排平

---

12. 为艺术而艺术：19 世纪末 20 世纪初英国艺术评论界兴起的唯美主义口号，强调艺术品的表达形式高于内容，认为艺术超越道德范畴等等。路易斯这里既是在夸张地描述这种男生之间为了欺侮而欺侮的行为，也体现了他对这种唯美主义艺术观的不屑。

行于地面的管子，离地大约三英尺。当那个囚犯被迫弯下腰，脑袋低过最低的管子时，我虽然也心惊肉跳，却并没有感到奇怪。但是不一会儿我就大惊失色了。我前面说过房间是半明半暗的。那两个土匪把他们的牺牲品往前猛一推，瞬间那里就没了人影。看起来活像黑色魔法。又一个牺牲品被领出来，又是被施杖刑的姿势，但是没有杖刑，而是——无影无踪，原子分化，人间蒸发。最后轮到我自己了。我也被从后面猛推了一把，然后发现我自己正穿过墙上的一个洞口抑或舱口往下掉，最后掉进了一个储煤地下室。又一个小男孩哐当一声跟在我后面摔了出来，门砰地关上，被拴住了，捕获我们的猎手们兴高采烈高声叫喊着跑走了，他们要去追捕更多的猎物。毫无疑问，他们是在跟一个对手团伙比赛，比比谁的"沙包"多。我们很快被放了出来，身上很脏，浑身发麻，不过除此之外身上倒也没有哪里不适。

我在坎贝尔经历的最重要的一件事是，我在那里精读了《邵莱布和罗斯托》[13]，是在一位被我们称作奥克提的杰出学者的指导下阅读的。我对这首诗一见钟情，

13. 《邵莱布和罗斯托》：英国维多利亚时代的诗人和评论家马修·阿诺德（Matthew Arnold, 1822—1888）的一部叙事诗，讲述伟大的波斯武士罗斯托误杀亲生儿子邵莱布的悲剧故事。阿诺德曾说他的这首诗是在刻意模仿荷马的风格。

从此深爱不渝。正如诗中第一行奥克苏斯河[14]上的水汽中升腾起湿湿的浓雾，整首诗中也升腾起一股微妙的银亮亮的清凉，将我团团围裹起来，这是一种让人愉快的遥远而平静的感觉，一种庄严的忧郁。我那时几乎不懂如何欣赏这个故事中的核心悲剧，虽然我后来学会了。那时令我心醉神迷的是那个身在北京城中的艺术家，他那象牙般的额头和苍白的双手，皇后花园里的柏树，对罗斯托青春时代的回望，还有喀布尔的货郎，秘密的花刺子模废墟。阿诺德给予我的是对远方充满激情而又悄然无声的凝望（阿诺德最好的文字仍有这样的效果），确乎不是一种冷静的想象。请注意观察一下文学在这里起了怎样的作用。鹦鹉学舌的评论家们说《邵莱布和罗斯托》一书是写给古典主义学者看的诗，只有能够从中认出荷马声音的人才能欣赏。而我，坐在奥克提的精读教室里时（愿奥克提安息）尚对荷马一无所知。对我来说，阿诺德和荷马之间的联系有一种反向作用：多年以后，当我开始读《伊利亚特》的时候，我之所以会喜欢它，部分原因恰恰是它让我想起了《邵莱布和罗斯托》。不用说，你经由哪一个点第一次进入欧洲诗歌的体系根本无关紧要。你只需打开你的耳朵，闭上你的嘴巴，最

---

14. 奥克苏斯河（Oxus）：今称阿姆河（Amu Darya），中亚最大的内陆河。

终这里的一切会带你走向这之外的一切——*ogni parte ad ogni parte splende*[15]。

　　我在坎贝尔的第一个也是唯一一个学期大约过半的时候，我病了，被送回家。父亲因为一些我不太清楚的原因已经对这个学校感到不满了。威尔文镇一所预科学校的介绍材料对他很有吸引力（尽管这个学校和威尔文公学没有关系），尤其考虑到如果我去那里的话我就能和哥哥再次一起上路了。于是乎，我在家度过了愉快的六个星期，最后一周是可期待的圣诞节，那之后就是一场新的冒险。在一封保存下来的父亲写给哥哥的信里，他说我觉得自己运气好，而他自己"恐怕这个星期结束前就要感到孤单了"。父亲从我出生起便认识我，可他对我的了解却那么少，真是奇怪啊。那几个星期里，我和父亲睡一个房间，因此不必经历夜晚黑暗中的孤单，让我害怕的只是孤单而已。哥哥又不在家，我俩没法互相诱发调皮捣蛋了，因此我和父亲之间没有任何摩擦。我想不起这一生中我和他之间还有比那段时间更温情脉脉的时候，我们融洽得简直没话说。他不在家的白天，我则进入一种更深刻的孤单，比我之前经历过的孤单都

_____

15. *ogni parte ad ogni parte splende*：引自但丁的《炼狱》第七章第75句，意为"每一部分都散发出光彩，照亮彼此"。

更深刻，也带给我最完整的满足。空荡荡的屋子，空荡荡的安静的房间，在坎贝尔拥挤的噪音之后，这一切感觉就像一次提神醒脑的热水澡。我可以随心所欲地读书、写字、画画。说来也奇怪，我记得自己特别喜爱童话主要是在这个阶段，而不是更早的童年时代。我被小矮人深深迷住了——那时候我们的小矮人都戴着亮晶晶的斗篷帽，胡子雪白，那时候的地球人还没有被亚瑟·拉克姆[16]神化，也还没有被华特·迪士尼庸俗化。我特别用力去想象他们的模样，以至于几乎要产生幻觉了。有一次，我走在花园里，有一瞬间我不能肯定是不是有个小人儿刚从我身边跑过，钻进了灌木丛。我隐隐感到惊骇，但不像我晚上睡觉时那种害怕。通往仙境之路的可怕是我可以面对的。没有人在任何事上都是懦夫。

---

16. 亚瑟·拉克姆（Arthur Rackham, 1867—1939）：英国插图画家、水彩画家，以绘制童话、神话故事的彩色插图著称。

# – 第 4 章 –

## 打开眼界

我敲打船舷，喊道：

"够了，我要远航。"

什么？我将永远叹息憔悴？

我的航线和生命是自由的：自由如道路，

不羁如风，宽广如仓。

——赫伯特[1]


1911 年 1 月我刚满十三岁[2]，和哥哥
一起出发去威尔文镇，他上公学，我上预

---

1. 赫伯特（George Herbert, 1593—1633）：英国玄学派宗教诗
   人，此处引自他最著名的诗作《项圈》（The Collar）。
2. 路易斯生于 1898 年 11 月 29 日，所以应是刚过 12 岁。

科学校,我们管我的学校叫夏朵。我俩校园生活的古典时期就这样开始了,只要提起青春期,我们首先想到的就是那段时间。一起坐车回学校,在威尔文车站不情愿地分手;然后在同一个车站欢天喜地地团聚,再一起回家——这两个重大时刻成了那时候每年一头一尾的两根擎天柱。旅途中我们能行使的自由越来越多,标志着我们越来越成熟。一开始,我们早上抵达利物浦,就会坐第二辆车继续往南;很快我们便发现,在莱姆街酒店大堂里用杂志和香烟打发一整个上午要开心得多,然后坐下午的火车到威尔文,我们可以在允许范围内的最后时刻抵达目的地。很快我们又抛弃了杂志,我们发现(有些人一辈子也发现不了)旅途中可以带上真正的书,几个小时的黄金阅读时间是旅途各种乐趣之外又一项额外的乐趣。(人的一生尽早获得阅读的力量很重要,不管你碰巧身处何处。我第一次读《帖木儿》[3]是在从拉恩到贝尔法斯特的路上,在一场暴风雨中;也是在路上,我就着烛光第一次读勃朗宁[4]的《帕

---

3.《帖木儿》:英国戏剧家、诗人马洛(Christopher Marlowe, 1564—1593)的代表剧作。马洛发展了无韵诗体,对中世纪戏剧作出革新,为莎士比亚和詹姆斯王朝的剧作家们开辟了道路。

4. 勃朗宁(Robert Browning, 1812—1889):英国诗人,代表作是无韵体叙事诗《指环和书》。

拉切尔苏斯》[5]，装在我座位底下的一个大电瓶每次一启动，蜡烛就会熄灭，不得不再点一次，那一个晚上蜡烛就这样每四分钟熄灭一次。）回家的旅途更是充满节庆气息。当天的日程安排雷打不动：先是在饭店里吃晚饭，只不过是水煮荷包蛋和茶，但对我们来说那就是神仙美味了——接着去"老帝国"[6]（那时候还有音乐厅）——然后去码头，那里有一艘艘威名远扬的巨轮，然后出发，我们再次感受到了圣盐（blessed salt）[7]的滋味。

抽烟，用我们父亲的话来说，当然是"鬼鬼祟祟"的行为，去帝国剧院则没问题。在这方面父亲不是个清教徒，他经常在星期六晚上带我们去贝尔法斯特马戏场。我现在知道我从来就没喜欢过杂耍表演，而父亲和哥哥都很喜欢。那时候我以为自己看表演很开心，其实我错了。在我的记忆中，所有那些滑稽噱头都毫无生命，无法引起哪怕一丝一毫纯粹怀旧的情绪波动；相反，每次一个"动作"失败了，那种因同情而感到

5.《帕拉切尔苏斯》：出版于 1835 年的一首勃朗宁的长诗，围绕文艺复兴时期伟大的瑞士医师帕拉切尔苏斯（1493—1541）的生平展开。帕拉切尔苏斯痴迷于知识，尽管他也知道爱的重要，但直到临死他才发现知识与爱之间真正互益的关系。

6."老帝国"应该是指"利物浦帝国剧院"（1894—1965）。

7.圣盐（blessed salt），或译作"蒙福之盐"。盐在古代世界是珍贵的商品，且有洁净防腐的功效，因此经常在基督教圣事中使用。——编者注

的痛苦和代入式的屈辱感却依然鲜活如昨。让我愉快的只不过是演出之外的种种，是热闹和灯光，是晚上可以出来玩，是父亲处于假日心情时的好脾气，还有——也是最重要的——我们大约晚上十点左右回到家时吃的那一顿绝妙的冷餐。因为那时也是我们家庭烹饪的黄金时期，一个安妮·斯特哈恩[8]的时代。桌子上会摆着一些"发酵派"，现代英国男孩不会知道那是什么，即便那时候，只吃过店里卖的冒牌货的人也会被我们家的这种派所折服。

夏朵，一幢高高的白色建筑，比威尔文公学更靠近山顶，它是一所规模不大的学校，只有不到二十个住宿生，但是它和老鬼的学校不可同日而语，我的教育在这里真正开始。校长是个聪明耐心的老师，我们管他叫塔布斯，跟着他我很快在拉丁文和英文学习中站稳了脚，甚至开始被当作一个有潜力获得中学奖学金的学生。食物不错（尽管我们当然总在抱怨），我们各方面都获得很好的照顾。整体而言，我和同学们相处融洽，男孩子生活中很大的一部分内容，比如天长地久的友谊、势不两立的派别、不共戴天的争吵、尘埃落定的和解，这些在我们的生活中一样也不少，有时候我会垫底，有时候

---

8. 安妮·斯特哈恩应该是当时路易斯家里厨师的名字。

则是头名。

正是威尔文治愈了我对英格兰的耿耿于怀。我们脚下宽阔的蓝色平原，身后那些绿色的山峰，这些山看起来雄伟壮丽，但其实体积很小，很容易攀爬，我几乎立即喜爱上了这一切。威尔文隐修院是第一座让我感到美丽的建筑物，也是在夏朵我第一次交到了真正的朋友。但是，还有一件对我来说重要得多的事也发生在夏朵：我不再是基督徒了。

这个灾难事件发生的具体时间顺序有点模糊，但我可以肯定不是我刚到那里的时候，而整个过程在我离开那里不久之后彻底完成。我会努力把我所知道的有意识的原因，以及我怀疑的无意识的原因写下来。

我必须从我们的舍监、亲爱的 C 小姐开始，尽管我很不情愿，也完全没有责怪她的意思，我会尽量用温存的笔触，就像我在提及母亲身上的问题时一样。没有哪个学校有过比我们更好的舍监了，她技艺娴熟、温柔体贴地照顾病中的男孩，而我们没病的时候她又是一个那么活泼可亲、和蔼友善的伙伴。她是我认识的最为无私的人。我们全都爱她，我这个孤儿尤其如此。事情是这样的，尽管 C 小姐在我眼里年纪不小，但她的心灵仍然处于很不成熟的状态，仍然在搜寻，带着有一丝天使特性的灵魂的热忱，搜寻着真理和生活的道路。那时候人们能获得的引导比现在更少。她在神智学⁹、玫瑰十字会¹⁰、唯灵论的迷宫中跌跄挣扎（我现在不妨这样说），那是整个英美的神秘主义传统。毁掉我的信仰与她的初衷可谓南辕北辙，她并不知道自己是把这根蜡烛带进了一个装满火药的房间。除了在噩梦或童话故事中，我从未听过这些东西，也从未想象过上帝和人之外有幽灵。我一向喜爱读异象奇谈，有关别的世界以及不可知的存在物，但是我从来没有相信过，即便是那个小矮人的幻影也只不过在我脑子里忽闪而过。谁要是以为孩子们相信自己想象出来的东西那就大错特错了，而我早已熟悉了想象中的那个动物国和印度的世界（既然我是这个世界的创造者之一，我是不可能相信它的存在的），也和其他任何孩子一样不可能犯那样的错误。可是现在，我第一次觉得可能在我们周围真的存在奇异现象，而眼前的世界可能只是一道幕帘，后面藏着我那简单的神学从未探测到的庞大领域。而这一想法在我体内开启了一种渴望，此后没少给我添麻烦——对超自然的渴望，简言之，是对神秘力量的热情。不是所有人都会染上这个毛病，与我同病相怜者应该明白我在说什么。我曾经试过

---

9. 神智学：泛指任何神秘主义哲学和神学说教。

10. 玫瑰十字会：一个始于 17 至 18 世纪的秘密宗教社团，自称拥有古传秘术。

在一部小说里描绘这种渴望。这是一种精神淫欲，而且，就如肉体的淫欲一样，当它发作时有一种致命的力量，使人对世上所有其他东西都不再感兴趣。甚至造就巫师的很可能就是这种激情，而非对权力的渴望。但是和 C 小姐对话产生的结果远不止这些。她一点点地、在她自己毫无意识的状态下瓦解了我的整个信仰体系，让所有尖锐的部分逐渐失去棱角。这一神秘主义的模糊性以及不确定性开始蔓延——是的，**趣味无穷**地蔓延着——直达教义最坚定的真理部分。一切都成了推测：我很快就"从'我相信'变成了'人们确实感到'"[11]（用大家都熟悉的话来说）。而且，这是多么大的解脱啊！贝尔森宿舍里那些被月光照亮的夜晚渐渐隐去了。我经过暴君式的启示的正午，进入清凉的"高级思想"的黄昏，不再需要遵守任何规范，不再需要相信什么，除了给人安慰让人激动的东西。我不是说这一切都是 C 小姐造成的，倒不如说是"仇敌"[12]对我动的手脚，利用了 C 小姐无意中说的那些话。

"仇敌"能轻而易举得逞，其原因之一是，我早已迫不及待想摆脱我的宗教，尽管我自己都还没意识到，

---

11. 此处路易斯引用英国神学家诺克斯（Ronald Knox, 1888—1957）的话，诺克斯以重译圣经闻名。
12. "仇敌"：基督徒常把魔鬼称为仇敌。

而之所以会这样的原因也值得记一笔。因为在精神活动中所犯的一个技术性错误——我仍然相信那是一个诚实的错误——我使自己的宗教生活成了难以忍受的负担。事情的经过是这样的。和所有人一样，从小我就被告知祈祷的时候不仅口里要说着祈祷词，而且心里要想着自己所说的话。于是，当我认真地接受了信仰（在老鬼学校里），我就努力这样去实践。一开始感觉一切都顺风顺水，但是很快虚假的良心（圣保罗所说的"律法"，赫伯特笔下的"胡言乱语者"[13]）就开始作怪。刚刚说完"阿们"，假良心便喃喃道："是这样没错。但是你确定你心里真的想着你口里说的话吗？"然后，变得更隐晦，比方说，"你有昨晚想的那么好吗？"因为一些我当时无法理解的原因，答案几乎总是"没有"。"那好，"那个声音又说道，"你是不是最好从头再来一遍？"于是我照办，但是当然完全不能肯定第二次的努力能比前一次好到哪里去。

对这些烦人的建议，我的反应整体上来说是我能想到的最愚蠢的一种。我给自己定了一个标准：所有的句子都必须产生我称之为"领悟"的感觉才算通过检阅，

---

13. 赫伯特诗集《神殿》（1633 年）中有一首诗《良心》，描述了一个"胡言乱语者"，即虚假的良心。

所谓"领悟"，我指的是某种鲜明的想象力和情感冲击。我每天晚上的任务就是凭着意志力硬去实现一种意志力永远无法实现的情形，其定义如此模糊，以至于我永远没法带着绝对的信心说出它到底出现了没有，而且即便它真的出现了，其精神价值也是非常平庸的。如果那时有人告诉我沃特·希尔顿[14]的警告该多好，他说我们永远不能在祷告时"靠技巧"强求不是上帝给予的东西！但是没有人告诉我。夜复一夜，我拼命要让自己达到"领悟"的境界，一面因渴望睡眠而昏昏沉沉，还常常伴随着一种绝望感。整个过程开始陷入无限倒退的危险。祈祷一开始当然是希望有好的"领悟"。但是这个最初的祈祷本身已经被"领悟"了吗？我那时应该还有足够的理智不去理睬这个问题，不然开始一场祈祷就会变得和结束一场祈祷一样困难。这一切简直历历在目！那冰冷的油地毡[15]，每十五分钟一次的钟鸣声，夜在一点点流逝，令人痛苦绝望的疲倦。这就是我从灵魂到肉体都在渴望摆脱的一份重担。这种每晚折磨的阴影已经覆盖了整个傍晚，我对睡眠的恐惧活像一个长期失眠症患者，这就是我那时的处境。我想我要是在这条路上走

---

14. 沃特·希尔顿（Walter Hilton, 1340？—1396）：奥古斯丁修会的一位神秘主义者。

15. 油地毡：祈祷时跪拜专用的小毯子。

得再远些，我会发疯的。

这一祈祷的责任重担荒谬虚妄，为我摆脱基督教信仰提供了动机，当然这是无意识的。但是几乎与此同时，或者稍晚一些，有意识的怀疑出现了。一个原因是阅读古典文学。在古典文学中，尤其是维吉尔[16]的作品，有一大堆的宗教观点，而所有的教师和编辑从一开始就想当然地认为这些宗教观点都是彻头彻尾的错觉。从来没有人试图说明基督教在何种意义上终结了异教，或者说异教是如何预示了基督教的出现。不言而喻的观点似乎是说，宗教一般都只是一个胡言乱语的大杂烩，尽管我们自己的宗教很幸运地是个例外，只有我们自己的宗教是真理。其余的宗教甚至不用被解释为魔鬼的杰作，这种解释是早期基督教的做派。可以想象，这样的说法也许倒是可以让我信服的。但是我获得的印象是，一般意义上的宗教尽管完全错误，却是自然的发展，是一种具有地方特性的胡话，是人性倾向于犯的错误。在一千个这样的宗教之中挺立着我们自己的宗教，第一千零一个，标注为"真理"。但是我凭什么相信这个例外呢？很显然在某种普遍意义上，我们的宗教和其余那些

---

16. 维吉尔（Virgil，公元前70—前19）：古罗马诗人，代表作是史诗《埃涅阿斯纪》。

宗教都是一样的东西。为什么它要获得这样的区别对待呢？我难道也需要继续这种区别对待吗？我迫不及待地不想再这样继续下去了。

此外，我身上有一种根深蒂固的悲观主义，彼时已然发展为一种智力上而非性情上的悲观主义，也同样在磨损着我的信仰。我那时一点也不快乐，我非常肯定地形成了这样一种观点：宇宙基本上是一个不幸的所在。一个蠢头蠢脑、衣食无忧、穿着伊顿制服领的男孩对宇宙下了一个不讨人喜欢的判断，对此有人会反感，有人会发笑，这个我很清楚。无论他们是哪种反应，可能都有道理，但不会因为我穿了伊顿制服领而更合理。他们忘了一个人在童年时的内心感受。日期不像人们以为的那么重要。我感觉那些还会思考的人其实在人生的前十四年思考得最多。至于我的悲观主义源头，读者们应该记得我在童年时便遭遇了一个极大的不幸，尽管在其他很多方面我都算很幸运。但是我现在倾向于认为这一悲观主义的种子早在母亲去世前就已经播下了。我相信问题出在我笨拙的双手，虽然这听起来也许很可笑。怎么会这样呢？一个孩子说："因为我没办法一剪刀剪出条直线，所以宇宙是邪恶的。"当然不是这样。童年没有这样的概括能力，也不会这么愚蠢（公平来说）。我的笨拙也没有造成一般所谓的自卑情结。我没有把自己和其他男孩做比较，我的失败感是在孤独中产生的。这些失败感真正让我感觉到的，是来自没有生命的事物对我的抗拒和敌意。即使这么说也太过抽象，太过成人化。也许我更应该把它描述为这样一种认识，即你不希望发生什么就一定会发生什么。你希望是直的东西，偏偏会弯；你想让什么东西弯起来，它偏偏会迅速变回直的；所有你希望系得紧紧的结都会松开，所有你想解开的结都很牢固。无论用什么样的语言来描述，听起来都会有喜剧效果，我也确实没指望（此时此刻）它还能有什么其他的效果。但是也许正是这些如此难以捉摸、对成年人来说如此荒诞不经的童年经历，让大脑形成了最早的偏见，形成了对于什么貌似有理、什么没理的习惯性思维。

还有一个成因。尽管我是有钱人——按我们现在的高税收标准几乎是难以置信的富裕稳妥之人——的儿子，可我却从记事时起就一直听说，而且始终相信，成人生活就意味着无休止的挣扎，而我能期望的最好结果就是尽最大努力避免进济贫所的命运。我父亲关于这些事的极度夸张的陈述深深烙印在我脑子里，尽管我认识的成年人似乎都过着优越的生活，我却从来没想过用这一显而易见的事实去检验一下那些说法。我记得在夏朵跟我最好的朋友谈话时，把我认定的我们的命运总结为这样一个公式："学期、假期、学期、假期，直到我们离开学校，然后就是工作、工作、工作，直到我们死。"即使我不曾被这样的错觉所困，我想我也仍然有悲观的理由。即便是在我当时的那个年纪，一个人的观点也不完全由他自己暂时身处的环境所决定，即便一个男孩暂时身处绿洲，他也能意识到他是被沙漠围绕着。我是个软心肠的人，以我自己的无效方式。我唯一一次起了杀心也许就是对夏朵的一位助理导师，因为他禁止我施舍校门口的一个乞丐。除此之外，我早年读的书——不仅是威尔斯，还有罗伯特·保尔爵士[17]——也把宇宙的浩瀚和冰冷，以及人的渺小深深埋进了我的想象力。我感觉宇宙是个充满威胁的不友好的地方也就不足为怪了。几年前我读卢克莱修[18]，还是能感受到他的无神论观点的力量（绝无出其右者）——

　　若是上帝造了世界，怎么会是

---

17. 罗伯特·保尔爵士（Sir Robert Ball，1840—1913）：爱尔兰天文学家，出版过很多有关天文学的书。乔伊斯的《尤利西斯》曾提到他的《天空的故事》一书。

18. 卢克莱修（Titus Lucretius，公元前99—前55）：古罗马诗人、哲学家，代表作是哲理长诗《物性论》，阐述并发展了伊壁鸠鲁的物质原子论，反对神创论，认为幸福在于摆脱对神和死亡的恐惧，得到精神的安宁和心情的恬静。

我们眼前如此脆弱又不完美的一个世界。

您也许会问，我是怎么把这个直接的无神论观点，这个伟大的"非神创的结论"和我的神秘主义胡思乱想结合在一起的？我觉得我并没有在两者之间建立起任何有逻辑的关联。它们只是让我在不同的心情之间摇摆，唯一的共同点是两者都是反基督教的。于是，慢慢地，伴随着我现在已经无从追溯的起伏摇摆，我成了一个背教者，扔掉了我的信仰，非但毫无失落感，反而觉得无比轻松。

我在夏朵的时间是从 1911 年春季学期到 1913 年夏季学期末，在这期间，就像我前面说过的，我对自己渐进的背教过程并没有一个详细的时间记录。从其他方面讲，这段时期一分为二，转折点是我们爱戴的一位助理导师，还有那位我们深爱的舍监同时离开了学校。从那一天开始，情势——并不是指表面的幸福，而是实实在在的好处——急转直下。亲爱的 C 小姐对我既有恩，也有不良影响。一方面，她唤醒了我的感情，却因此破坏了我因早年经历而产生的反感情用事的抑制机制。我并不否认在她的"偏激思想"中存在着让我受益的真正的、无私的灵性，尽管她的思想对我产生的主要影响是灾难性的。不幸的是，一旦她走了，那些好的影响枯竭了，那些坏的影响却留了下来。导师的更替更是明显糟糕透了。被我们称呼为"老兄"的第一位导师令人钦佩，我如今觉得他是个颇有智慧的怪人：大嗓门，孩子气，热心肠，一面和我们打成一片，一面还能保持他的威严。他是个邋里邋遢嘻嘻哈哈的家伙，毫不做作。他周身传递着一种热情（那正是我需要的），一种无论身在何处都应该保持的生命热情。有一次我和他一起在雨雪天跑步，我觉得那是我第一次发现应该如何对待坏天气——就当它是个粗俗的玩笑，是场嬉闹。他走之后来了一个刚刚大学毕业的年轻人，我们喊他"跳跳"。跳跳是撒基[19]，甚至沃德豪斯[20]笔下人物的简化版。跳跳是个聪明人，跳跳衣着讲究，跳跳前卫时髦，跳跳甚至还是个浪荡子。犹豫了大约一周以后（因为他的脾气有些多变），我们都拜倒在他脚下，开始崇拜他。摆在我们眼前的是一派成熟油滑、老于世故，而且（您敢相信吗?）已经准备好向我们传授成熟圆滑了。

我们——至少我自己——变得讲究起穿着来。那是一个"花花公子"的年代：带领针的"展开的"领结，

---

19. 撒基（Saki）：苏格兰作家芒罗（Hector Munro, 1870—1916）的笔名，作品反映爱德华时代的社会风貌。

20. 沃德豪斯（Pelham Wodehouse, 1881—1975）：英国小说家、剧作家，善于写令人发噱的场面和滑稽人物，著有长篇小说《城里的普史密斯》。

领口开得很低的外套，裤脚拉得高高的，以便露出吓人的袜子，还有鞋带特别宽的拷花皮鞋。其中有一些我哥哥已经从中学带回来慢慢传给我了，他那时已经到了可以尝试花花公子的年龄。帮我从头到脚试了个遍的是跳跳。一个个头很大的十四岁乡下孩子，每周一先令的零花钱，对他来说还能有比追求时髦更可悲的野心吗？雪上加霜的是，我属于苍天注定不管买什么穿什么，看上去永远像是刚从旧货店里走出来的那种人。我那时特别在意裤子有没有熨平，还会往头发上抹发油（令人恶心的习惯），我现在每每想起都会脸红。一个新元素滑进了我的生活：庸俗。到那时为止几乎所有的罪[21]我都犯过，所有力所能及的蠢行也都干过，但是我还没有这么庸俗过。

然而，这些少年郎的华服美饰只是我们新学的成熟油滑的一小部分。跳跳对剧场戏院无所不知。我们很快学会了所有流行的歌曲。我们很快对当时著名的女演员个个了如指掌——莉莉·埃尔西[22]，戈蒂·米勒[23]，吉

---

21. 这里的"罪"是宗教意义上的罪（sin），不是法律意义上的罪（crime）。

22. 莉莉·埃尔西（Lily Elsie, 1886—1962）：爱德华时代著名歌剧及音乐剧女演员。

23. 戈蒂·米勒（Gertie Millar, 1879—1952）：爱德华时代著名音乐喜剧女演员。

娜·戴尔[24]。跳跳一肚子都是有关她们私生活的信息。我们从他那里听到最新鲜的玩笑，凡是我们不明白的地方，他都会迫不及待地教给我们。他解释了很多事。跟跳跳混了一学期之后，我们感觉好像一下子长大了十二岁，而不是过了十二个星期。

要是能把我的各项品行下滑都怪到跳跳身上，最后再指出一条经验教训，那该多痛快，多有教化作用——一个口没遮拦的年轻人对无知的男孩是多么有害啊！不幸的是，事实并非如此。那段时间我经历了猛烈的性诱惑，完全无力抵抗，这是千真万确的事。但是我当时血气方刚，又刚刚有点刻意离开了上帝的保护，这足以解释上面的状况。我相信跳跳和这一切毫无关系。很早以前我就从另一个男孩那里知道了生殖是怎么回事，那时我还太小，仅仅对这些事怀有纯科学的兴趣。我经由跳跳而受到的侵蚀并非来自肉体（我也有肉体），而是来自世俗：渴望光鲜亮丽，渴望神气活现，渴望与众不同，渴望熟谙内幕。跳跳并没有真正促成我贞洁的败坏，但是，那时为止我体内尚存的某些谦逊的、孩子气的、无私的品性却是毁在他手里了。我开始非常努力地让自己变成一个花花公子，一个无赖，一个势利鬼。

---

24. 吉娜·戴尔（Zena Dare, 1887—1975）：爱德华时代著名音乐喜剧女演员。

跳跳的言传身教无论在多大程度上加速了我大脑的庸俗化，毕竟没有对我的感官有直接的刺激作用，而那位舞娘，以及作为奖品发给我的贝克的《查理克利》[25] 却都给了我电击般的感官刺激。我从来没觉得那位舞娘和我的表姐 G 一样美，但她是第一位让我看了"就动淫念"[26] 的女人，当然这完全不是她的错。一个姿势，一个声调，在这些事上也许会造成意想不到的结果。那个冬季学期末的最后一个晚上，大伙儿一起装饰教室准备开舞会，她站在那里，举起一面旗子，说道："我喜欢旗子布面的味道"，然后把旗子贴到脸上——我便无药可救了。

您可别以为这是什么浪漫的激情。我生活中的激情属于一个完全不同的领域，下一章会有详述。我对那位舞娘的感觉是赤裸裸的性欲，不是肉体的诗歌，而是肉体的大白话。我丝毫不觉得我像一位骑士要全身心把自己献给一位女士，我更像是个土耳其人盯着一个他买不起的切尔克斯人[27]。我非常清楚我想要的是什么。顺便

---

25.《查理克利》：指德国古典学家威尔汉姆·贝克（Wilhelm Becker, 1796—1846）的作品《查理克利，或古希腊人私生活详释》。

26. 引用新约《马太福音》5：28："凡看见妇女就动淫念的，这人心里已经与她犯奸淫了。"

27. 切尔克斯人：西亚民族，分布于高加索西北部地区，以族中女子多美艳著称。

说一句，人们一般会觉得这样的经历会让人产生罪恶感，但是我没有。我也不妨再说一句，那时的我几乎不了解什么是罪恶感，除非一个道德过错碰巧也违背了荣誉感，或者造成的后果激起了我的同情。对别人来说摆脱自律要花很多时间（他们这么说），对我来说则是花了同样多的时间学会自律。这就是为什么我总发现自己与现代世界背道而驰：我是一个改变了信仰的异教徒，生活在一群背教的清教徒之中。

读者诸君若是对跳跳的评价太过严厉，我难免心有愧意。现在想来，让他管一群男孩的问题不在于他太老成世故，恰恰在于他还太年轻稚嫩。他自己也还处于青春期，仍然不成熟到要刻意做个"成年人"，幼稚到会把我们更胜一筹的幼稚当成乐事。何况他身上有着真正的友善。他愿意把他知道（或者说认为他知道）的一切告诉我们，部分原因正是出于友善。而眼下嘛，正如希罗多德[28] 会说的："再见吧跳跳。"

我失去了信仰，失去了德性，失去了纯真，与此同时，一件非同寻常的事也在进行着。下一章就会说到了。

---

28. 希罗多德（Herodotus）：公元前 5 世纪古希腊历史学家，被称为"历史之父"，所著《历史》为西方第一部历史著作。

# – 第 5 章 –

## 文艺复兴

> 我们心中便有了一个爱的天地，虽则
> 当爱世间何物，吾人并不确知。
>
> ——特拉赫恩[1]

　　我不太相信历史学家描绘的那个文艺
复兴。我越是深入探究，就越难觅见所谓
横扫 15 世纪欧洲的春日般狂喜的痕迹。我
怀疑历史学家笔下的那道光芒有着不同的

---

1. 特拉赫恩：参见本书第一章脚注 29。特拉赫恩的代表作
　　是散文集《诸世纪的沉思》（大约写于 1672 年，特拉赫恩
　　生前从未出版过，其手稿于 1895 年被一位伦敦书商发现，
　　1908 年首次出版）。引文出自该文集第一章"第一个世
　　纪"的第二段沉思。

源头，每个人都只是在回忆、投射属于他本人的文艺复兴，即我们大多数人在青春期结束时都会经历的那种美好的再次苏醒。称之为重生或再次苏醒，而不是降生或苏醒，这再确切不过，因为对我们很多人来说，这不仅是新的经历，而且也是重新找到了我们童年时拥有过却在步入少年期后失去的东西。少年期很像"黑暗的中世纪"，并非真实的中世纪，而是糟糕的薄薄的历史书里描述的中世纪。童年的梦想与青春的梦想也许有很多共同之处；而少年期则仿佛一片陌生的领土横陈于两者之间，在那里，一切（包括我们自己）都是贪婪、残忍、嘈杂、乏味的，在那里，想象力陷入沉睡，而最缺乏想象力的感官与野心却躁动甚至疯狂地清醒着。

我自己的经历就是这样的。我的童年与我生命的其余部分和谐一体，我的少年期则不然。很多我童年时喜欢的书现在我也仍然喜欢，而我在老鬼的学校和坎贝尔读过的大多数书，除非不得已，我不会再想翻开。从这个角度来看，我的少年期就是一片荒芜的沙漠。真实的"喜悦"（如我在前面某一章所描述的）从我生命中消失了，消失得如此彻底，甚至连关于它的记忆和渴望都丝毫没有留下。阅读《邵莱布和罗斯托》也没能带给我喜悦。喜悦不仅与一般意义上的快乐不同，甚至与审美快乐也不是一回事。喜悦必须伴随着那猛烈一击，一种剧痛，一份无法抚慰的渴望。

我生命中这一漫长的冬天于顷刻间分崩离析，那是我进入夏朵后不久发生的事。春天的面貌终将出现，但是不像自然界的春天那样来得不徐不疾，而是犹如几个世纪以来北极深深的冰层，在瞬间——不是一星期或一小时——化为青草、报春花和百花齐放的果园风光，一时间百鸟争鸣，流水潺潺。那一刻对我而言具体得触手可及，对我来说很少有如此一清二楚的事实，尽管我无法说出日期。某天，有人把一份文学期刊留在了教室，可能是《文人》[2]，也可能是《泰晤士报文学副刊》。我的目光随意地落在一行标题和一张图画上，我并没有刻意寻找什么。然而片刻之后，如诗人所言："天空已成浑圆。"[3]

我读到的一行字是《齐格弗里德与众神的黄昏》[4]，

2.《文人》（伦敦）：创刊于1891年的文学月刊，1934年停刊。主要刊登当代文学作品目录及文学评论等。

3. 此句选自英国作家查尔斯·威廉斯（Charles Williams, 1886—1945）的长诗《塔列森》（1938年）。威廉斯是路易斯与友人在牛津大学组织的"淡墨会"（Inklings, 1933—1949）的核心成员。

4.《齐格弗里德与众神的黄昏》：北欧神话故事。《齐格弗里德》（1857年）和《众神的黄昏》（1874年）分别是瓦格纳著名四联歌剧《尼伯龙根的指环》中的第三、四联。第一、二联是《莱茵的黄金》（1854年）和《女武神》（1856年）。这里的《齐格弗里德与众神的黄昏》应该是指由亚瑟·拉克姆配有插图的一本故事书。

我看到的图画是亚瑟·拉克姆为该书所绘的一张插图。这之前我还从没听说过瓦格纳，也没听说过齐格弗里德。我以为"众神的黄昏"是指众神生活过的黄昏。我如何在瞬间便确信无疑这不是凯尔特人的黄昏，不是林仙的黄昏，也不是尘世的黄昏？但事实确实如此。纯粹的"北欧感"将我吞没：一片巨大澄明的天空高悬在大西洋之上，北欧夏季永无止境的黄昏，遥远、庄严……几乎在同一时刻我意识到自己曾经遇到过这个画面，那是很久很久以前（此刻倒不会感觉更久远）的《泰格纳挽歌》，我意识到齐格弗里德（且不管那是什么）与巴尔德尔属于同一个世界，属于同一群迎着太阳驶去的鹭鸶[5]。我就这样一头扎进自己的过去，与此同时心中升起了对"喜悦"的记忆。伴随着一阵锥心之痛，我意识到如今已失去多年的东西是我曾经拥有过的，我终于结束了流放，从荒漠回到故土。而"众神的黄昏"如此遥远，一如我过往生活中的"喜悦"，两者同样难以企及，汇聚成一种让人无法忍受的渴望和失落感，这种渴望和失落感又突然间与这整个经历本身合二为一，瞬间一并消失得无影无踪。而我，如同一个刚刚苏醒过来的人，茫然环顾着这个灰蒙蒙的教室，在我能够说出**就是它**之

---

5.《泰格纳挽歌》：参见本书第一章脚注 33。

前，它已经与我擦肩而过。我也立即明白了（命中注定），渴望至高无上也是唯一重要的对象，正是"再次拥有它"。

这次之后，万事都顺风顺水起来。父亲送我们的礼物中有一架留声机。所以在我注意到《齐格弗里德与众神的黄昏》的时候，留声机唱片目录已经是我最喜爱的读物之一了，但我做梦也没想到过"大歌剧"的唱片以及他们那些奇怪的德语或意大利语名字会跟我有任何关系。此刻的我也有一两个星期没这么想过了。但那时的我感受到的是一种全新的困扰。一份名为《声箱》的杂志每周会刊登一些著名歌剧作品的概要，它也对《尼伯龙根的指环》做了完整介绍。我如痴如醉地一口气读完，知道了谁是齐格弗里德，也知道了众神的"黄昏"是指什么。我再也无法按捺自己了——我开始写诗，一首关于瓦格纳的尼伯龙根故事的英雄史诗。我唯一的资料就是《声箱》里的简介，我无知到竟然让"阿尔贝里希"[6]与"壕沟"押韵，让"米姆"[7]与"时间"押韵。

---

6. 阿尔贝里希：尼伯龙根首领矮子国国王。路易斯将该名字原文 Alberich 误读为"阿尔贝里齐"，因而让它与"壕沟"的英语"ditch"（读作"迪齐"）押韵。

7. 米姆：阿尔贝里希的孪生弟弟。路易斯将该名字原文 Mime 按英语"mime"一词读作"麦姆"，因而让它与"时间"的英语"time"（读作"泰姆"）押韵。

我模仿的是蒲柏的《奥德赛》[8]，这首诗的开篇如下（混合了一些神话内容）：

> 从天而降吧，降下吧，神圣的缪斯九女神
>
> 歌唱吧，歌唱莱茵河的古老传说……[9]

由于第四卷也只写到《莱茵的黄金》的最后一幕，读者诸君应该不会奇怪这首诗最后没能完成。但这并不意味着我是在浪费时间，我仍然能看到这首诗对我的帮助，以及帮助是从哪里开始的。对一个男孩来说，能写成前面那三卷的样子已经很不错了。未完成的第四卷，一开篇问题就出现了，而那也恰恰是我真正开始努力写诗的时候。在那之前，只要我写出的句子能押韵，符合格律，然后把故事说出来，我就心满意足了。而在第四卷的开篇，我开始试着传递我所感觉到的强烈的激动，我开始寻找含蓄而非直白的表达。我当然以失败告终，丢掉了清晰的平铺直叙，我开始语无伦次，上气不接下气，很快就发不出声音了，不过我还是学到了写作的

---

8. 蒲柏的《奥德赛》：指英国诗人蒲柏（Alexander Pope, 1688—1744）翻译的荷马史诗《奥德赛》。

9. 这首路易斯少年时期的诗作保留下来的共有 792 行，在唐·金（Don W. King）的著作《C. S. 路易斯，诗人》中收入出版。

意义。

那段时间我自始至终没有听过瓦格纳的音乐，尽管他名字字母的形状对我来说已经成了魔力的象征。到了假期，在 T. 艾登斯·奥斯本（愿他安息）黑漆漆的拥挤的铺子里，我第一次听到了《女武神之骑》的唱片。如今人们嘲笑这张唱片，的确，从完整的故事中把这一段剜出来弄成一个音乐会作品，也许差强人意。但是我和瓦格纳有一个共同点，即我关注的不是音乐会作品，而是英雄的故事。一个早已为"北欧"疯狂的男孩，一个迄今为止以沙利文[10]为最高级音乐体验的男孩，对他来说，《女武神之骑》的到来简直带着雷霆万钧之势。从那一刻开始，瓦格纳的唱片（主要是《尼伯龙根的指环》，但也有《罗恩格林》和《帕西法尔》）成了我零花钱主要的流向，也是我始终不变的礼物要求。起先，我对音乐的品位并没有随之改变。"音乐"是一回事，"瓦格纳音乐"是另一回事，两者之间没有共同的衡量标准。后者不是一个新乐趣，而是一个新的乐趣种类，如果"乐趣"真是准确说法的话，天晓得它是不是麻烦、狂喜、惊愕、"一种无以名状的感觉

---

10. 这里的沙利文应该是指英国轻歌剧作曲家亚瑟·沙利文（Arthur Sullivan, 1842—1900）。

冲突"。

那个夏天，我们那位已为人妻的表姐 H（但愿您还记得那是我们母亲的表亲考特斯的长女，黑皮肤的朱诺，奥林匹斯山的女皇）邀请我们去她家住几周，她家位于都柏林郊外的杜伦区。在那里，她家客厅的桌子上，我发现了那本引发这一切的书，我不敢想象有一天我真能看到这本书：由亚瑟·拉克姆绘制插图的《齐格弗里德与众神的黄昏》。拉克姆的插画当时在我眼中就是被画出来的音乐，使我的愉悦感又加深了几英寻[11]。我从没有像觊觎这本书那样觊觎过其他任何东西，当听说它有一个便宜的版本，售价十五先令（尽管这个数目那时对我来说几乎是个天文数字），我知道除非能把它弄到手，否则我不可能有一日安宁了。我最终得到了这本书，主要因为哥哥愿意跟我合买，他此举完全出于善意，我现在知道了，当时也能猜到些，因为他并没有像我那样对"北欧"魂牵梦萦。他的慷慨即便在当时也让我有些无地自容，这本书在他眼里肯定不过就是本图画书，他却为之付了七先令六便士，这些钱他自己怎么花不比花在这儿强呢。

尽管有些读者可能已经感到这件事占去了不必要的

---

11. 英寻：长度单位，1 英寻相当于 6 英尺。

篇幅，但是它对我的余生影响甚大，以至于不做几点说明便没法继续讲我的故事。

　　首先，对那时的我来说阿斯加德[12]和女武神的重要性超过生命经验中的任何其他东西——超过舍监 C 小姐，超过那个舞娘，也超过我得奖学金的机会——除非您了解这一点，不然您对一切都只会产生误解。更让人震惊的是，这些东西似乎比我不断增长的关于基督教的怀疑重要得多。这可能是——在一定意义上毫无疑问确实是——惩罚性的失明[13]，但也许并非完全如此。那时北欧神话似乎比我的宗教更大，部分原因可能是我对待北欧神话的态度中有一些元素是我的宗教本应该有却没有的元素。北欧神话本身不是一个新的宗教，因为它没有任何与信仰相关的痕迹，也没有任何责任的要求。然而它含有某种非常类似崇拜的东西，一种对某个对象完全无关利益的全身心的投入，这一对象自信地要求被崇拜，仅仅因为它就是对象本身，我的这个观察应该不至于大错特错。祈祷书教导我们要"感谢上帝，因为他伟大的荣耀"，仿佛我们更应该感谢上帝必然的存在，而

___

12. 阿斯加德：北欧神话中诸神的居所，亦称作阿萨神域。

13. "惩罚性失明"是路易斯基于他的基督信仰所言，即他当时对北欧神话的兴趣高于一切，在他看来这可能是上帝出于惩罚他的目的而让他暂时处于这种盲目状态。

不是感谢他给予我们的特殊关照。我们确实是这样做的，认识上帝也意味着理解这一点。但是这样的经历对我来说遥不可及，即便在我相信这位真神的时候，我对他的崇拜也还比不上对那些我并不相信的北欧诸神。有时候我几乎觉得，我被带到那些假神面前就是为了学习敬拜，以备有一天真神要我到他面前。倒不是说我就只有走背教这一条路才能学习敬拜，难道就不能通过其他什么方式（我也不知道那是什么）学得更快更安全些吗？不过来自上帝的惩罚也同样是仁慈，某种特定的恶也能带来特定的善，惩罚性失明也可以有助健康。

其次，这一充满想象力的"文艺复兴"几乎立即让我产生了对外部自然界的一种新的欣赏。我想一开始这种欣赏主要寄生于我的文学和音乐体验。在杜伦的那个假期，我骑车在威克洛山里转悠，总是不由自主地寻找有可能属于瓦格纳世界的景象，这边一个长满冷杉的陡峭山坡，米姆也许就是在这里遇到了齐格琳德[14]，那边一块洒满阳光的林中空地，齐格弗里德也许就在那里听鸟儿说话[15]，一会儿又是一个岩石山谷，法夫纳[16] 长满鳞片的柔软身体也许就要从岩洞里飞出来。但是很快

---

14. 齐格琳德：齐格弗里德的母亲，与孪生哥哥齐格蒙德相爱生下独子齐格弗里德。
15. 齐格弗里德在杀死巨龙之后无意间舔了龙血，获得了听懂鸟语的能力。
16. 法夫纳即被齐格弗里德杀死的巨龙的名字。

（我无法准确说出有多快），大自然不再只是书本的提醒者，而成了真正的喜悦的媒介。我不是说大自然不再有任何提醒的作用。所有的"喜悦"都有提醒的作用。喜悦从来不是一种拥有，而是一种渴望，渴望很久以前或遥远之处的某个东西，渴望"将要出现的"什么。但是大自然和书此时成了同样的提醒者，手挽手地提醒着——什么呢，不管是什么吧。有些人认为对大自然唯一的真爱是一种认真探究的爱，一种使人成为植物学家或鸟类学家的爱，我离这种爱还远得很。对我来说重要的是某个场景唤起的心境，在品味这一心境时，我的皮肤、鼻子和我的眼睛一样，一刻也没闲着。

再次，自瓦格纳之后，我开始转向我能找到的所有关于北欧神话的书：《古代斯堪的纳维亚人的神话》，《日耳曼民族的神话与传说》，马勒特[17]的《北欧古代记录》。我变得渊博起来。在这些书里我一次又一次获得"喜悦"的刺痛。渐渐地，这一经历越来越少，那时的我还没有意识到这一点。认识埃达[18]的世界能获得单纯的智力满足，这种满足与喜悦之间有什么区别，那时的

---

17. 马勒特（Paul Mallet，1730—1807）：瑞士作家，其作品《北欧古代记录》上下卷分别于 1755、1756 年出版，其英译本于 1770 年出版。

18. 埃达是古代冰岛两部著名文学作品集的合称。其一为《老埃达》，亦称《诗体埃达》；另一为《新埃达》，亦称《散文埃达》。

我也没思考过。那时要是能找到人教我古斯堪的纳维亚语，我肯定会学得很拼命。

最后，我那时经历的变化为眼下这本书的写作带来了一个新的困难。从夏朵教室里的那个时刻开始，我隐秘的想象力生活变得如此重要，与我的外部生活如此泾渭分明，以至于我几乎不得不讲述两个互不相干的故事。两种生活似乎完全不会互相产生影响。一种生活里是饥肠辘辘，对"喜悦"的饥渴，而另一种生活也许正充满欢快的忙碌和成功；又或者，外部的生活是苦恼的，而内在的生活也许正充盈着狂喜。我这里所谓想象力的生活只是指与"喜悦"相关的那部分生活——包括外部生活中一般会称之为想象的东西，比如我的很多阅读、我全部的性幻想和野心勃勃的梦想，因为这些也都是与我自己相关的。而动物国和印度反而属于外部生活。

不过它们已经不是动物国和印度了，大约在 18 世纪末（它们的 18 世纪，不是我们的），这两个国家合并为伯克思恩（Boxen），这个国名的形容词说也奇怪，愣是拼作 Boxonian，而不是您可能以为的 Boxenian[19]。根

---

19. Boxen 本来就是少年路易斯杜撰的一个词，在此基础上他又故意让 Boxen 的形容词作不规则拼写，将 e 变为 o 之后再加词尾 -ian。

据一条明智的条文，它们仍然各自有一位国王，但是有共同的立法院，名为达麦菲斯克。选举制度属于民主制，但这一点远不如在英国那么重要，因为达麦菲斯克从来不必只在一个地方集会。联合政权可以在任何地方召集达麦菲斯克，比如在小渔村丹法贝儿（动物国北方的克拉弗里[20]，位于群山脚下），或者匹斯西亚岛；又因为宫廷能最早知道统治者选择在哪里集会，所以平头百姓听到风声之前，当地的住宿早被预订一空，就算有人赶到那里，他也完全没把握会不会在他赶到之时，集会已经改在别的地方了。于是我们听说有个人从来没出席过达麦菲斯克，除了有一次他运气好，刚好集会就在他的家乡。档案记录有时候把这一集会称为议会，但那是误导。只有一个会议厅，主持人是两位国王。然而，在我最熟悉的那个历史阶段，真正掌权的不是国王，而是一个至关重要的官职，名曰"小长官"（Littlemaster，这是一个多音节词，重音在第一个音节上，就和"捣糨糊工"〔Jerrybuilder〕一样）。"小长官"集首相、法官、总司令（是否一直在任，档案记录不明确），以及总参谋部成员（确定无疑）于一身。至少我最后一次访问伯克思恩时，这个职位仍然握有这些大

---

20. 克拉弗里：在现实世界中是英国西南部康沃尔郡的一个风光如画的小渔村。

权。可能还存在越权，因为当时担任这一职务的那个人——或者更确切地说，那只青蛙——是颇为强势的。这位"大大"勋爵在位时有一项对别人来说很不公平的优势，他曾是两位年轻国王的老师，并且继续对他们拥有类似家长般的权威。国王们也会做间歇的努力以期摆脱"大大"的控制，但这也只是针对"大大"对他们私下寻欢作乐的干涉，而不涉及严肃的政治问题。体形硕大、声如洪钟的"大大"勋爵不乏骑士精神（他是无数次决斗中的英雄），他脾气暴躁，出口成章，行事冲动，他本人就是国家。读者诸君难免揣摩出两位国王在"大大"勋爵控制下的生活多少有点类似我们哥俩在我们父亲控制下的生活。确乎如此。但是，最初我们并非只是想着把父亲变成两栖动物，然后在某些方面讽刺一下，另一些方面歌颂一下，弄出一个"大大"那么简单。"大大"在很多方面其实是对温斯顿·丘吉尔先生预言性的素描，也就是他后来在二战中的样子。我确实看到过这位伟大政治家的一些照片，对任何知道伯克思恩的人来说，那些照片里的青蛙属性是不容置疑的。我们对真实世界的预料还不止于此。"大大"勋爵最顽固的对手是一位海军上尉，一只小个子的棕熊，常常像牛虻一样钻进他的盔甲。信不信由你，这位詹姆斯·巴尔上尉几乎和约翰·贝杰曼[21] 一模一样，而我当时根本不可能认识贝杰曼。自从认识他之后，对他这位詹姆斯·巴尔来说，我就是他的"大大"勋爵了。

"大大"勋爵像我的父亲，这很有趣，但伯克思恩国的起源并不在于这种对现实世界的反映。随着故事接近尾声，折射现实的内容也越来越多，这标志着成熟过度，甚至是腐朽的开始。再往前一点，根本找不到现实的影子。让自己受制于"大大"勋爵的两位君主分别是动物国的本杰明八世国王和印度的霍基（我想是六世）拉甲。他们两位与我和哥哥有很多共同点。但是他们的父亲，老本杰明和老霍基，却并不像我们的父亲。霍基五世是个面目不清的人物，但是本杰明七世（是只兔子，您应该已经猜到了[22]）是个丰满的角色。我至今还能看见他的样子——所有兔子中下颌最大、身材最魁梧的一只，上了年纪之后胖得厉害，穿着邋遢，根本不像个皇室成员，一件松松垮垮的棕色大衣，一条宽松的格子裤，然而并非没有威严感，有时候威严起来颇使人仓

---

21. 约翰·贝杰曼（John Betjeman, 1906—1984）：英国诗人，1972 年英国桂冠诗人，作品以抒发思想怀旧的感情著称。他曾是路易斯在牛津大学的学生（1926—1927）。

22. 路易斯说读者应该能猜到本杰明是只兔子，因为前文路易斯提到的波特小姐著名的彼得兔系列故事中，也有一只名为本杰明的兔子。

皇失措。早年他曾坚定不移地认为自己既可以当个国王，也可以当一名业余侦探。他始终没能成为一名成功的侦探，部分原因是他一直在追踪的那位敌人（拜多斯米尔先生）并非一个真正的罪犯，而是个疯子——这个复杂情节足以把福尔摩斯本人的计谋甩出几条街。他还常常搞得自己被绑架，有时候一绑就是很长时间，让他的宫廷上下坐立不安（我们并不知道他的同事霍基五世也有同样的问题）。有一次，他从这样一次冒险中回来，费了很大劲儿才证明了自己的身份——拜多斯米尔给他染了颜色，那个熟悉的棕色身影再次出现时成了一只杂色兔子。最后（有什么是男孩们想不到的呢?），他也是后来称之为人工授精的早期实验者。历史难以裁定他到底是只好兔子还是位好国王，但他绝非无足轻重的角色。他饭量大得惊人。

大门既已打开，所有的伯克思恩人便如同荷马笔下的鬼魂一样，吵着闹着让我也提他们一笔。但我必须拒绝他们。那些创造过某个世界的读者都会宁愿说说他们自己的世界，而不是听我大讲特讲我的那个世界；而那些从来没有过这种创造的读者则可能既困惑又反感。伯克思恩与"喜悦"也毫无关系。我之所以提到它，只是因为如果略去不提的话，就不是对我这段人生经历的如实反映。

在此还得重申一点。我所描述的人生里，这样或那样的想象始终扮演着主要角色。想象从来不包括一丁点儿信仰的成分，我从来没错把想象当成现实。关于北欧神话不会有这样的问题，它本质上是一种渴望，暗示着渴望对象的缺失。而我们从来都不可能相信伯克思恩的存在，因为是我们创造了它。没有哪个小说家（在此意义上）相信他笔下人物的存在。

1913 年夏季学期末，我获得了进入威尔文中学的古典学奖学金。

# - 第 6 章 -

## 血青族

> 任何方法，天哪
>
> 只要我能远离你们的窃窃私语。
>
> ——韦伯斯特[1]

  既然夏朵已经讲完了，我们就可以把威尔文公学直接叫作威尔文了，或者更简单些，用威尔文人自己的叫法——"公学"。

  我当时外部生活中最激动人心的一件事莫过于进入公学。在夏朵时，我们总是

---

1. 韦伯斯特（John Webster，1580—1634）：英国剧作家，引文选自其代表作《马尔菲公爵夫人》，这是公爵夫人在被害前对害死她的凶手们所说的话。

生活在公学的阴影中。我们经常被领到那里，观看比赛、运动会或者伟大的古德伯雷赛跑的决赛。这些活动让我们神魂颠倒。那些年长的男生们，他们周身散发着的那股子成熟劲儿，他们相互间神秘莫测的对话片段，有点像从前的公园路[2]对一个来年就要进入社交界的女孩所具有的魅力。最重要的是，"血青们"——备受追捧的运动员和级长们——是世俗浮华、权力和荣耀的象征。站在他们边上，跳跳也显得无足轻重了，跟一个"血青"比起来，导师算什么？整个学校就是膜拜这些人间神明的伟大庙宇，而我又是所有男孩中最跃跃欲试要去朝圣膜拜的那一个。

如果您从未上过威尔文这样的学校，也许您会问什么是**血青**。血青是学校贵族阶层的一员。外国读者们需得明白，此贵族阶层与男生们在校外世界所属的社会地位毫无关联。出身名门、家境优越者并不比其他人更有可能跻身此阶层，我们书院唯一一位贵族最终也没能成为"血青"。我进学校前不久，一个很怪的家伙的儿子至少已经进入"血青族"的外围。跻身"血青族"的必要条件是此人已经在学校待得有些年头了。光凭这一条也进不去，但你若是个新来的，则肯定没戏。最重要的

---

2. 公园路是伦敦靠近海德公园的一条路，是传统的富豪居住区。

充分条件，是杰出的体育才能。如果在体育方面足够出类拔萃，自动就能成为"血青"。如果还没到出类拔萃的程度，那么俊秀的外表和个性也有帮助。依此类推，时髦当然也有用，就看学校对时髦的定义了。一位明智的"血青族"竞选人会穿该穿的衣服，说该说的行话，崇拜该崇拜的东西，听到该乐的笑话就哈哈一乐。当然了，和外面的世界一样，那些处于这个特权阶层外围的人可以努力凭借谄媚钻营之术爬进去，也确实有人这么干。

我听说在一些学校，存在一种两头政治。一个"血青"贵族群，受到大众情绪化的支持或者至少是容忍，与之相对抗的是由导师任命的级长所组成的统治阶层。我觉得他们一般都会任命最高年级的人，所以多少可以说是一个知识分子阶层。公学可不是这样。那些当上级长的几乎全部是"血青"，而且他们不必属于某个特定年级。理论上来说（尽管我没觉得这真有可能发生），某个最低年级的最笨的学生也可以成为公学的级长——用我们的话来说，就是头儿。于是乎，我们只有一个统治阶级，任何类型的权力、特权及威信都集于这同一群人手中。低年级生无论如何都会崇拜为英雄的那群人，无论在何种体制下都能凭借一己精明与野心出人头地的那群人，他们和导师代表的官方力量所支持的正是同一群人。这一群体的地位通过特别的行动自由、服饰着装、优先配给和尊严举止得到突显，影响着学校生活的方方面面。你能感觉到，这是一个相当强大的阶层。而其力量又因为一个要素得到了强化，这个要素在学校和普通生活中截然不同。在一个寡头统治的国家，大量民众，其中还有一些颇不安分的，知道自己永远不可能跻身那个寡头阶层，于是对他们来说一场革命也许值得孤注一掷。而在公学里，那些处于社会最底层的，年纪都还太小，因此弱到不可能梦想革命。而中产阶级——已经不再是小厮，却尚未晋级"血青"的男孩们——是唯一有足够的体力和影响力成为革命领袖的，可他们却已经开始梦想自己成为"血青"了。对他们来说，通过讨好现存的"血青"加快自己社会地位上升的步伐，要比冒险闹革命合适多了，革命成功的可能性微乎其微，就算一旦成功了，毁灭的也恰恰是他们渴望分享的奖励。如果他们最终对于跻身统治阶层也绝望了——那又怎么样，到那时他们也就快要离开学校了。学生们常常联合起来抗议导师，而一场针对"血青"的叛乱，我怀疑以前从不曾发生，以后也永不会发生。

既然如此，我做好了进公学朝圣膜拜的准备也就不足为怪了。英国公学的这一等级制度将"世界"展现在我们面前，还有哪种成人的贵族形态比它更诱人呢？新生见到"血青"的那一刻，每一种让他五体投地的动机都会瞬间产生效力——十三岁男生对十九岁青年的自然敬畏，影迷对电影明星的感受，乡野妇人面对公爵夫人的心情，新来的看到老手时的畏首畏尾，街头小混混想起警察时的胆战心惊。

　　踏进英国公学的最初几个小时是难以忘怀的。我们的书院是一座高高窄窄的石楼（顺便说一句，也是学校里唯一一座算不上建筑噩梦的楼），很像一艘船。我们活动的主要区域——甲板——由两个成直角的非常昏暗的石廊组成。两边的门通向书房——大约六平方英尺的小房间，两三个学生合用一间。对于一个从未有过属于他自己的据点、来自预科学校的男孩来说，这样的房间一眼望去简直让人心醉神迷。当时我们仍生活在爱德华时代[3]，所以每个书房都尽量模仿爱德华式起居室乱哄哄的样子，宗旨就是用书橱、立柜、小摆设、画像把这个鸽子笼塞到满得不能再满为止。每层楼还有两间更大的房间，一间是"级长室"，可谓奥林匹斯会议室，另一间是新生书房。新生书房根本不像书房，房间更大、更暗、没有装修，无法移动的长板凳围着一张固定的桌

---

3. 爱德华时代：指英王爱德华七世（1841—1910），他讲究穿着，生性喜欢交　际，其在位时的英国社会以丰足、自负的风气著称。

子。不过我们知道，我们这十来个新兵不会全部留在新生书房。我们中有些人会分到"真正的"书房，剩下的就只能在这个可耻的地方待上一学期左右。那是我们第一晚所经历的伟大的偶然事件：有人得以离开，有人将被留下。

我们围着那张固定的桌子坐着，大多数时候沉默无语，即便说话也是小声嘀咕，大门时不时会打开，一个男孩探头进来，微笑着（不是对我们而是对他自己），然后又退出去。有一次，在那个微笑者的肩头出现了另一张脸，一个咯咯笑着的声音说，"吼—吼！我可知道**你是在**找什么！"只有我知道这是怎么回事，我哥哥是切斯特菲尔德，我是他的斯坦诺普[4]，他已经向我传授过公学里的种种门道。这些探头微笑的男孩中没有一个是"血青"，他们年纪都还很小，而且他们的脸上有一些共同的东西。事实上，他们是这个书院的"甜馅饼"，有的正抢手，有的已经开始过气。他们探头观望是想猜

---

4. 文中的"切斯特菲尔德"指切斯特菲尔德伯爵四世，即菲利普·斯坦诺普 (Philip Stanhope, 4th Earl of Chesterfield, 1694—1773)，英国外交家，以写给儿子斯坦诺普的《致儿家书》闻名，书中教导儿子避免他自己在人生道路上犯过的错误。他也是英国散文大家约翰逊博士 (Samuel Johnson, 1709—1784) 的名篇《致切斯特菲尔德伯爵书》的致信对象，伯爵曾拒绝资助约翰逊博士编写《英语词典》，却在词典出版为世所瞩目之后写文章备加推崇，这是后者撰写此信的缘故。

测我们中的哪些人注定要成为他们的对手，或者后继者。

可能有些读者不知道什么是书院"甜馅饼"。首先，解释一下修饰词。威尔文的生活可以说是由公学和书院这两个同心圆组成的。你可能是个公学级长，也可能只是个书院级长；你可能是个公学"血青"，或者只是个书院"血青"；一个公学"凌空球"（即被蔑视者，不受欢迎的人），或者只是书院"凌空球"；当然了，还有公学"甜馅饼"，或者只是书院"甜馅饼"。"甜馅饼"*指一位漂亮、长相女孩子气的小男生，他是一个或几个学长的娈童，这些学长常常都是"血青"。常常是，并非一直是。尽管我们的寡头统治集团将大多数的生活便利据为己有，却独独在这一点上很开明：他们没有在一位中产阶级男生的诸多限制之外再加上一条贞洁。下层阶级的同性恋算不上"傲慢"，或者至少不是严重的"傲慢"，不像双手插兜或不系大衣扣子那么严重。男神们也是有分寸感的。

"甜馅饼"的一个重要功能，在于使校园（按照宣传单上的定义）生活成为社会公共生活的准备。他们不

_____

* 此处至本段末，我有时候会用"历史现在时"。老天有眼，我的意思不是说威尔文今天还是这样。

像奴隶，因为他们的服务（几乎一直）是受了招募，而非强迫。他们也不完全像妓女，因为这种关系往往带有某种恒久性，绝不仅仅是肉体关系，反而被高度浪漫化。他们也并不会因为提供的服务而获得报偿（我是说现金），然而成人社会里大人物的情妇所擅长的那一套曲意逢迎和吹枕边风，以及能得到的特殊照顾和种种特权，在"甜馅饼"这儿一样也不会少。所谓对"公共生活"的"准备"即是在此。读阿诺德·卢恩先生的《哈罗人》[5]，你会发现他学校里的甜馅饼会当告密者，这在我们学校没发生过。我应该算知情人，因为我有个朋友和一个小甜馅饼共用一间书房，如果这个甜馅饼的某个情人进来了，我朋友有时候会被赶出去（这毕竟也是情理之中的事），除此之外，他没什么好抱怨的。这些事情并没有什么让我震惊的。对我而言，在那个年龄，这整个系统最主要的问题是它实在太无聊了。我们的书院日复一日、月复一月，嗡嗡嗞嗞，窸窸窣窣，窃窃私语，含沙射影，全部的主题就这一个，如果您无法想象这样一幅画面，您也就无法领会我们这个地方的整体氛围。比赛之后，礼貌对话的主题就是献殷勤：谁和谁

---

5. 阿诺德·卢恩（Arnold Lunn, 1888—1974）：英国作家、登山运动员，因在滑雪、登山方面的贡献而获封爵士。他在 45 岁时归信天主教，成为著名的天主教护教士。《哈罗人》是卢恩写的一部关于哈罗公学生活的小说。

"有一腿"，谁的偶像正在走红，谁藏了谁的照片，谁、什么时间、有多频繁、哪个晚上、在哪……我猜想这也许可以被叫作希腊传统。但这终究是一项从未让我感到任何诱惑的邪行，至今仍然超越我想象力的范围。也许但凡我在公学里待的时间再长一点，我就会和其他人一样，在这方面变成一个"正常男孩"，就如这个体系所承诺的。而事实是，我感到深深的厌倦。

最初的几天，就和在军队里的最初几天一样，主要是心急火燎地弄明白哪些事是必须做的。我最初的任务之一是弄明白我属于哪个"俱乐部"。所谓俱乐部，是指我们为了参加强制比赛而被分配到的小组，俱乐部属于公学组织，不是书院组织，所以我必须去一个"公学"通知栏找我需要的信息。首先要找到地方，然后要敢于挤进围在通知栏附近那堆更重要的男生中间，然后开始读五百个名字，但是一只眼睛还要盯着你的表，因为十分钟之内当然还有其他事要做。在找到自己的名字之前，我就被人群从通知栏前挤开了，于是我满头大汗地回到书院，焦虑不安，心想明天怎么才能找到时间把这件事办了，如果办不成又将发生什么闻所未闻的灾难。（顺便说一句，为什么照有些作家的意思，担忧焦虑都是成人生活特有的呢？我感觉一个普通学生一周内的"黑色忧虑"要比一个成年人一年的还多。）

等我走进书院楼，一件完全意料之外的事发生了。在"级长室"门口站着一个姓福里卜的，只是个"书院血青"，没错，甚至只能算低级别的"书院血青"，但是对我来说已经是足够尊贵的人物了，他是瘦瘦的笑眯眯的那类青年。他对我说话的时候我几乎不敢相信自己的耳朵。"哦，听我说，路易斯，"他大声宣布，"我可以告诉你，你是哪个俱乐部的。你跟我在同一组，B6。"我经历的是怎样一个从绝望到振奋的一百八十度大转变啊！所有的焦虑瞬间消失。然后就是福里卜的大仁大义，福里卜的屈尊俯就！就算一位君主邀请我共进晚餐，我也不可能感到如此荣幸。好事还在后头。每到半天休息日的时候，我都会尽职地跑去 B6 通知栏前看看自己的名字有没有写在上面，那个下午是否需要参加比赛。一次都没有。这真是天遂人愿，因为我讨厌比赛。我天生笨拙，早年又缺乏训练（对此贝尔森要负全责），我打比赛根本不可能让自己感到乐趣，更别说令其他队友满意了。我把比赛当成生活中必不可少的倒霉事，堪比所得税和牙医。于是，那一两周我过得舒心惬意。

接着，灾难降临了。福里卜说了谎，我属于一个完全不同的俱乐部，我的名字不止一次出现在一个我从未见过的通知栏里。我犯了严重的"逃俱乐部"罪，相应的惩罚是棒打，由于公学头儿当着公学级长的面执行。

对于公学头儿——一个红头发、满脸青春痘的男孩，名字不是"玻璃苣"就是"饭泡粥"[6]——我不可能有什么怨言，对他来说这只是例行公事。但我必须给他一个名字，因为这个故事的关键部分需要他的名字。将我带去刑罚现场的使者（一个比头儿略低一等的"血青"）企图用语言向我揭示我的罪大恶极："你是什么人？无名小卒。饭泡粥是什么人？**全世界最最重要的那个人。**"

　　当时我心想，这句话没说到点子上，现在我还是这么想。他本可以提炼出两个非常不错的教训。他本可以说："我们要教会你在明明可以获得一手消息的情况下不应该依靠二手消息"——这是非常有益的教训。或者他也可以这么说："是什么让你觉得一个'血青'就不会撒谎？"然而，"你是什么人？无名小卒"，这句话无论本身多么正确，都是相当跑题的。这句话影射我逃避俱乐部活动是出于傲慢或反抗。而说那句话的人是否真相信这一点，对此我的困惑从未停止过。一个完全无助的异乡人，身处一个新的社会，由一个无可抗拒的阶层

---

6. "饭泡粥"译自英文"Porridge"，这个词本意为"粥"。"玻璃苣"译自"Borage"，这个词本意就是这种植物，碰巧"玻璃苣"发音与原词也相近。路易斯用这两个词都有嘲讽之意，后文会出此人的真实名字，即布里吉（Burradge），发音与"Borage"和"Porridge"都很接近。路易斯第四次提到此人时用了另一个词"Ullage"，本意为"瓶空"（酒瓶内液面上方的空容积），也是发音与布里吉接近，因而仿译作"瓮里急"。

统治的社会，他所有幸福的希望仰赖于这个阶层对他的好感，而他却偏偏要在第一个星期去捏"全世界最最重要的那个人"的鼻子——对我说这句话的人真是这样想的吗？在后来的人生中我多次遇到同样的困惑。某一类考官说下面这句话的时候到底是什么意思呢？——"这样的答卷是对考官们的侮辱。"他真的认为那个考不及格的人侮辱了他吗？

另一个问题是福里卜在我的小灾难中扮演的角色。他对我撒谎就是为了恶作剧，开个玩笑吗？他是跟我哥哥有什么旧仇，现在要报复我吗？还是说，他（我现在觉得这种可能性最大）只不过就是我们老话说的"口没遮拦"，各种消息不论真假一天到晚源源不断从他嘴里喷涌而出，从不经过考虑，甚至并非出自他的意愿？有人可能想，不管他最初的动机是什么，当他看到我的处境，他可能会站出来承认他的所作所为。但是，要知道，那几乎是不可想象的。他是个很低级的"血青"，仍然处于往上爬的阶段，布里吉的地位远在福里卜之上，差距之大几乎就像福里卜之于我。站出来会危及他自己的社会地位，而在他身处的这个环境里，社会地位的上升是唯一重要的事：学校是对公共生活的准备。

我必须补充一点，福里卜按我们的标准并不是"血青族"的代表，这是为威尔文说的公道话。他违背了豪

116

侠原则，他的行为在当时本来是不可能发生的（我哥哥告诉我）。我刚说过，"甜馅饼"是被招募而非被迫的。但是福里卜曾经整整一学期动用他作为级长的全部权力迫害一个男孩，姑且叫他帕斯里吧，就因为这个帕斯里拒绝了他的追求。福里卜这样做易如反掌。那么多无以计数的烦琐校规，一个低年级男生几乎可以毫不知情地违反其中任何一条，于是乎，作为级长，只要他愿意，就可以让某个男孩永远麻烦不断，而高年级生使唤低年级生的那种传统很容易让后者一天里没有消停的时候。所以帕斯里明白了拒绝一个低级"血青"的代价。如果帕斯里是个品行正直的男孩，如果他的拒绝是出于道德原因，那么这个故事可能更让人难忘。不幸的是，帕斯里"普通得像剃头师傅的凳子"[7]，我哥哥在校的时候他曾备受瞩目，而现在已风华不再。他只是在福里卜这儿划了界线。但像福里卜的这种强制企图我没再见过第二例。

　　总的来说，考虑到青春期面临的诱惑，考虑到他们的特权地位，他们被如此众星捧月，我们的"血青"确实算不上差劲的一群。叫"伯爵"的那位甚至很亲切。"八哥"至多是个大蠢货，他们叫他"大长脸"。"司徒

---

7. "普通得像剃头师傅的凳子"可能典出莎士比亚的《皆大欢喜》，其中有一句台词："这就像剃头师傅的凳子，什么屁股都能坐。"

鱼"有人觉得他残忍，但他甚至是有道德原则的，他年轻时很多人（我听说）想招募他为"甜馅饼"，但他保持了贞洁。"好看，但是对谁都没用，他是**派**[8]"，在威尔文人们会这么说。最难为之辩护的可能是丁尼生。我们倒不是特别在意他是个商店扒手，他去镇上转一圈，手里就多了些没付钱的领带和袜子，有人还觉得他聪明呢。我们介意的是他最喜欢用来惩罚我们这些下等人的方式——"修理"。然而他确实可以跟校方说那不过是在耳朵上来一拳。他不会补充说明被打的那一位左耳、太阳穴，还有脸颊几乎都被贴在（不是完全贴在）走廊的墙上，然后右脸再遭受全力一击。还有一次，他组织了一个名为"庭院板球"的锦标赛（摆明了就是强制参加，事实也正是如此），他收了参赛费，但是既没有组织锦标赛，也没有退还现金，对这件事我们私底下也有些怨言。但是你该记得这事发生在马可尼[9]时代，而做级长也是对公共生活的准备。而且他们所有这些人，包

---

8. 派：也是一种英式甜点，是相对于"甜馅饼"的一类男生，意思是这个男生不会做娈童。

9. 马可尼（Guglielmo Marconi, 1874—1937）：意大利物理学家，无线电报系统的发明人，1909 年诺贝尔物理奖得主。他主要在英国工作，1912 年马可尼公司获得了英国政府的一份大订单。之后传出丑闻，包括劳合·乔治首相（David Lloyd George, 1863—1945）在内的几位大臣都持有这个公司的股份。参见英国作家切斯特顿的《自传》（1936 年）。

括丁尼生，至少有一个值得称道之处：他们从来没有醉过酒。我听说他们的前辈，有时候光天化日之下就在书院走廊里喝得酩酊大醉，那是在我进校前一年。事实上，我进书院的时候遇上重振道德雄风的严厉氛围，尽管对成年人来说这听起来肯定很奇怪。第一个星期，级长们在书院图书馆里对我们做了一系列发言，都是围绕这个主题。他们解释说，我们要接受训诫，要齐心协力，道德改革者要处处拉堕落者一把，还有不少威胁的话。丁尼生在那些场合很出风头。他有一副男低音的嗓门，是唱诗班里的独唱。我认识他的诸多"甜馅饼"中的一个。

愿他们每一位都得安息。等待他们的是最悲惨的命运，我们这些被使唤的男生中最怀恨在心的那一个，也不可能希望他们遭遇那样的结局。伊普尔[10]和索姆河[11]吞噬了他们中的大多数人。他们曾经快乐过，当好日子还长的时候。

满脸青春痘的"老瓮里急"给我的那顿棒打倒也不能算是不仁慈。我觉得真正的麻烦在于，拜福里卜所赐，我现在成了众矢之的，是个敢逃脱俱乐部活动的新

---

10. 伊普尔：比利时西南边陲小镇，第一次世界大战的战场之一。这里是指这些男生日后大都在第一次世界大战的战斗中丧生。
11. 索姆河：法国北部河流。

男生里的危险分子。至少我觉得那肯定是丁尼生讨厌我的主要原因。讨厌我的可能还有别人。以我的年纪我属于个头偏大的，一副笨拙的乡巴佬模样，这就足以让学长们看我不顺眼了。而且我打起比赛来可谓一无用处。最糟糕的是我的那张脸。我是那种经常会听到以下这种警告的人："把你脸上那副表情给我收起来。"请再次注意我们生活中公正与不公正的混杂。毫无疑问，我也曾出于自负或坏脾气而常常意欲露出傲慢甚或凶猛的表情，但是这种时候人们似乎都不会注意到我的企图。另一方面，当我被告知"把那副表情给我收起来"的时候，经常是我最想显得可怜无助的时候。有没有可能，那是我先祖中某位自由民的表情，我不经意间便流露出来了？

正如我前文所暗示的，高年级生使唤低年级生的传统是"血青"们无须违反任何规定就让后者的生活成为重负的主要途径。在不同的学校里，这个传统也有不同之处。有些学校，"血青"们有各自使唤的对象。这是校园故事里常常出现的，有时候还被描写成——据我所知有时候的确如此——犹如骑士与乡绅之间的那种互益关系，一方的服务某种程度上会获得另一方的支持和保护作为回报。但是不管这一传统有何价值，我们在威尔文从来不曾体会过。在我们这里，整个使唤体系是完全非个人化的，就和维多利亚英国的劳工市场一样，在此意义上，公学也是公共生活的准备。所有某个年级以下的男孩都是劳动力的一部分，是所有"血青"的共有财产。某个"血青"想把自己的全套学习装备刷干净擦光亮，或者想擦靴子，或者想把书房"清一清"，或者想喝杯茶，他只要大喊一声就行了。我们全都一路小跑地奔过来，当然"血青"会把活儿派给他最不喜欢的那个男生。清理全套衣服及装备是最让人厌恶的强征劳动，这要花上几个小时，而且等你干完了，你还得清理自己那一份。擦鞋的活儿本身倒还没那么糟，讨厌的是与擦鞋相伴的状况。对我这样一个拿了奖学金然后被安排进高年级班，不管多么努力都几乎难以跟上进度的男生来说，擦鞋的时间段是非常要命的。一整天的学习顺利与否，很可能就取决于早饭和上课前那四十分钟，那段时间里我可以跟同班的男生一起再看一遍布置的那些需要翻译的篇章。要想做成这件事，我就必须逃脱被当成擦鞋匠使唤的命运。当然，倒不是说擦一双鞋要花四十分钟。花时间的是和其他被使唤的人一起在"靴子洞"里排队等着用刷子和鞋油。那个地下室的样子，那种黑暗，那种气味，那种刺骨的寒冷（一年中的大部分时间），真是记忆犹新。您可别以为在那些富足的日子里我们缺少佣人。我们有两个专门的"鞋童"，负责擦所有人的靴子和鞋，书院长会付他们报酬，而且所有人，也包括我们这些每天被使唤来既擦自己的鞋子又擦"血青"们的鞋子的人，还会在每个期末给鞋童们小费。

随着时间的流逝，我越来越讨厌这种使唤传统，而我还得如实记录，真是既羞辱又尴尬，其原因所有的英国读者都会明白（其他读者可以在下面一章里读到一些介绍）。如果我说我感到了厌倦，没有哪个英国公学真正的维护者会相信我。但我确实是厌倦了——厌倦到极点，厌倦到不能再厌倦，厌倦得就像工厂里的童工。除了使唤传统，还有其他很多原因。我个头很大，可能大得力气不够用了。我的学习有点跟不上。那时我还有牙疼的麻烦，很多个晚上疼得龇牙咧嘴。除了在前线战壕里（也有其他情形），我不记得还有什么疼痛和厌倦比在威尔文时还要强烈和绵延不绝。哦，无情的白日，醒来时的恐惧，将我和睡眠分离的无穷无尽的难熬时光！而且别忘了，即便没有使唤传统，学校里的一天对一个不喜欢比赛的男生来说，也几乎没有什么休闲可言。对他来说，从班级走到操场，仅仅是从他还能有点兴趣的工作换成他没有任何兴趣的工作，而这份工作一旦失败，他就得面对更严厉的惩罚，而且（也是最糟糕的）他还必须假装有兴趣。

对明明让我无比厌倦的东西没完没了地装出兴趣，我想正是这种假装让我精疲力竭，胜过其他任何事。请您想象一下自己赤手空拳被关在一群人中间，连着十三个星期日日夜夜就和一群疯狂的高尔夫球手关在一起。或者，如果您本人就是一位高尔夫球手，那么不妨把人群替换成渔夫、神智学者、复本位制理论家、培根主义者或者对自传感兴趣的德国大学生——这样一群人个个都带着一把左轮手枪，只要您看上去似乎对他们的谈话失去了兴趣，他们就会对您开枪，这下您该对我的校园生活有些体会了吧。就算生猛如卡哈布卡（《埃瑞璜》[12]里的人物），面对这样的命运也会胆寒心颤吧。运动比赛（以及献殷勤）是唯一的话题，而我对哪个都不感兴趣。但我必须对这两样都兴致勃勃，因为任何男孩上英国公学就是为了被培养成一个正常的、明理的男孩——一个善于交际的人，把他从自我中解放出来，特立独行者则严惩不贷。

您大可不必由此匆匆得出结论，以为大多数男生都比我更喜欢**参加**比赛。不少男生都把逃避俱乐部活动看成是大好事。向俱乐部请假需要书院长的签名，那个无害的墨洛温[13]国王的签名是可以模仿的。有本事的伪造

---

12. 《埃瑞璜》：英国作家勃特勒（Samuel Butler, 1835—1902）的乌托邦游记小说，"埃瑞璜"英文为 Erewhon，近似 nowhere 的反拼。卡哈布卡是主人公的向导，带他进入埃瑞璜。

13. 墨洛温王朝是欧洲中世纪法兰克王国的第一个王朝（486—751）。

者（我就认识这样一位专家）可以通过制造贩卖假冒签名让自己的零花钱稳定增收。关于比赛的没完没了的讨论是基于三个前提。第一，某种共同的真诚的（虽然很不现实）热情，即能让人群蜂拥去看足球联赛的那种热情。真想打比赛的人不多，但是想看的人很多，想要分享公学队或书院队的胜利。第二，这种自然的情感会获得所有"血青"和差不多所有导师第一时间的支持。在这些事情上不温不火简直是罪不可赦。于是乎，已经有的热情还要再煽风点火，本来没有的热情也要无中生有。板球比赛时低级"血青"会在观众中巡逻，抓到鼓掌"不卖力"的就要当场惩罚，这让人想起尼禄[14]唱歌前人们要做的预防措施。因为一旦"血青"们发扬比赛精神，即为娱乐而比赛，那么整个"血青体系"当然就会崩塌，所以必须要有观众和追光灯。由此我们有了第三个原因。对于那些还不是"血青"但拥有运动天分的男生来说，运动赛事本质上是"通往成功之路"。俱乐部之于他们，就如之于我一样，毫无娱乐性可言。他们上操场跟一般人进网球俱乐部不一样，倒是更像一心要登台的姑娘去参加试镜：紧张，焦虑，既满怀五彩的憧

---

14. 尼禄（Nero，37—68）：罗马暴君，他喜欢唱歌，只要他开始在剧场唱歌，观众就不许离席，哪怕有燃眉之急。据说甚至有妇女将孩子生在剧场里。因此可以想象如果听说尼禄要唱歌了，人们确实可能会做一些预防措施。

憬，也打着恐惧的冷战，内心一刻不得安宁，除非能赢得关注，从而踩上社会阶梯的第一级。即便如此也依然不得安宁，因为，不进则退。

事实是，在我上学那会儿，有组织的强制性比赛几乎已经把游戏的成分从校园生活中彻底驱逐殆尽了。没有时间玩（按照"玩"的字面意思）。竞争太激烈，奖赏太诱人，"失败的代价"太惨烈。

唯一一个称得上"玩了"（不是在比赛中）的人是我们的爱尔兰伯爵。但话说回来，他本来就是一个规则之外的人，倒不是因为他的伯爵爵位，而是因为他身上不羁的爱尔兰血统，天生的无政府主义者，不论哪个社会都别想清理掉他。他第一个学期就抽雪茄。晚上他会去一个临近的城市，有一些奇奇怪怪的探险，我相信不是为了找女人，而是为一些无害的喧嚣，底层社会的夜生活，还有冒险。他总是带着一把左轮手枪。我记得很清楚，因为他有一个习惯，只装一颗子弹，然后冲进你的书房，对着你放完所有的空枪，因此你的命就悬于他的计算准确。我当时觉得，现在也仍然这么觉得，这种事（跟被使唤不一样）是任何一个明智的男生都不会反对的。他这样做是出于对导师和"血青"的反叛，完全没有用，也毫无恶意。我喜欢爱尔兰伯爵巴利戈尼亚，他也死在法国。我觉得他从来没有成为一名"血青"，就算他有，他自己也肯定从没意识到。他不在乎追光灯，也不在乎世俗的成功。他念完了公学，却从来没在意过那些事。

我想，"小亲亲"——那个漂亮的红头发"私人"女佣——或许也可以跟"玩"搭上边。每当小亲亲被抓住然后抬进我们的书院，她总是又笑又叫。她是个很明智的女孩，不会向任何"血青"献上她的"忠贞"，但是有谣言说，那些在恰当的时间地点找到她的人可以引诱她给他们上点解剖学的课。也许他们是在撒谎。

我都还没提到过任何一位导师。有一位深受敬爱的导师会在下一章出场，但是其他导师几乎都不值一提。父母们很难意识到，在校园生活中导师是多么无足轻重。一般来说，一个在校男生身上发生的好事和坏事很少跟导师有关，他们甚至大都不知情。我们自己的宿舍导师肯定是个正直的人，因为他提供给我们的伙食没话说。至于其他方面，他基本上以非常绅士、不加干涉的态度对待楼里的人。他有时候会在晚上巡视宿舍，但他总是穿着靴子，脚步很重，到了门口还会咳嗽。他既非间谍，也从不愿扫别人的兴，老实人一个。自己活，也让别人活。

随着我的身心越来越厌倦，我开始恨威尔文。我没有意识到这种恨带给我的真正伤害，这种恨逐渐让我变得自命不凡——一个在智力上自命不凡的人，或者一个自视有修养的人（贬义）。不过这个话题需得另起一章。在本章的末尾，我必须再次提及我的厌倦（因为这是威尔文留给我的整体印象）。清醒本身正变成极恶，睡眠则成了至善。躺下来，远离喧嚣，不再伪装，不再讪笑，不再闪烁其词，不再扭捏作态，这就是全部的渴望旨归——但愿不再有明日，但愿长睡不醒！

- 第 **7** 章 -

## 光与影

再悲惨的处境也有安慰。

——哥尔德斯密斯[1]

您或许要说了，这个家伙从前在我们面前一副正派、虔诚作家的模样，可眼下他花了整整一章的笔墨描写他的中学，说那里是个不洁之爱的大温床，却只字不提这种罪孽如何令人发指。然而我自有两个理由。第一个理由在本章结束前您会读

---

1. 哥尔德斯密斯（Oliver Goldsmith, 1728—1774）：英国诗人、剧作家、小说家，约翰逊博士文学俱乐部成员。引文选自他的小说《威克菲尔德的牧师》。

到。另一个理由是，如我先前所言，这项罪属于我本人从未感觉到诱惑的两大罪之一（另一项是赌博）。我不愿意在战斗中对着自己素未谋面的敌人猛烈开火。

（"这岂非意味着，您目前为止洋洋洒洒写过的所有那些罪孽……"好吧，是的，是这样的，非常遗憾，不过这跟我们眼下要说的无甚干系。）

我还得跟您说说，威尔文是怎么把我变成一个自命不凡的家伙的。我自己对好书、对瓦格纳、对神话的喜爱，使我相对于那些只读杂志、只听雷格泰姆[2]（当时流行）的人有某种优越感，这样的想法在我刚进学校的时候完全无法想象。这一申明似乎令人难以置信，那是因为我尚未补充一点，即我之所以从未沾染此类自负是源于纯粹的无知。伊恩·海[3]这样描写他那个时代英国公学里少数读书的男生：他们谈论"G. B. S. 和 G. K. C."[4] 的劲头跟其他男生抽烟的劲头如出一辙，两组人马的灵感同样来自对禁果的贪慕，对长大成人的渴望。我猜想他描写的这些男生可能来自切尔西、牛津或

---

2. 雷格泰姆：一种多用切分音法的早期爵士乐。

3. 伊恩·海：约翰·海贝斯（John Hay Beith, 1876—1952）的笔名，英国作家，路易斯引用的是他的小说《校园生活的轻松一面》（1914 年）。

4. G. B. S. 指萧伯纳（George Bernard Shaw, 1856—1950），G. K. C. 指切斯特顿，两人都是英国著名作家。

剑桥的家庭,他们在家里对现代文学早已耳濡目染。但是我的情况完全不同。比如说,我进威尔文的时候已经读了很多萧伯纳的作品,但我做梦也没想过,读萧伯纳是什么值得骄傲的事。萧伯纳是我父亲书架上的一个作家,和那上面所有其他作家没什么区别。我开始读萧伯纳是因为他的《戏剧意见》一书里有很多关于瓦格纳的内容,而当时瓦格纳的名字本身对我来说就是最大的诱惑。自那以后,我就继续读了家里有的大多数萧伯纳作品。至于萧伯纳在文学界的地位如何,我既不了解也不在乎,我压根不知道存在一个"文学界"。父亲跟我说萧伯纳是个"江湖骗子",不过《英国佬的另一个岛》[5]倒是有点笑料。我读所有其他的书也是一样,从没有人(感谢上帝)对我的阅读爱好表达过赞赏或者鼓励。(因为某些深不可测的原因,父亲总是管威廉·莫里斯[6]叫"那个画哨子的"。)在夏朵的时候,我可能(毫无疑问我确实是)因为拉丁文学得好而洋洋自得过;这被认为是值得称赞的。不过值得庆幸的是官方课程表上并没有"英国文学",所以我也就免于因此而自满的可能性。以我自己母语所写的任何小说、诗歌或评论,我一生都是

---

5.《英国佬的另一个岛》是萧伯纳剧作之一。

6. 威廉·莫里斯(William Morris, 1834—1896):英国诗人、画家,曾组织社会主义联盟(1884年)。

试读几页感觉对了胃口才会去读。我不可能注意不到大多数其他人，男孩还有大人，他们都不喜欢我读的书。我跟父亲共同喜欢的作者非常少，跟哥哥则稍微多一点，除此之外，没有什么连结点，我当时觉得这就是某种自然法则。我想如果我曾经对此做任何深入的思考，我也不会感到自满，反而会感到些许自卑。最新的畅销书显然要比我喜爱的任何书都更成熟、更正常、更老练。私底下深深喜爱的那样东西不管是什么，总会带来某种羞愧感，似乎难以启齿。我进公学的时候，对自己的文学品位与其说想要炫耀，不如说想求得谅解。

　　但是这种无知未能持续下去。一进学校，我就从我的班级导师那里听说了文学的灿烂辉煌，我的无知便已经动摇。原来别人和我一样，也在文学中找到了"巨大的愉悦"，也因美而疯狂，这终于不再是一个危险的秘密，我终于自由了。在我同级的新生里我认识了两个从牛津龙小学[7]（在那里十几岁的内奥米·密歇生[8]刚写完她的第一个剧本）毕业的男生，从他们那里我也得到一种迷糊的印象：好像存在一个我做梦也想不到的世

---

7. 牛津龙小学：由一群牛津大学老师于 1877 年创立的子弟小学，今天仍被认为是英国最好的小学之一。

8. 内奥米·密歇生（Naomi Mitchison, 1897—1999）：苏格兰女作家、诗人，常被称为苏格兰文学的女前辈。

界，在那个世界里诗是被公开接受的，就像体育比赛和献殷勤在威尔文的待遇一样。我的感受跟齐格弗里德第一次知道自己不是米姆的儿子时一模一样。"我的"品位显然应该是"我们的"品位（但愿我真能遇见这个"我们的"里面的这些"我们"）。而既然是"我们的"品位，那么——多么危险的转折——也就是"好的"品位，或者"正确的品位"。这一转折包含着某种堕落。好品位一旦有了自我意识，它的某些好也就随之失落了。此时可以继续往下一步，去鄙视那些没有这种品位的"非利士人"[9]，然而这一步甚至也不是非迈出不可。不幸的是，我还是迈出了这一步。到那时为止，尽管我在威尔文越来越不快乐，我对自己的不快乐多少怀着些羞愧，我仍然时刻准备着（但凡我能被允许）去仰慕那些奥林匹亚人，仍然有点战战兢兢，有点被唬住的感觉，却谈不上愤恨。面对威尔文**精神**，我连个立足点都没有，就算我想和它对抗，也找不到自己所属的一边，一个孤零零的"我"，面对着那个看起来就是整个世界的东西。但是就在"我"变成**我们**的瞬间，无论多么模糊——威尔文不再是**整个**世界，而是**一个**世界——一切

---

9. "非利士人"（philistines）：旧约中以色列人的仇敌，在英语中也指不喜欢文化艺术、没有文化教养的平庸之辈。

就都改变了。如今报复已不再是不可能的事，至少在心里是可能的。我还记得那一幕，很可能就是这一转变的确切时刻。一个级长站在我面前，叫布鲁格还是格鲁布之类的，他冲着我的脸打嗝，对我发号施令。打嗝倒不是刻意的侮辱。你不可能"侮辱"一个低年级生，就像你不可能"侮辱"一只动物。如果布尔布[10]确实考虑过我的反应，他也只可能是希望我觉得他打的嗝很有趣。将我推过最后防线，推入纯粹自命不凡的，是他的那张脸——趾高气扬的肿脸颊，耷拉着的下嘴唇，既糊涂又狡猾的乡巴佬。"蠢货！"我心想，"笨蛋！无聊、粗俗的小丑！我可不要做他，哪怕他再有权有势。"我就这样成了一个"自命不凡者"，一个"有品位的人"。

有趣的是，英国公学体系恰恰制造出了它宣称要遏止或根治的东西。因为您要知道（如果您不曾在那个传统中浸润过的话），设计这一整套玩意儿的目的就是让小男孩们"别胡闹"，"让他们各安其位"。"如果那些低年级生不被使唤，"正如我哥哥曾经说过的，"他们就会变得让人无法忍受。"这就是为什么我在前面提到，坦白自己厌倦了没完没了被使唤会令我尴尬。你一旦这么说，这一体系的任何一位真正的维护者都会立即给你下

---

10. 布尔布与布鲁格、格鲁布，都是指文中的同一个级长。——编者注

一个诊断，而且他们的诊断都是一个模子刻出来的。"吼—吼！"他们会喊道，"这么说问题**就在这**！你觉得给那些比你强的人擦鞋子是辱没你了，是这样吧？这恰恰说明你是多么需要被使唤。这个体系之所以存在就是为了治治你这种自以为是的小家伙。"一个被使唤者对命运的不适感有可能被其他任何原因唤醒，却绝不能是因为"觉得自己受了辱没"，这一点是不会得到承认的。您只需把这件事转换到成人生活中，便能明白我的全部逻辑了。假设您身边的某个重要人物在您下班后可以随时随地召唤您，而且您毫无抵抗的余地——假设某个夏天的傍晚您回到家，工作累了一天，还有明天的活儿要准备，他却可以把您拖到高尔夫球场给他当球童，一直到不见天光——假设他终于让您走了，没有一句感谢的话，却给您一个装满他衣服的箱子，让您在早饭前刷洗干净给他送过去，还有一篮子他的脏内衣让您太太洗完补好——那么假设，在这样一个体制里，您却不能时刻感到无比的幸福满足，这除了您自己的虚荣还能有什么别的原因？还有什么别的可能呢？按照定义，一个低年级男生的每一项罪过肯定都是因为"脸皮厚"或者"架子大"。如果感到难受，甚至如果只是达不到如痴如狂的状态，本身就是一项罪过。

显然，那些建立起威尔文这种等级制度的人脑海里时刻浮现着一种严重的危险。对他们来说，一个不证自明的事实是，如果听之任之，那么替国家打橄榄球比赛、替学校打拳击比赛的十九岁男生就会被十三岁男生就地打倒坐在屁股底下。要知道，这场景可够叫人瞠目结舌的。于是乎，人们必须设计一种最复杂的对付机制来保护强者不受弱者欺负，"老手们"紧密团结合作以对付那一小撮新来的家伙，这些新来的固然互不相识，也不认识这个地方的任何人：一面是可怜的狮子在瑟瑟发抖，一面是愤怒的绵羊在贪婪觅食。

当然了，这里面也不是全无道理。低年级男生可能脸皮厚，跟一个十三岁的法国男生待上半个小时，大多数人都会觉得我们的使唤传统毕竟还是有点用的。然而我忍不住觉得，即便没有官方权威给予高年级生的各种安慰、拍肩膀鼓励之类，他们应该也足够立于不败之地了。因为，这些权威们不满足于仅仅让羊群别"胡闹"，结果他们就总是在劝诱鼓励狮子们"胡闹"，胡闹程度跟前者相比至少也是不相上下的：打比赛可以获得权力、特权以及来自人群的掌声。这些事仅仅靠男孩们的天性不就已经足够了吗，难道还需要任何外在的刺激吗？

不管这种设计的合理性在哪里，我认为它并没有实现目标。在过去大约三十年里，英国遍地都是幽愤、刻薄的**知识分子**，他们怀疑一切、揭露一切、挖苦一切。他们中很大一部分都上过公学，而且我相信他们中很少有人喜欢那里。那些为学校辩护的人当然会说，这些自命不凡的家伙就是公学体系没能治愈的病例，对他们的拳打脚踢、嘲讽使唤、鞭刑侮辱还都不够剂量。但他们也是这个体系的产物，这肯定没错吧？他们刚进学校的时候就和我一样，完全不是自命不凡的人，却在读了一年之后变成了那样，这也没错吧？因为，说真的，那是非常自然的结果。如果压迫不能完全彻底地摧毁精神，那么精神就会倾向于产生报复性的骄傲和蔑视，难道不是吗？大剂量的自尊是我们给自己所经受的掌掴和劳作的补偿。没有谁比一个新近解放的奴隶更容易目中无人了。

当然，我的写作对象是中立的读者。跟这个体系全心全意的支持者没什么好辩论的，我们早就见识过了，他们的原理和逻辑是外行无法理解的。我甚至还听到他们为强制比赛辩护的理由是，所有男生——"除了一小撮烂家伙"——全都热爱比赛，比赛必须是强制的，因为本来也不需要强制。（我还听到部队里的牧师做过类似的发言，为列队去教堂做礼拜这种邪恶的习俗辩护，真希望我从未听过。）

但是在我看来，英国公学生活的至恶不在于低年级生的遭遇，也不在于"血青"的傲慢。这些都只是表面症状，背后那到处充斥的东西才是病根。从长远来看，这些东西对于那些在学校里最成功、最幸福的男孩也是危害最大的。从精神层面来说，致命之处在于学校生活是一种几乎完全被社会竞争主导的生活：向前进、到达顶峰、到达之后继续留在顶峰，这些就是人们全神贯注的一切。当然，成人生活的关注点往往也就是这些，但是我还没见过哪个成人社群会如此彻底地屈服于这一动机。形形色色的卑鄙无耻也就源于此，无论在学校还是社会上：对位高权重者阿谀奉承，拉帮结派培植亲信，对无助自己升迁的朋友弃如敝履，随时准备落井下石，几乎所有的行为背后都有着不可告人的动机。回头想想，威尔文人是我见过的最不自然、因而也是最没男孩样的一群人。在某些男孩的生活中一切都是精心算计过的，一切只为了向上爬这一伟大目的，这样说也许并不过分。打比赛是为了这个目的，衣服、朋友、娱乐、恶习的选择也都是为了这个目的。

这也是为什么我无法让同性恋位列公学的诸多罪孽之首。这个主题包含了太多虚伪。人们说起来总好像同性恋要比任何其他罪孽都更难容忍。但是为什么呢？是因为我们这些不好这一口的人对这种事总感到有点恶心，就好比对恋尸癖一样？我觉得这跟道德审判没有多少相关性。是因为这样的行为会导致永久变态？但是很少有证据支持。"血青"们如果能搞到女孩子，也会更喜欢女孩而不是男孩；等他们再大点儿，能搞到女孩了，他们可能确实就要女孩了。那么是因为基督教信仰的原因吗？但是那些一提这事儿就声色俱厉的人有几个真是基督徒的？在威尔文这样一个既世俗又残忍的世界里，又有哪个基督徒会专门挑出肉体之罪来拒斥呢？残忍当然比淫欲更邪恶，而"世俗"与"肉体"的危险至少也是不相上下的。这些喧闹的真正原因，在我看来，与基督教和道德全无关系。我们攻击这一罪孽，不是因为它是最恶的，而是因为，按照成人的标准，这种罪孽是最臭名昭著、最难以启齿的，而且碰巧按照英国法律也是一项犯罪[11]。"世俗"只会领你进地狱，但是鸡奸罪会送你进监狱，会制造丑闻，会让你丢了饭碗。说句公道话，"世俗"确实不太会这么做。

如果我们这些熟悉威尔文式校园生活的人敢于说句实话，我们应该会说，无论同性恋本身多么罪大恶极，在当时当地它却是善行唯一的立足之地，或者说立足的缝隙。它是对社会竞争唯一的抗衡力，是肆虐着野心烈焰的沙漠里唯一一片绿洲（尽管绿色的只是杂草，湿润

---

11. 英国于 1967 年废除同性恋违法条款。

的只是脏水)。"血青"在他的非正常恋情中,也许只有在那里,才会略有点身不由己,会有那么几小时忘记自己是"世上最最重要的人之一",画面因而平添了柔和的色调。只剩下这一道变态的裂缝,可以让自发的、不经算计的东西悄悄溜过。柏拉图到底还是正确的。爱神,尽管被颠倒、抹黑、扭曲,甚至变得污秽,却依然保留着他神性的痕迹。

顺便说一句,对那些把一切社会问题都归结到经济学的人来说,威尔文是个多么棒的反驳啊!因为钱与威尔文的阶级系统没有任何关系。并不是那些穿着脱线外套的男孩成了"凌空球"(感谢老天),也不是那些有很多零花钱的男孩成了"血青"。因此,据某些理论家而言,威尔文应该是完全脱离了中产阶级的庸俗和邪恶。然而我从没见过一个如此充满恶性竞争、势利眼和阿谀奉承的群体,如此自私、阶级意识如此强烈的统治阶层,也没见过一个如此谄媚、如此缺乏团结精神和集体荣誉感的无产阶级。但是也许根本没必要为一个如此先验明显的真理列举经验。正如亚里士多德所言,人们成为独裁者不是为了取暖[12]。如果一个统治阶级自有各种资源,它又何必在乎钱呢?总有奉承者争先恐后把主子

---

们需要的大多数东西送上门去，其余的则可以通过武力获得。

威尔文尚有两样不掺假的好，其中之一是我的班级导师，我们叫他斯缪吉。我这样拼写这个名字（Smewgy）是为了保证准确的读音，尽管在威尔文的拼法是"Smugy"。

我自打出生总能有幸遇到好老师，除了在老鬼的学校，不过斯缪吉好得可谓"出乎期待，出乎希冀"[13]。他头发灰白，戴着大大的眼镜，嘴巴很宽，乍一看表情有点像青蛙，但他的声音完全跟青蛙不沾边。他的舌头如油似蜜。每个滑出他嘴唇的诗句都会变成音乐：介于说话和唱歌之间。这不是念诗的唯一好方式，但却是能迷住男孩的方式，更加戏剧化的、节奏感不那么强的方式可以晚点再学。是他第一个教会了我把握诗歌的感官性，教会我如何独自一人品味、咀嚼诗歌。他说弥尔顿的那句"皇冠，统治，权天使[14]，力量"[15]"让我幸福了一个星期"。我还从没听任何人说过这样的话。我也从没在哪个老师身上见过如此无可挑剔的谦恭礼让。这完

---

13. "出乎期待，出乎希冀"，引自鲍斯威尔（James Boswell, 1740—1795）的《约翰逊传》。

14. 权天使：天使九个等级中的第七级。

15. "皇冠，统治，权天使，力量"，引自弥尔顿的《失乐园》第五章第601句。

全不是出于软弱，斯缪吉可以非常严厉，但那是一位法官的严厉，严肃沉稳，深思熟虑，不带嘲弄侮辱——

　　他从未口出恶言

　　这一生，向他人。[16]

他带那支队伍可不轻松，因为我们班里一部分是低龄生、拿了奖学金的新人，就是像我这样刚起步的；还有一部分是老兵，他们经历漫长的学习征途，最终抵达那里。他凭借绅士风度让我们成为一个团体。他总是称呼我们"先生"，于是非绅士的行为举止从一开始就不可能，至少在那个教室里，被使唤者与"血青"之间的区分从来没有抬过头。如果天热，他会允许我们脱掉外套，然后会再询问我们，是否允许他也脱掉长袍。有一次，因为我学得不好，他让我去校长那儿接受威胁与呵责。校长误解了斯缪吉的报告，以为我在礼仪态度方面有问题。之后斯缪吉听说了校长的原话，立即纠正错误，把我拉到一边说："不知怎么回事有一些误会。我没说过那些关于你的话。下个星期如果你希腊文语法

---

16. 此句引自乔叟（Geoffrey Chaucer, 1340—1400）《坎特伯雷故事集》序言第70句，关于一位骑士的描写。

141

再不进步，可就要挨鞭子了，但那自然跟你我的仪态没任何关系。"一位绅士与另一位绅士之间的对话会因为一场鞭刑（一如决斗）而改变语调，这样的想法是荒谬的。他的教养无可挑剔：既不亲狎，也无恶意，不带丝毫陈腐的幽默，互相尊重，有理有节。"生不可一日无缪"是他最喜欢的座右铭之一：无缪，即无缪斯[17]相伴。他知道，一如斯宾塞知道，礼仪也是来自缪斯。

因此，哪怕斯缪吉没有教我们任何东西，坐在他的课堂里很大程度上就是一种精神升华的体验。校园生活充斥着平庸的野心和俗丽的光耀，而斯缪吉挺立在这一片浮华喧嚣的中央，仿佛不断提醒人们那些更优雅、更高尚、更宏大、更冷静的东西毕竟也是存在的。而在狭义的层面，他的教学本身也一样精彩。他会引人入胜，也深谙分析之道。一个俗语，或者一处文本要点，一经斯缪吉的讲解，立刻晓明如昼。他让我们觉得，一个学者对精确度的要求不单是学究式的，更谈不上随性的道德自律，而是一种优雅、一份精致，缺之则"粗俗与山野村夫无异"[18]。我开始意识到，品读之人错过一首诗

---

17. 缪斯：希腊神话中专司文艺和科学的九位女神，都是宙斯与记忆女神之女。

18. "粗俗与山野村夫无异"是对弥尔顿《为斯麦克提莫斯辩护》（1642 年）一书前言中一段话的自由引用。

中的句法要点无异于错过审美要点。

那时候一个学古典文学的男生在学校里基本上只学古典文学，我以为这是明智之举，今天我们能为教育做的最大贡献就是少开几门课。一个人在二十岁之前的时间只够把有限的几件事做好，如果我们迫使一个男孩学上一打科目，然后每一科都学得庸庸碌碌，我们就是毁掉了他的标准，很可能令他贻害终生。斯缪吉教我们拉丁文和希腊文，但是所有其他的东西都是意外收获。在斯缪吉课上读过的书里我最喜欢的是贺拉斯[19]《歌集》和《埃涅阿斯纪》（卷四），以及欧里庇得斯[20]的《酒神狂女》。在某种意义上，我一直是"喜欢"我的古典文学课的，但是此前也只是每个人在掌握某种技能时会有的愉悦感。而现在我品出了古典文学当中诗的芬芳。我那阵第一次读斯蒂芬斯[21]的《金坛子》，读得兴致盎然，在我脑海中，欧里庇得斯所描绘的酒神狄俄尼索斯与《金

---

19. 贺拉斯（Horace，公元前65—前8）：古罗马诗人，对西方诗歌有很大影响。

20. 欧里庇得斯（Euripides，公元前480—前406）：古希腊三大悲剧作家之一，相传写了90多部剧本，现在只存留《美狄亚》《希波吕托斯》《特洛伊妇女》等19部。

21. 斯蒂芬斯（James Stephens，1882—1950）：爱尔兰作家，小说《金坛子》（1912年）是他的代表作，该书融合哲学、爱尔兰民间故事和两性探讨的话题，文笔幽默而不失优雅。

坛子》的整体感觉有种紧密的连结。这是与北欧文学很不一样的东西。潘神和狄俄尼索斯没有奥丁[22]与弗蕾[23]那种冰冷尖锐的魅力。一种新的特质进入了我的想象：属于地中海与火山的特质，狂欢的击鼓之声。狂欢，但并非情欲，或者说情欲的成分并不浓烈。或许在无意识中，这与我对公学生活正统性和保守性那与日俱增的厌恶结合在一起，与我对打破和撕毁这一切的渴望结合在一起。

公学生活里另一样不掺假的好是"格涅楼"，学校的图书馆，不仅仅因为它是图书馆，也因为它是至圣所。处于最底层的男孩一旦踏进格涅楼也就"不可使唤"了，就像以前的黑奴一旦踏上英国国土就会成为自由民。当然了，要进图书馆可不是件容易的事。在冬季学期，如果名字不在"俱乐部"活动名单上，就必须出去跑步。在夏天的某个下午，只有万事俱备，才可能抵达至圣所。你可能得参加俱乐部活动，那样就没资格进图书馆了。或者有一场书院比赛或校际比赛，你必须去观摩。第三种或最有可能出现的情况是，在去格涅楼的路上你被抓住，然后一下午都在做跑腿的事。但有时候也可能成功突破重围，那么——书本，安静，清闲，远

---

22. 奥丁：北欧神话中的主神，世界的统治者。
23. 弗蕾：北欧神话中的丰饶兴旺、爱情、和平之神。

方球拍的击打声（"哦那**远方**的擂鼓阵阵，勇敢的音乐"[24]），敞开的窗户旁蜜蜂嗡嗡叫着，还有，自由。在格涅楼里我找到了《北欧古诗集锦》，徒劳却也幸福地试图借着每一页底下的翻译推敲原文。也是在那里，我找到了弥尔顿和叶芝[25]，以及一本有关凯尔特神话的书，即便不能跟古代北欧神话相抗衡，很快也成了后者卑微的同伴。这对我有好处，同时欣赏两种神话（或者说三种，我现在也开始喜欢希腊神话了），对于它们不同的风格了如指掌，这有种平衡的作用，能培养宽容。阿斯加德[26]的高尚既严酷又炽热，克鲁城[27]、"红枝"[28]与"青春永恒之地"[29]是绿色的，枝繁叶茂，含情脉脉，奥林匹斯山阳光般耀目的美丽则带着挑衅与不羁，我已深深体会到它们相互间的区别。我开始动笔写（应该是在假期）关于库丘林[30]和芬恩[31]的史诗，分别用英语的

---

24. 此句引自英国作家菲茨杰拉德（Edward Fitzgerald, 1809—1883）的译作《鲁拜集》，这部波斯语诗集经由菲茨杰拉德翻译而成为英语文学名著。

25. 叶芝（William Butler Yeats, 1865—1939）：爱尔兰诗人、剧作家，1923 年诺贝尔文学奖得主。

26. 阿斯加德：参见本书第五章脚注 12。

27. 克鲁城：古爱尔兰康诺特省的省城。

28. "红枝"：都柏林以北的一座城堡，古爱尔兰国王的居所。

29. "青春永恒之地"：凯尔特神话中的天堂。

30. 库丘林：古爱尔兰最著名的英雄。

31. 芬恩：古爱尔兰英雄，游吟诗人奥西恩之父。

六韵步诗和十四音节诗。所幸我很快就放弃了，没等这些简单庸俗的格律污染了我的耳朵。

然而北欧文学仍是第一位的，我当时完成的唯一作品是部悲剧：北欧主题，希腊样式。题目叫《被缚的洛基[32]》，任何人文学者都会承认这部作品足够古典，有开场（Prologos），有进场歌（Parodos），有场次（Epeisodia），有合唱歌（Stasima），有终曲（Exodos），有交互对白（Stichomythia），还有（当然咯）一整段抑扬格七音步诗——而且押韵。再没有比这更愉悦的创作经历了。故事内容深刻。我的洛基不只是邪恶那么简单。他反对奥丁是因为奥丁创造了一个世界，而洛基曾经警告过奥丁这样做是任性的残忍。为什么生灵必须承受存在的重负，又完全没有经过他们的同意？我这部戏剧作品主要的对立存在于洛基悲剧性的智慧与托尔[33]野蛮的正统性之间。奥丁多少有一些同情心，他至少能理解洛基的想法，而且这二位曾建立过友谊，直到宇宙政治迫使他们分道扬镳。托尔是真正的恶棍，带着他的锤子和威胁，托尔总在怂恿奥丁跟洛基过不去，总在抱怨洛基对主神们不够尊敬，对此洛基的回答是这样的：

---

32. 洛基：北欧神话中的火神，性情乖戾，经常惹是生非。

33. 托尔：北欧神话中的雷神，奥丁之子。

我尊重智慧，不尊重强权。

托尔事实上就是"血青们"的象征，尽管这一点我现在比那时候要看得更清楚些。洛基是我本人的投射，他表达的自命不凡正反映出我当时逐渐产生的优越感，这很不幸，却是对我内心忧闷的补偿。

《被缚的洛基》另一值得一提的特征是悲观主义。那时的我生活在自相矛盾的漩涡之中，正如很多无神论者（或曰反有神论者）一样。我坚持上帝不存在。同时我也因为上帝不存在而对他非常生气。我还因为他创造了世界而同样愤愤不平。

这一悲观主义，这一宁愿不曾出生的想法在多大程度上是真诚的呢？好吧，我必须承认，在我被那个疯狂的伯爵[34]用左轮手枪顶着脑袋的几秒钟里，悲观厌世的想法几乎销声匿迹。而按照切斯特顿测试法，《活着的人》[35]里的测试法，则毫无真诚可言。但切斯特顿的观点仍未能令我信服。当一个悲观主义者的生命受到威胁时，他的表现和旁人无异，这没错：相比他认为生命不值得维护的判断，他要活命的本能冲动显然强大得多。

———————

34. 疯狂的伯爵：第六章曾提及的一位名为巴利戈尼亚的学生，他有世袭的爱尔兰伯爵封号。

35. 《活着的人》：切斯特顿的一部小说。

但是这又如何能证明这一判断本身是不真诚甚至是错误的呢？一个人判断威士忌对自己有害，但是一旦酒瓶在手，他会发现欲望比理智更强大，于是就屈服于欲望，但这不足以令他的判断无效。一旦品尝过生命的滋味，就会受制于自我保护的冲动。换言之，生命就和可卡因一样会成为习惯。然后呢？如果我仍然认为"创世"是一种"极大的不公正"，我就应该同时认为这种苟且偷生的冲动是加重了不公正。如果被迫喝下这东西是件坏事，接着发现这东西是会上瘾的毒品，这样的发现又于事何补呢？我们不能这样来讨论悲观主义。按照我当时对宇宙的看法，我那样诅咒宇宙也是情有可原的。我现在意识到，我那时的观点跟我的某种性格失衡有着紧密关联。我的消极需求总是比我的积极需求更为强烈。因此，在人际关系中，很大程度的忽视与很小程度的干涉相比，我更容易原谅前者。在餐桌上，我的食物可以淡而无味，可是我一旦怀疑调料过度或者不当，就会难以释怀。在生活中，无论多么单调我都可以忍受，可是最微不足道的打扰、麻烦、吵闹，或者苏格兰人所谓的"kurfuffle"（混乱无序），也会让我失去耐心。我从小到大从来不曾吵着要开心和热闹，自始至终无论多大年纪（只要我有胆量）我都会坚决要求不被打扰。这一悲观主义，或曰胆小怯懦，认为不存在本身要好过最微不足道的不幸，只不过是囊括了所有这些优柔寡断的偏好。我这一生几乎从来无法感受不存在、感受肉体湮灭的恐惧，这也是事实；而有人，比如说约翰逊博士，对此就反应强烈。我只在 1947 年的时候第一次感觉到。不过那时我已经归信很久了，因此开始知道生命究竟是怎么回事，如果不曾拥有生命又会错过些什么。

# - 第 8 章 -

## 解脱

命运女神在其意愿之时，

赐予无论安慰抑或苦痛，

则领受女神之力者

所得恩惠连绵不绝。

——《珍珠》[1]

---

1.《珍珠》：这是四首中世纪匿名英语诗歌中的第一首，留存
于一部 15 世纪小型四开本手稿中。第二、三首诗分别是
《纯洁》《耐心》。第四首诗即是比较著名的《高文爵士与
绿衣骑士》。一般认为这四首诗出自同一位作者。《珍珠》
描述一位失去幼女的父亲的痛苦：他幻想见到了夭折的女
儿，他的"珍珠"，如今是天上的王后，指引他理解信仰
并愿意顺服。在父亲与女儿之间横着一条小溪，当他试图
跨越溪流时却醒了过来，发现自己躺在女儿的墓旁。这个
故事很容易让人联想起华兹华斯和他的女儿凯瑟琳。

前几章我曾预先告诉读者，喜悦的重现给我的生活注入了一种双重性，这使得叙述成为一件难事。读着刚刚写完的这些关于威尔文的文字，我听到自己在惊呼："谎言，一派谎言！那才真是一段狂喜的岁月呢。它主要是由一些幸福到无法言说的时刻组成的，众神和英雄在脑海中欢腾，萨梯[2]在狂舞，酒神的侍女在山顶呼号，布琳希尔德[3]和齐格琳德、迪尔德丽[4]、梅芙[5]还有海伦全都相伴左右，有时候你甚至感到生命仅仅因为丰富而几乎难以承受。"所有这一切都是事实。书院里的矮妖精[6]要多过受使唤的低年级男生。我见证过的库丘林的胜利要远多于"十一人"[7]的胜利。玻璃苣[8]是公学的头儿吗？还是康纳尔王[9]？至于世界本身——生活在乐园中的我，难道会不幸福吗？那是怎样浓烈而动人心魄的阳光啊！仅仅是周遭的气味便足以让人忘乎所以——新割的草，洒满露珠的苔藓，香豌豆，秋日的树

---

2. 萨梯：希腊神话中的森林之神，具人形而有羊尾、耳、角等。

3. 布琳希尔德：北欧神话中主神奥丁的女儿。

4. 迪尔德丽：凯尔特神话中一位宫廷游吟诗人的女儿，经常被用来象征爱尔兰。

5. 梅芙：指爱尔兰传说中的康诺特省女王梅芙。

6. 矮妖精：爱尔兰民间传说中的精灵，被捉住后会指点宝藏所在。

7. 此处指板球或者足球队里的前 11 位运动员，一般也就是球队中最主力的成员。

8. 玻璃苣：一位"血青"的外号，参见本书第六章脚注 6。

9. 康纳尔王：爱尔兰传说中公元初期北爱尔兰省国王。

林，燃烧的木材，泥炭，带咸味的水。感官在痛。我病了，因为渴望，这病却比健康还好。所有这一切都是事实，但这并不意味着另一个版本就全是谎言。我讲的是一出"双生记"。这两种生活互不相干：油和醋，运河边并行着大江，吉柯尔与海德[10]。若眼睛只盯着其中之一，那么你所见的就会自称是唯一的事实。当我回忆自己外部的生活，我清楚看到另一种生活不过是昙花一现的碎片，是月复一月的杂质中点缀着的以秒计数的金子，每一秒都被陈旧、熟悉、肮脏、毫无希望的疲惫瞬间吞噬了。而当回忆起我的内在生活，我看到前两章里提到的所有一切不过是一幅粗糙的幕帘，随时可能被拉到一边，露出我所熟悉的天堂景致。同样的双重性也困扰着我的家庭生活，此刻我必须重新捡起这个话题。

我哥哥前脚离开威尔文，我后脚进了威尔文，这也是我们男孩时代古典时期的终结。这之后的一段时期不再那么美好，但是这一趋势在古典时期就已经慢慢萌芽了。如我之前所言，最初的起因是父亲从早上九点到晚上六点都不在家。一开始我们就为自己建立了一种将他排除在外的生活。而他又单方面要求我们对他无条件信

---

10. 吉柯尔与海德：19 世纪英国小说家斯蒂文森（Robert Stevenson, 1850—1894）所著小说《化身博士》里的人物，善良温厚的医生吉柯尔发明了一种药物，自己喝下后就会变身为凶残的海德先生。

任，超过了一位父亲一般会有的明智要求。有件事在早年对我留下了深远影响。有一次我还在老鬼学校的时候，刚刚开始尝试过一种基督徒生活，我在纸上给自己写了一些规矩放在口袋里。假期的第一天，父亲注意到我的口袋鼓鼓的，像是装了什么纸，我的大衣也有点拉扯得不成样子，他就把一堆垃圾全掏了出来，一样样检查。和所有男孩一样，我宁愿死也不想让他看到我下的好决心。我设法让他没看到那张纸，扔进火里烧了。我没有意识到的是，说我俩之间谁错了都可以，但从那一刻起，直到他去世，我在进他屋子之前都会先检查一遍自己的口袋，把所有我不想让他看到的东西处理掉。

一个藏匿的习惯就这样在我尚没有任何罪孽可藏之前养成了。时至今日可藏的就更多了。但即便是我不想隐藏的我也不可能告诉他。告诉他真实的威尔文或夏朵是件危险的事（他可能会给校长写信），造成的尴尬将让人无法忍受。更何况这本来也是不可能的，要说明这一点我就必须谈到我父亲最奇异的性格特点。

我的父亲——但是这几个字出现在一段的开始，不可避免会让读者联想起《项狄传》（*Tristram Shandy*）[11]。

---

11. 《项狄传》：18 世纪英国作家劳伦斯·斯特恩（Laurence Sterne, 1713—1768）的代表作，以项狄第一人称讲述主要是其父亲和叔叔的生平见解。小说全名是《绅士特里斯舛·项狄的生平与见解》。

再转念一想，会产生这样的联想也颇令我欣慰。进入我的故事也只能凭一种项狄式的精神。我不得不描述的东西与斯特恩大脑里出现过的陈旧而心血来潮的念头正合拍，我很乐意引领您对我父亲也生出犹如对特里斯舛（Tristram）[12] 父亲的喜爱之情，只要我能做到。言归正传。您应该已经领会到我的父亲并不蠢，他身上甚至还有些天才的痕迹。与此同时——8 月的某个下午，吃完一顿大餐，他坐进他那把扶手椅，关紧所有的窗户——他可以拥有混淆事件或者误解事实的超能力，远胜我认识的任何人。于是乎，要想把我们学校生活的任何真实情况装进他的大脑，是一件不可能的事，而他（尽管如此）偏又反复询问我们的学校生活。第一道也是最简单的一道交流障碍在于，我的父亲往往很诚恳地提出一个问题，却并不"期待回答"，或者问题刚一出口他就忘了问过什么。不过分地说，有些事他每周都问一次，我们也每周都告诉他一次，但是每一次对他来说都像是从没听过的新鲜事。这是最简单的障碍。更多时候，他会记住一些东西，不过跟你告诉他的内容很不一样。他的大脑总是汹涌澎湃着幽默、情感和激愤，以至于早在他听明白是怎么回事，甚至早在他听到你说了什么之前，某个纯属巧合

---

12. 特里斯舛：即项狄的名字。

的线索已经启动了他的想象力，关于事实他已经有了自己的版本，而且相信那就是你告诉他的版本。由于他几乎总是记错名字（什么名字都有可能），他嘴里的标准版本往往面目全非。跟他说有个叫丘吉伍德的男孩抓了一只田鼠当宠物养，一年或十年以后，他会问你："你有没有听说那个最怕老鼠的可怜的齐克韦德后来怎么样了？"因为他自己的版本一旦生成，就会持久有效，纠正这一版本的企图只会招来一句不可思议的感叹："嗯嗯！行了，你**过去**可不是这么说的！"有时候，他还真是可以听进一些你陈述的客观事实，但是真相并不因此有更好的下场。未经解读的客观事实算什么呢？对我父亲来说，任何一件事、任何一句话的背后都有一个明显动机，这是不言自明的（理论上）。于是乎，我的父亲，这位现实生活中最正直最冲动的人，任何无赖骗子能遇到的最容易上钩的人，成了一个铁杆马基雅维利主义者[13]，他皱着眉，把人们的行为与子虚乌有的最错综复杂的心计联系起来，就是他所谓的"深究言外之意"。一旦开启这一模式，他最终会在茫茫大地何处着陆就很难说了，而且总是带着不可动摇的信心。"我全明白了"——"我知道得一清二楚

---

13. 马基雅维利主义者：意大利政治思想家马基雅维利（Machiavelli, 1469—1527）主张，为达政治目的可以不择手段。

了"——"这根本就是司马昭之心",他会这样说;然后,我们很快发现,直到临终之日他仍对一些事深信不疑——某场致命的争吵,某句嘲讽,某件不为人知的伤心事,或者某个无比复杂的阴谋诡计,虽然那不仅荒谬而且完全是不可能的。如果我们有不同意见,他就会慈祥地一笑,把这归结为我们的天真、幼稚,以及对生活整体上的无知。除了所有这一切混乱,尚有他的前言不搭后语,让人感觉脚下的地面似乎都在开裂。"莎士比亚拼他自己的名字是以 E 结尾吗?"哥哥问道。"我想是的,"我说——但是父亲打断了我,"我非常怀疑他**到底**有没有用过意大利书写体。"贝尔法斯特有一座教堂,大门上有希腊文题词,教堂还有一个奇怪的塔楼。"那个教堂是个大地标,"我说,"我在很多地方都能看到它,甚至是从卡弗山山顶。""一派胡言,"父亲说,"你怎么可能在三四英里之外认出希腊字母来?"

很多年以后有过一场对话,或许可以把它记录下来作为这些持续不断的问答游戏的标本。我哥哥在说他最近参加的第 N 中队军官们的一场晚餐聚会。"我猜你的朋友柯林斯也在那里吧",父亲说。

哥哥:柯林斯?哦,没有。您知道的,他不在 N 中队。

父亲:(停顿片刻)这么说那些人不喜欢柯林斯?

哥哥：我没明白。哪些人？

父亲：召集聚餐的小伙子们。

哥哥：哦，不是的，完全不是。这跟喜不喜欢没关系。您看，这只是中队活动，不可能邀请一个不是 N 中队的人参加吧。

父亲：（较长的停顿）嗯嗯！好吧，我猜可怜的柯林斯心里不好过了吧。

有一些场合，就算是天生"孝子"恐怕也很难不流露出些许不耐烦的迹象。

我不想犯含[14]的罪。但是作为历史学家，我也不想对一个原本复杂的人物做简单化的虚假处理。这位坐在扶手椅里，有时候显得没有能力理解任何事物或者铁了心误解一切的人，在治安法庭上却是个叫人生畏的角色，而且我想他在办公室也应该效率很高。他谈吐诙谐，有时候甚至不失机智风趣。他临死的时候，漂亮的护士想让他振作精神，说："您可真是越老越悲观啦！真像我父亲。""我猜，"她的病人回答道，"他是有**好几个女儿吧**。"

所以父亲在家度过的几小时，对于我们两个孩子来说就是充满困惑的几小时。整晚全是我刚才描述的

---

14. 含：挪亚的次子，旧约中记载含曾目睹挪亚酒醉后赤身裸体，并告诉自己的兄弟闪和雅弗。挪亚清醒后得知此事，愤而诅咒了含的后代。

这一类对话，感觉脑袋像陀螺一样打转。他一出现，我们所有无害的也是被禁止的活动就都停止了。如果一个人在自己家里被看作入侵者，这真是一件难事——不，实在是恶事。然而诚如约翰逊所言："感觉就是感觉。"我确信那不是父亲的错，我相信很大一部分责任是在我们两个孩子，而可以肯定的是，跟父亲在一起令我越来越压抑。促成这一结果的竟是他身上最和蔼可亲的一个性格特点。我之前说过他"啥都不往心里去"，他一般都愿意跟我们平起平坐，除非要对我们发起长篇抨击。理论上来说，我们三个住在一起更像是兄弟三个，而不是父亲和两个儿子。我说了，这是理论上。但是现实中并非如此，也不可能如此，其实本来就不应该如此。在学龄少年和一个个性鲜明、习惯截然不同的中年男子之间，根本不可能存在这样的关系。而假装这种关系存在的结果，就是强加给年轻人一种奇怪的压力。切斯特顿曾明确指出所有此类虚假平等的缺陷："如果一个男孩的伙伴就是他的阿姨，那下一步岂不是说，一个男孩不需要伙伴，有阿姨就够了？"当然，那不是我们的问题，我们根本不想要伙伴。但是我们想要自由，哪怕只是在家里四处转转的自由。而我父亲的"我们是三个大男孩"的理论则意味着只要他在家，我们就得紧紧跟他绑在一起，仿佛我们仁是一条链子拴起来的，于是我们哥俩所有的习惯都备受挫折。如果父亲给自己额外放了半天假，出乎意料地中午就回了家，若是夏天，他可能会发现我们俩坐在花园的椅子上看书。一位比较正统的严厉的家长就会去处理自己的成人事务。我父亲可不这样。坐在花园里？多好的主意啊！不过我们仨要是全坐在夏天该坐的长凳上岂不更妙？等他穿上一件"春季薄外套"，我们就全都奔夏天长凳而去。（我不知道他到底有多少外套，我现在还穿着两件他的外套。）这样穿戴之后，在一张没有遮荫的长凳上坐个几分钟，正午的烈日火辣得连凳子上的油漆都要晒裂了，他自然开始出汗了。"我不知道你俩怎么想，"他会开口说道，"但是我感觉这儿简直**太**热了。搬进屋里去怎么样？"这意味着要移到书房，而在那里，他会老大不乐意地允许窗户开一道缝。我说"允许"，但是绝不可能挑战权威。理论上来说，所有的事情都由全体"意志"决定。"自由之堂，孩子们，自由之堂"，他喜欢这样说。"你们想什么时候吃午饭？"但是我们很清楚本来一点开始的午餐早已经改时间了，他一辈子都喜欢在两点甚至两点半吃饭；而我们喜欢的冷餐肉也早已撤掉了，换成父亲唯一愿意吃的食物——弄熟的鲜肉，要么炖，要么烤……而且要在大下午的时候坐在一间朝南的餐厅里吃。那一天剩余的时间，无论是坐是走，我们三个都寸步不离。而谈话（可以想象很难称之为对话），前言不搭后语的谈话，基调（必然）总是由他决定，断断续续一直进行到上床前。我孤独的老父亲如此渴望他儿子们的友谊，我如果为此指责他，那真是猪狗不如；而我作为儿子对他谈不上任何回报，直到今天仍良心难安。然而"感觉就是感觉"，当时的感觉确实是疲惫不堪。在这些无休无止的谈话中——对我来说的确太成人化了，太逸闻趣事，太滑稽逗乐——我越来越意识到自己不自然的做作。那些逸闻趣事确实算得上一流：生意场上的故事，马哈费[15] 的故事（很多这类故事我后来发现其实是牛津的周伊特[16] 的故事），聪明绝顶的骗术，社交场上的重大失误，治安法庭上的"醉汉们"。但是我对这些话题做出反应的时候全都是在演戏。玩笑话、怪话、接近奇思怪想的幽默话，这些是我的台词。我必须表演。父亲的友善和我自己秘密的反叛共同把我推向了虚伪，他在家的时候我就不可能"做我自己"。我那时觉得星期一早上父亲去上班的时候，真是一星期中最美妙珍贵的时刻了，上帝宽恕我。

这便是我们少年时代古典时期的情形。接着，我进了威尔文，哥哥去了一个私人教师那里，备考桑赫斯特

---

15. 马哈费（John Mahaffy, 1839—1919）：都柏林三一学院古典历史教授，曾任都柏林市长。

16. 周伊特（Benjamin Jowett, 1817—1893）：英国教士、古典学者、牛津大学皇家希腊语教授，以翻译柏拉图著作而知名。

的陆军军官学院，变化开始了。哥哥热爱威尔文，其程度一如我对威尔文的憎恶。这有很多原因：他适应性强，他脸上也没有我那种时刻找抽的表情，但最重要的是，他是直接从老鬼学校毕业进了威尔文，而我则上了一段时间的预科学校，在那儿我很快活。上过老鬼的学校之后，英国的任何一所学校都会让你感觉是人间天堂。哥哥进威尔文之后写的最初几封家信中提到，大家可以在饭桌上想吃多少就吃多少，这让他无比惊讶。对于一个刚从贝尔森那所学校出来的男孩，这一事实本身就胜过一切。但是等我进威尔文的时候，我已经把吃饱喝足看作理所当然了。于是一件可怕的事发生了。我对威尔文的反应可能是我哥哥经历过的第一个最大的失望。他如此热爱那里，一直期盼着有朝一日我们俩也能分享这份热爱——继对伯克思恩[17]的共通体验之后是对威尔文的共通体验。结果，他从我这里听到的是对他奉若神明者的亵渎，在威尔文他则听说自己的弟弟正变成学校里的"凌空球"。我们之间古老的联盟关系一时紧张起来，几近破裂。

让所有这一切雪上加霜的是，父亲与哥哥之间的关系达到了史上最糟，之后再也没有比那个时期更糟过，这背后的原因也是威尔文。哥哥的成绩单越来越差，那

---

17. 伯克思恩：本书第五章里提到的作者与哥哥共同创造的幻想王国。

时候他已经被送去跟一个私人教师补习，那位老师甚至说，看起来哥哥在学校里什么都没学到。那还不是全部。父亲有一本《兰彻斯特传统》[18]，其中有些被狠狠画了线的句子颇能反映他的内心。那几段都是在形容一种严肃的厚颜无耻，一种精心策划的、冷酷无情的轻浮挑衅，这种挑衅来自学校里的"血青们"，于是故事里那位改革派校长有意推行改革。那段时间哥哥在父亲眼中的形象就是这样的：轻浮，懒散，孩童时期表现出的智力上的兴趣丧失殆尽，且冷血无情，对所有真正的价值观都无动于衷，心心念念就是得到一辆摩托车。

父亲送我们俩进威尔文的初衷当然就是把我们变成公学学生，而眼前的成品却让他骇异难当。这是一出熟悉的悲喜剧，在洛克哈特[19]的书里就能读到：司各特费尽心力要把儿子培养成一名轻骑兵，但是等到那个活生生的轻骑兵摆在他面前，司各特却时不时会忘记自己的贵族身份，又变回那个可敬的爱丁堡律师，对"傲娇模样"很是反感。我们家也是一样。错误的发音是父亲最

---

18.《兰彻斯特传统》：1914 年出版的一本关于英国中学生活的小说，作者是曾任拉格比公学校长的布拉德比（Godfrey Bradby，1864—1947）。

19. 洛克哈特（John Lockhart，1794—1854）：苏格兰作家、编辑，他以为自己的岳父，苏格兰小说家、历史小说首创者司各特爵士（Walter Scott，1771—1832）所作传记而闻名。司各特爵士在爱丁堡大学法律系毕业后，于 1792 年成为律师。

喜爱的修辞武器。那段时间他总是把威尔文的第一个音节发错。我现在还能听到他的咆哮："威尔文腔又来了!"我哥哥的语调越是懒散,越是温文尔雅的消沉,我父亲嗓音里的爱尔兰腔就越是浓重,越是铿锵有力,他在科克和都柏林度过的童年时代的奇怪语音语调冲破了之后才养成的贝尔法斯特腔。

在这些痛苦的争执中我的角色总是很不幸的。站在父亲这一边跟哥哥作对,那我就非得脱胎换骨才行,这一党派之争在我全部的家庭政治哲学之外。所有这一切都那么叫人难受。

然而正是在这一片"大煞风景"(我父亲最喜欢的一个词)之中,发生了我至今仍觉得是我遇到过的最值得庆幸的一件事——若是仅仅按自然标准的话。住在萨里郡的私人教师,也就是在教我哥哥的那位老师,是父亲的老朋友。他曾是父亲儿时所上的卢根中学的校长。在短得惊人的时间里,他重塑并拓展了哥哥的学校教育,哥哥不仅进了陆军军官学院,还名列前茅,成了为数不多获得奖学金的军校学员。我觉得父亲对于哥哥取得的成绩没有表现出足够的认可,那时他们两人之间的隔阂已经太深了,而当他们重新成为朋友之后这件事又早已是陈年旧事了。但是父亲清楚意识到哥哥取得的成绩证明了他自己的老师有着妙手回春的神力。与此同时,他几乎和我一样厌恶威尔文这三个字。而我也再三央求他让我离开学校，或是写信，或是亲口恳求。所有这些因素促成他做了一个决定。也许让我如愿以偿真是最好的一步棋呢？干脆结束学校教育，把我送去萨里郡跟着科克帕特里克先生准备考大学？他做出这个计划也是经过了一好一番权衡犹豫。他尽最大努力让我明白所面临的一切风险：孤独，热闹的学校生活突然结束（这一变化可能不像我想象的那么美好），跟一个老人和他的老伴一起生活也许会让人窒息。没有同龄人的陪伴我真会开心吗？面对这些问题我努力做出严肃的表情。但那都是假装的。我心里在笑。没有别的男生我会开心吗？那还不如问我没有牙痛、冻疮会开心吗，鞋子里没有石子会开心吗？于是就这样定了。即便其他一无可取之处，单单是"我再也、再也、再也不用参加体育比赛了"这个想法就足以让我欣喜若狂。如果您想了解我的感受，只需想象某天早上您醒来时，发现所得税或者单相思都不知怎么回事从地球上消失了。

我对打球、踢球这类事的深恶痛绝绝非幸事，如果我没有表达出这层意思或让您产生了误会，那是我的错。我确实不认为体育比赛具有校长们所声称的任何道德的甚至是神秘的特性，体育比赛在我看来常常会引人走向野心、嫉妒，以及带着怨愤的党派情绪，正如它也会引人走向其他别的东西。尽管如此，不喜欢比赛本身却是一件不幸的事，这使你没法结交那些只有通过比赛才能靠近的优秀的人。不幸，但并非邪恶，因为我也不想这样。我曾努力喜欢体育，但失败了。我的天性中找不到这一冲动，我跟体育之间的关系，借用一句谚语就是"对驴弹琴"[20]。

很多作家都曾注意到一个有趣的现象：好运气几乎总是接踵而来，坏运气也一样。就在父亲决定把我送去科克帕特里克那里的时候，另一件大好事落在了我身上。前几章我曾提到有一个男孩住在我家附近，他曾想跟我和哥哥交朋友，却总是不成功。他的名字叫阿瑟，跟我哥哥同年，我和他都在坎贝尔上过学，却从没碰过面。最后一个学期开学前不久，我接到消息说阿瑟卧病在床，正在恢复，欢迎我去看看他。我不记得是什么让我接受了邀请，反正我去了。

我发现阿瑟坐在床上。身旁的桌子上放着一本《北欧神话集》。

**"你**喜欢那个?"我问。

**"你**喜欢那个?"他说。

下一分钟我们手里捧着那本书，两个脑袋凑在一起，我们指指点点，念着书里的话，讨论着——很快几

20. "对驴弹琴"：原文是"驴子对竖琴"，出自荷兰人文主义者伊拉斯谟（Desiderius Erasmus, 1466—1536）编写的《谚语集》，该书收集古希腊及拉丁文谚语。

乎大喊起来——在无数的问题中我们发现我们不仅喜欢同一本书，而且喜欢同样的部分，喜欢的方式也一样：我们的心灵都经历过"喜悦"的刺痛，而刺中我们的箭都是从北方射来的。成千上万人都曾有过找到第一个朋友的经历，那不啻为一个奇迹，和第一次恋爱一样伟大的奇迹（请小说家们**见谅**），甚至也许更伟大。我一直觉得这样的一位朋友是不可能存在的，所以我甚至从来没生出过渴望，就像我不会渴望成为英国国王。我要是发现阿瑟独自建立了一个伯克恩恩世界的复制品，也不会比那时更惊讶些。这世上确实存在跟自己非常、非常相像的人，我想也许对任何人来说没有比这个发现更可惊讶的事了。

我在威尔文的最后几周里，报纸上开始出现一些奇怪的故事，因为那是 1914 年的夏天。我记得我和一个朋友对着一个专栏文章的题目发愣——"英国能置身事外吗？""置身事外？"他说，"我不明白她怎么才能置身事内。"那个学期的最后几个小时在我的记忆中近乎世界末日的感觉，也许记忆会撒谎。或者对我来说世界末日的感觉只是因为我知道我要走了，便最后再看一眼所有这些我厌恶的人和事，而不仅仅是（在当时）为了再恨他们一次。即便只是一张温莎椅[21]，当它说

---

21. 温莎椅：18 世纪流行于英美的一种细骨靠椅。

"你再也不会看见我了"，就会有一种"古怪的感觉"，怪异到令人害怕。假期刚一开始，英国宣战了。几星期后，我去了科克帕特里克先生家，在萨里郡的大布克汉姆镇。

# – 第 9 章 –

## 大诺克

你常常会遇到天性如此乖张之人，以至于审慎的诗人不愿冒险将他们搬上舞台。[1]

——切斯特菲尔德伯爵

9 月的一天，穿过利物浦抵达伦敦之后，我又一路到了滑铁卢，再南下到大布克汉姆镇。我听说萨里郡是个"郊区"，而车窗外掠过的风景却让我大吃一惊。我看到陡峭的小山，溪水潺潺的山谷，还有

---

1. 引文出自切斯特菲尔德《致儿家书》，是 1748 年 10 月 19 日的信，与原文有些出入，可能是路易斯凭记忆所引。

长着大树的公共绿地——按我威尔文和爱尔兰的标准就算是森林了，到处是蕨丛，一个红色、褐色和黄绿色的世界。甚至那些星星点点的郊区别墅（比现在少多了）也让我愉快。这些木墙红瓦的房屋绿荫环绕，与贝尔法斯特郊区拉毛粉饰的丑陋建筑不可同日而语。我以为会看到沙砾车道、铁门、没完没了的月桂和南美杉，结果看到的是蜿蜒的盘山小路通向柳条门，两边是果树和白桦。这些房屋在一个品位比我严肃的人眼里也许会显得可笑，然而我却忍不住觉得设计房屋和花园的人已然实现了他们的目标，即表达幸福。这些房屋让我心里升起一种对家庭生活的渴望，我从没体验过圆满的家庭生活，看着这些房屋你会想起茶盘。

我的新老师在布克汉姆迎接我——"科克"，或者"诺克"，或者"大诺克"，父亲、哥哥，还有我都是这么称呼他的。我们从小到大一直都在听他的故事，因此我对于自己即将面对什么有着清醒的认识。我即将忍受一场不温不火的情感淋浴，对此我已做好准备。这是我为自己无比幸福的逃学要付的代价，沉重的代价。父亲讲过一个故事，尤其给我不祥的预感。他很喜欢讲述卢根中学的往事，有一次，他遇到点麻烦或困难，"老诺克"，是亲爱的"老诺克"把他拉到一边，双臂"轻轻地、自然地"环住他，他亲爱的老八字胡贴在了父亲年轻的脸颊上，然后悄悄地说了些安慰的话……而此刻布克汉姆终于就在我眼前，那位感伤主义老大亲自来迎接我了。

他身高超过六英尺，穿着很邋遢（我觉得像个园丁），瘦得活像一根钉齿耙，但又非常强壮。他满脸皱纹，只要是看得见的部分都棱角分明，我说只要是看得见的部分，因为他蓄了八字须和连鬓胡。下巴刮得干干净净，就像弗朗茨·约瑟夫一世[2]。当时我非常关心的就是他的连鬓胡，您想必能理解，我的脸颊已经有些痒痒地不自在。他会立即贴上来吗？肯定会有眼泪，也许还有更糟的。我从来都受不了来自同性的拥抱和亲吻，这是我一生的弱点之一。（很不男子汉的一个弱点，顺便说一句，埃涅阿斯[3]、贝奥武夫[4]、罗兰[5]、兰斯洛特[6]、约翰逊还有纳尔逊[7]都没这毛病。）

---

2. 弗朗茨·约瑟夫一世（Franz Joseph I, 1830—1916）：奥地利皇帝，娶茜茜公主为妻。

3. 埃涅阿斯：希腊神话中的英雄，特洛伊城沦陷后背父携子逃出火城，最后到达意大利，据说其后代在那里建立了罗马。

4. 贝奥武夫：公元7至8世纪流传于民间的盎格鲁—撒克逊同名史诗中的英雄主人公。

5. 罗兰：法国史诗《罗兰之歌》主人公，查理大帝的外甥，以勇气及骑士精神出名。

6. 兰斯洛特：亚瑟王圆桌武士中的第一位勇士。

7. 纳尔逊（Horatio Nelson, 1758—1805）：英国海军统帅。

然而，老人明显控制了情绪。我们只是握了握手，尽管他这一握硬如铁钳，时间倒是不长。几分钟后，我们已走出车站了。

"你现在，"科克说道，"是走在大布克汉姆和小布克汉姆之间的主干道上。"

我偷偷瞥了他一眼。这一地理学序言是个大玩笑吗？还是说他在努力掩饰自己的情感呢？然而，他脸上却只是一副坚定不移的严肃表情。我开始"没话找话"，就是我在那些晚会上学会的可悲套路，而且我越来越觉得跟我父亲只能这样说话。我说萨里郡的"景致"令我惊讶，比我期待的"天然得多"。

"停！"科克突然大喝一声，吓了我一大跳。"你说的天然是什么意思？你不期待天然又是基于什么原因？"

我回答不知道，并继续"没话找话"。一个接一个的回答被驳倒，我终于意识到他是真想知道。他不是在没话找话，不是开玩笑，也不是为了斥责我，他就是想知道。我受了刺激，试图给出一个真正的回答。几个回合下来，足以让我意识到我关于"天然"并没有任何清楚明了的概念，而且若说我还知道点什么的话，那就是"天然"并不是一个恰当的词。"你难道意识不到，"大诺克总结道，"你说的话毫无意义吗？"我做好了生一会儿闷气的准备，想当然地以为这个话题要结束了。但是

171

我这辈子就数这一次错得最厉害，科克分析完我的用词之后，又开始继续讨论我的整个立论。我对于萨里郡的植被和地质情况的期待是以什么为基础的（他把"基础"念成了"基主"）？是地图、照片，还是书本？我一样也说不出来。科克又做了一次总结——不带一丁点儿的感情，同样在我看来也不带一丁点儿的礼貌："那么，你难道意识不到，你对于这个话题完全无权发表任何观点吗？"

当时我们俩刚认识了三分半钟，但是我们之间第一次谈话的这种基调由始至终保留了下来，贯穿我在布克汉姆度过的所有那些年。眼前这个人与父亲念念不忘的"亲爱的老诺克"相去不啻十万八千里。我了解父亲铁打般只说真话的本意，也知道事实一旦进入他的大脑会经历怎样奇怪的变形，所以我确定他没有故意骗我们。但是，如果说科克一生中曾经在某个时刻把一个男孩拉到一边，然后"轻轻地、自然地"用他的连鬓胡去摩挲男孩的脸颊，那我宁愿相信他会轻轻地、自然地拿一个大顶，把他那颗令人尊敬的、光秃秃的脑袋立在地上。

这世上如果有谁接近纯粹的逻辑实体，那么这个人就是科克。晚出生几年，他会是个逻辑实证主义者。人类使用发声器官的唯一目的是交流和发现真理，除此之外任何目的在他看来都是荒谬绝伦的。最不经意的一句话也会被他看作辩论的邀请。我很快了解了他三种开场白的不同含义。大喝一声"停!"是为了阻止一大段已经让他忍无可忍的废话,不是因为他不够耐心(他从没这么想过),而是因为这是浪费时间,会模糊判断力。更为急促而轻声的"抱歉!"是为了引入纠正或辨析,这起到补充作用,预示着经过如此纠偏,你可以被允许说完你的话而不至于显得荒谬。最鼓舞人的是"我听着呢",这意味着你说的话有意义,只是有待驳斥,你的话已经升格到颇有尊严的错误。驳斥(如果能走到这一步的话)的顺序一成不变。这是我在书里读到的吗?我研究过这个问题吗?我有任何数据证明吗?我有任何基于个人经验的证据吗?如此这般,直到那个不可避免的结论:"你难道意识不到,你无权……"

有些男孩不会喜欢这种待遇,但是对我来说这就是牛肉加啤酒。我本来想当然地以为我在布克汉姆的闲暇时光会在很多"成人对话"中度过。而您早就知道了,这很不对我的胃口。在我的经历中,这意味着对话都是关于政治、金钱、死亡以及消化系统。我本以为喜欢这样的对话就跟吃芥末酱或看报纸一样,会随着年龄的增长而水到渠成(目前为止,这三样期待统统落空了)。我唯一喜欢的两类谈话,一是几乎纯与想象力相关的,二是纯理性的,前者如我跟哥哥关于伯克思恩以及跟阿

瑟关于瓦尔哈拉[8]的对话，后者如我和谷希舅舅关于天
文学的对话。我不可能在任何科学领域有所作为，因为
所有科学的道路上都有数学这只拦路虎。数学中只要是
仅仅凭逻辑思维就能解决的问题（比如几何），我即做
得很愉快；但是一旦有计算部分出现，我就无可救药
了。我能掌握原理，但我的答案永远是错的。然而，尽
管我永远不可能成为科学家，我却有着科学的冲动，一
如我有想象的冲动，而且我热爱推理的过程。科克激起
并满足了我的一部分冲动。这些是真正有内容的对话。
这个人考虑的不是你，而是你说了什么。在我手忙脚乱
的时候我当然也气急败坏过，但总体来说，我热爱这样
的待遇。被击倒无数次后，我开始学会一些防守和攻击
的招数，我的智力慢慢练出了肌肉。最终，我成了一个
不能被小瞧的拳击对手，这应该不是我的错觉，这个长
期以来致力于暴露我的含糊不清的人最终提醒我，要注
意过度精确的危险，那真是了不起的一天。

　　如果科克无情的辩证法只是一个教学工具，我可能
会感到厌恶。但事实上，除此之外的任何谈话方式对他
来说都是陌生的。无论年龄性别，无人能幸免于他的逻
辑反驳。有人会不愿意获得清晰的思路，不愿意被纠正

---

8. 瓦尔哈拉：北欧神话中主神及死亡之神奥丁接待战死者英灵的殿堂。

错误，这对科克来说永远是件不可思议的事。一位颇有身份的邻居在某个星期天的拜访中以不容置疑的口吻总结道："好吧，好吧，科克帕特里克先生，这个世界是由形形色色的人组成的。您是自由派，而我是保守派，我们自然会从不同的角度来看问题"，这时科克回答道："您是什么意思？您是让我想象自由派和保守派从一张桌子的两头对着一个长方形的'事实'玩躲猫猫游戏吗？"如果一个不经意的来访者试图回避一个话题而这样说："当然了，我知道人们会有不同的观点"，科克会举起双手惊叹道："老天啊！我对任何问题都没有任何**观点**可言。"他最喜欢的箴言是，"花九便士就能获得启蒙，而你偏偏宁愿无知。"最普通的比喻也会被一再追问，直到那令人难堪的真相无处藏身。"德国人那些恶魔般的罪行"——"可是恶魔难道不是想象出来的吗？"——"好吧，那么，那些野蛮的罪行"——"可是没有哪个野蛮人干过这样的事！"——"好吧，我该叫它们什么好呢？"——"我们就该简简单单称它们是**人**的罪行，难道这还不清楚吗？"最让他鄙夷的莫过于其他校长们的对话，他自己是卢根中学校长的时候有时不得不在会议上忍受那些对话。"他们会走过来问我，'对一个做了这样那样事情的男孩，您会采取什么样的态度？'老天啊！就好像我对任何人或任何男孩有过某

175

种态度似的!"有时候（但很罕见），他会被迫使用嘲讽。在这种情况下他的嗓音会比往常更严肃，只有他鼻孔的扩张会让那些熟悉他的人窥破实情。他正是以这样的方式发表了以下评论："贝利奥尔学院的院长[9]是全宇宙最重要的生命体之一。"

可以想象科克帕特里克夫人的日子不容易，且看以下这个场景：这位丈夫因为某个奇怪的失误发现自己身处客厅，而他太太组织的一场桥牌会刚刚开场。大约半小时后，人们观察到这位太太带着意味深长的表情起身离开了房间；几小时后，大诺克却被发现依然坐在一张板凳上，在七位上了年纪的太太们（"倦容满面地"[10]）中间恳求她们明确定义自己的用词。

我已经说过他几乎只讲逻辑，但也并非完全如此。他曾经是个长老会信徒，但我遇见他时他已经是无神论者了。他星期天会在花园里劳作，就跟他工作日大多数时候做的事情一样。但是他年轻时身为长老会信徒的一个有趣特征保留了下来。每到星期天劳作的时候他总会穿一件不同的、更体面的外套。一位北爱尔兰的苏格兰

---

9. 贝利奥尔学院院长：应该是指上一章提到的周伊特（参见脚注16），他曾是牛津大学贝利奥尔学院的教授。

10. "倦容满面"：此处路易斯引用了乔叟《坎特伯雷故事集》第 458 句 "ful drery was hire chere"，非现代英语。

人也许会不再信仰上帝，但他不会在主日穿着工作日的衣服。

既已说明他是个无神论者，我就得赶紧补充一句他是个老派、严肃且不带偏见的19世纪型的"理性主义者"。因为自那以后无神论就开始落魄，逐渐与政治同流合污，学会了蹚浑水。如今匿名给我邮寄反上帝杂志的人无疑是想刺痛我体内的基督徒，而他真正刺痛的是我体内那位"前无神论者"。我从前的同志以及科克从前的同志（这更为重要）竟已堕落到如此程度，我深以为耻。真可谓今非昔比，哪怕麦克卡比[11]的文章也写得很像样。我认识科克的时候，他无神论的燃料属于人类学和悲观主义那一类。他精通《金枝》[12]和叔本华。

读者诸君应该记得我自己的无神论和悲观主义早在我去布克汉姆之前就已经完全形成了，我在那里只是获得了新的弹药，用以保卫一个已然选定的立场。但这些新弹药也是我间接从科克的思想风格中获得的，或者来自独立阅读他那里的书，他从未在我面前攻击过宗教。

---

11. 麦克卡比（Joseph McCabe, 1867—1955）：曾是基督徒，1896年离开罗马天主教会后成为理性主义者，撰写了大量咄咄逼人的挑战基督教信仰的文章。

12.《金枝》：英国人类学家弗雷泽（James Frazer, 1854—1941）的代表作，提出人类思想方式的发展过程是由巫术、宗教发展为科学。

有一类事实，没人能基于对我人生的表面了解推断得出，无神论是其中之一，但这就是事实。

我在一个星期六到了加斯顿斯（诺克家的房子），他宣布我们星期一开始读荷马。我解释说除了阿提卡语[13] 其他希腊语我一个字也没读过，我满以为告诉他这一点他就会从某些有关史诗语言的入门课着手，再过渡到荷马。他的回答只是他在对话中经常会发的一个鼻音，我只能写作"哼"。这让我很是忐忑不安，星期一早晨醒来时我对自己说："这就要读荷马了！天哪！"这个名字让我肃然起敬。九点整我们在楼上的书房里坐下，开始上课，很快这间屋子对我来说就熟悉得不能再熟悉了。屋里有一张沙发（他跟我一起读的时候我们就并排坐在上面），一张桌子和一把椅子（我一个人时坐椅子），一个书橱，一个煤气炉，还有一张镶起来的格莱斯顿先生[14] 的照片。我们打开各自的《伊利亚特》第一卷。诺克没有做一个字的介绍便以"新"发音把前二十来行诗文大声念了一遍，这种发音我以前从没听到过。和斯缪吉一样，他也是位吟诵者，他的声音不如斯缪吉甜醇，然而他饱满的喉音和翻卷的 R 以及多变的元

---

13. 阿提卡方言：古雅典人使用的希腊语。

14. 格莱斯顿先生：应该是指曾四次任首相的英国自由党领袖格莱斯顿（William Gladstone, 1809—1898），著有《荷马和荷马时代研究》。

音感觉很适合青铜器时代的史诗，正如斯缪吉如蜜似糖的嗓音适合贺拉斯的诗。科克虽然在英格兰住了那么多年，却还是满口纯正的北爱尔兰音。随后他翻译了大约一百行，只有很少、非常少的解释。我还从没见过哪个古典作家被如此狼吞虎咽。译完之后他递给我一本克鲁西斯的《词典》[15]，让我把他刚才翻译的部分再读一遍，能读多少就读多少，随后他便离开了房间。这看起来是个奇怪的教学方式，但很管用。起先，在他开拓出来的这条路上我只能走一小段，但是每天我都能走得更远些。很快我就能全程跟上了。接着我能比他指出的终点再多走一两行。再后来，看看能多走多少成了一种游戏。在当时的阶段，科克似乎更看重速度而非准确性。最大的收获是我很快就能不经过翻译（哪怕是在心里）便读懂很多文本，我开始用希腊文思考了。这是学习任何语言都需要跨越的决定性界线。有人只有在词典中寻找某个希腊词汇的时候，这个词对他来说才是活的，然后他会找一个英语词来代替这个希腊词，这样的人根本不是在读希腊文，他们只是在解决一个谜题。"*Naus* 的意思是船"，这样的公式是错的。*Naus* 和船意指同一样

---

15. 德国学者克鲁西斯（Crusius，1758—1848）编写过一本《荷马史诗希腊文—英文词典》。

事物，但它们并不互为定义。在 *Naus* 的背后，在 *navis* 和 *naca*[16] 的背后，我们需要看到的是一幅画面，一个暗影幢幢的长长的物体，有帆有桨，爬过风尖浪顶，我们不需要好事的英语单词横插一手。

　　这段时间逐渐形成了一套作息规律，从此以后在我心里成为一种原型，以至于我现在说"正常的"一天（并且悲叹正常的日子如此稀少）指的仍是布克汉姆的作息表。如果能随心所欲，我会永远过我在那里过的日子。我会选择永远在八点整吃早饭，九点坐到书桌前，在那里读书写作直到一点。如果十一点的时候能来上一杯浓茶或咖啡，那再好不过。出门去附近来一品脱啤酒，效果就差多了，因为男人不喜欢一个人喝酒，要是在酒吧跟朋友碰面，休息时间就可能超过十分钟。一点整的时候午饭得在桌上摆好，最晚两点我就会在路上了。我不大跟朋友一起，除了偶尔的休息时间。散步与谈话是两样极大的乐趣，但是把二者合在一起却是个错误。我们自己发出的噪音把外面世界的声音和安静一齐抹去了，而谈话几乎不可避免会引向抽烟，那就只能跟自然拜拜了——单就我们的某个感官而言。唯一可以一起散步的朋友得和你有着完全一致的关于乡野的品位

---

16. *navis* 和 *naca* 分别是拉丁文和西班牙文里"船"的意思。

（正如假期时我在阿瑟身上找到的），包括那里的每个色调，一个眼神，一次驻足，至多是用肘轻轻一推，就足以心领神会彼此的喜悦。散步归来应该刚好是上茶的时候，不能晚于四点一刻。茶点应该独自享用，在布克汉姆的时候，只要科克帕特里克夫人不在家我就是这样自个儿喝茶，诺克本人鄙视茶歇。吃东西和读书是相得益彰的两件乐事。当然不是所有书都适合边吃东西边读。在饭桌边读诗不啻为一种亵渎。你需要的是那种八卦类的、杂乱无章、随处都能翻看的书。我在布克汉姆学会这样去读的书有鲍斯威尔[17]，希罗多德的英译本，以及朗[18]的《英国文学史》。同样适合边吃边读的还有《项狄传》《伊利亚随笔》[19] 以及《忧郁的解剖》[20]。五点又该学习了，一直到七点。接着，吃晚饭的时候以及饭后，是聊天时间，或者没人聊的话可以来点轻松读物；之后，除非要跟老伙计们混一晚上（在布克汉姆我没有这样的机会），否则晚于十一点上床就没道理了。可是该把写信安排在什么时间呢？您忘了我是在描绘我跟科克

---

17. 这里应该是指鲍斯威尔最著名的《约翰逊传》。

18. 朗（Andrew Lang，1844—1912）：英国学者、荷马专家及翻译家。

19. 伊利亚是英国散文家兰姆的笔名。

20.《忧郁的解剖》是英国牧师学者罗伯特·伯顿（Robert Burton，1577—1639）所写的书，1621 年首次出版，被称为心理学开山之作。最近一次再版是 2001 年。

一起时的幸福生活，或者是我但愿自己能过上的理想生活。而这种幸福生活的一个基本要素是几乎不会收到信，永远不需要担心邮差来敲门。在那些幸福的日子里，我每周只收发两封信：一封来自父亲，这是职责；一封来自阿瑟，这是每星期的亮点，因为我们会把所有令我们陶醉的乐趣一股脑儿倾倒在纸上告诉彼此。我哥哥这时正在军队服役，他的信内容和间隔都更长些，我的回复也是如此。

这便是我的理想生活，而当时这种"稳定的、平静的、伊壁鸠鲁式的生活"[21]（几乎）一度实现了。那以后我基本没能过上这样的生活，这无疑对我是件好事，因为这几乎是一种彻底自私的生活。自私，但不是自我中心：在这样的生活中，我的心灵会被引向一千种事物，其中没有一件跟我自己有关。这一区别并非无足轻重。我认识的人里最幸福也最让人愉快的一个恰恰极其自私。另一方面，我也认识一些能真正自我牺牲的人，可他们的人生无论对他们自己还是别人都是一种折磨，因为他们满脑子都是自怨自艾和自怜自惜。这两种情形最终都会摧毁人的灵魂。但是最后，相比而言，还是给我

---

21. "稳定的、平静的、伊壁鸠鲁式的生活"：这是引用丁尼生的诗歌《卢克莱修》（1868 年）第 215 行。关于卢克莱修，参见本书第四章脚注 18。

一个把最好的东西留给自己（哪怕是占我的便宜）然后谈点别的什么的家伙，也别给我一个一面为我服务一面总在谈他自己的人，他的付出就是持续不断指责别人，持续不断要求获得怜悯、感激和赞誉。

当然，科克并没有让我除了荷马谁都不读。"最无聊二人组"（狄摩西尼[22]和西塞罗）是不可能不读的。还有（哦，多么美妙！）卢克莱修、卡图鲁[23]、塔西佗[24]、希罗多德。还有我至今都没法真正喜欢的维吉尔。有希腊文和拉丁文写作。（说来也奇怪，我竟然可以活到五十好几还没读过恺撒[25]一个字。）有欧里庇得斯[26]、索福克勒斯[27]、埃斯库罗斯[28]。傍晚我跟着科克帕特里克夫人学法语，教学方法跟她先生教荷马差不多。我们用这种方式读完了很多很好的小说，很快我就开始

---

22. 狄摩西尼（Demosthenes，公元前384—前322）：古雅典雄辩家。

23. 卡图鲁（Catullus，公元前84—前54）：古罗马抒情诗人。

24. 塔西佗（Publius Tacitus，56—120）：古罗马历史学家，主要著作有《历史》《编年史》。

25. 恺撒（Julius Caesar，公元前100—前44）：罗马统帅，著有《高卢战记》等。

26. 欧里庇得斯：参见本书第七章脚注20。

27. 索福克勒斯（Sophocles，公元前496—前406）：古希腊三大悲剧作家之一，相传他写了123部剧本，现在只存有《俄狄浦斯王》《埃阿斯》《安提戈涅》等7部。

28. 埃斯库罗斯（Aeschylus，公元前525—前456）：古希腊三大悲剧作家中最早的一位，相传写了80多部剧本，现在只存有《被缚的普罗米修斯》《波斯人》《阿伽门农》等7部悲剧。

自己买法语书了。我曾希望能学英语散文，但是科克从来没给我读过一篇英语散文，不知道是因为他觉得没法忍受我写的散文，还是因为他很快猜到我掌握的散文艺术（对于英语散文他八成是嗤之以鼻的）已经足够了。第一个星期前后他给过我一些英语阅读的指导，不过一旦发现就算没人管我也不太会浪费自己的时间，他就给了我绝对的自由。在我后来的学习阶段我们又开始了德语和意大利语。他的教学法依然如故。在匆匆接触了语法、做了一些练习之后，我就一头扎进了《浮士德》和《地狱》[29]。意大利语是成功拿下了。而德语，我毫不怀疑如果能跟科克再多待一些时间我一样可以拿下。但我离开得太早了，我的德语也就一辈子停留在了学生水平。每次我刚想改变这种状况，总会被这样那样更紧急的任务打断。

不过荷马还是第一位的。日复一日，月复一月，我们高歌猛进，先读完《伊利亚特》中阿喀琉斯的全部故事，其余部分扔在一边，然后通读了《奥德赛》，直到整个诗篇的音乐以及存活于每个语言结构中的清晰苦涩之光都成了我身体的一部分。当然我对作品的欣赏相当浪漫化——一个痴迷于威廉·莫里斯艺术的男孩的欣

---

29.《地狱》：指意大利诗人但丁名著《神曲》的第一部。

184

赏。不过这个小小的错误倒是救了我，使我不至于陷入更深的"古典主义"错误，人文主义者凭此"古典主义"已经蒙蔽了半个世界。所以对那些管喀耳刻[30] 叫"女巫"、管每一段婚姻叫"高潮"的日子我不可能感到太深的遗憾。不过那种欣赏的热情已经燃尽，不留余烟，我现在能以更成熟的方式品味《奥德赛》了。浪迹天涯的含义丰富依旧，当奥德修斯扯掉他的破衣烂衫，拉开弓弦[31]，这一"大好结局"[32]（用托尔金教授的话来说）的伟大时刻却有了更多的含义。而现在我最爱读的也许是夏洛特·杨格[33] 家那样美妙的家庭故事，他们生

---

30. 喀耳刻：希腊神话中能把人变为牲畜的女巫。

31. 奥德修斯结束十年特洛伊战争，又在海上漂流十年之后终于回到家中，妻子珀涅罗珀已经认不出他来，且被众多求婚者骚扰。奥德修斯离家前曾留下一把弓，珀涅罗珀提出如果求婚者中有人能拉开这把弓，她就嫁给他。最后只有奥德修斯轻松拉开弓弦，并杀死了其他的求婚者。

32. "大好结局"对应托尔金创造的英语词"eucatastrophe"，用来指童话故事特有的美好结尾。他在一篇《论童话》的演讲稿中提到，"大好结局"是童话故事的真正形式，也是其最高级的功能。这种美好结局带给人的喜悦并非"逃避主义"，在童话背景中，这样的结局是一种突然的奇迹式的恩典，是不可重复实现的。"大好结局"并不是对悲惨结局的否认，相反，后者的可能性是脱逃惨境之喜悦的必然条件。"大好结局"正是对生命注定以失败虚无告终的否定，在此意义上具有福音性质，给人以喜悦的盼望——此世之外的喜悦，令人心痛的喜悦。这篇文章收入托尔金散文集《怪兽与评论家》，1936年首版。

33. 夏洛特·杨格（Charlotte M. Yonge, 1823—1901）：英国女小说家，从小接受父亲的古典主义教育，全家为虔信的基督徒。她一生都是家乡小镇教会主日学校的老师。

活在皮洛斯[34]，也可能是其他什么地方。莫里斯·波维克爵士[35]说得多好啊："每个时代都有文明人存在。"让我们再补充一句吧："每个时代这些文明人都被野蛮所包围。"

与此同时，每个午后和星期天，整个萨里郡都在我的脚下。假期在当郡，上学时在萨里郡——两者真是极佳的对比。即便一个傻子也能感知当郡和萨里郡的风光之美不存在可比性，也许正因如此，我那种喜欢比较、喜欢厚此薄彼的恶劣倾向被一劳永逸地治愈了——这样的比较即便是针对艺术品，于我们也并无益处，而如果是面对自然，更是贻害无穷。无论是艺术还是自然，迈向它们的第一步都是彻底的臣服。闭上嘴，打开眼睛和耳朵。吸收摆在面前的东西，别去考虑可能会有什么，或者在别处的什么。那可以等会儿再说，如果必须要考虑的话。（请注意，为达到任何有益目的而做的真正训练，总是预示着基督徒生活的真正训练。如果我们接受前者，也将有助于我们接受后者。在基督徒生活的学校里，你从前任何方面的努力都会派上用场。）我喜欢萨

---

34. 皮洛斯：希腊神话中贤明的希腊老国王内斯特的居住地。路易斯可能是把小说家杨格和内斯特的家庭作类比，同归为和谐智慧之家的典范。

35. 莫里斯·波维克爵士（Maurice Powicke，1879—1963）：中世纪历史学家、牛津大学教授。

里郡的繁复精细。我在爱尔兰散步时，眼前是宽广的地平线，陆地和大海一望而尽收眼底，这些我后文会再谈到。可是在萨里郡，地貌的轮廓线如此曲折，小山谷如此狭窄，那么多的林木，那么多被丛林山谷掩隐的村庄，那么多田间阡陌、林中小路、幽谷和矮林，外形如此出乎料想的村舍、农屋、别墅和庄园，以至于我脑中永远不可能清楚呈现出风景的全貌。每天在这样的景色中散步，能体会到犹如阅读迷宫般错综复杂的马洛礼[36]抑或《仙后》[37] 的乐趣。即便是视野比较开阔的地方，比如从波勒斯顿列斯庄园俯瞰雷泽海德和杜金鸡峡谷，也始终找不到如威尔文风光那种典型的一览无遗之感。峡谷蜿蜒向南，延展为另一个峡谷，一列不见踪影的火车在木头路堑上呼啸而过，对面的山脊遮住了峡谷的低凹处和岬角，即便是夏日的清晨也是如此。但在我记忆中更留恋的是秋日的午后，寂静无声的河边低地，参天的古树下，尤其是那一刻，在星期五大街附近，我们一群人（那时我不是独自一人）因为认出一个形状特异的树桩而突然发现已经绕圈走了半个小时；也可能是盖尔德福德镇的霍格湾，雾气弥漫的日落时分。冬季星期六

---

36. 马洛礼（Thomas Malory, 1395—1471）：英国作家，代表作是史诗传奇《亚瑟王之死》。

37.《仙后》：英国桂冠诗人斯宾塞代表作长篇史诗。

的下午，鼻子和手指冻得生疼，于是一杯热茶和熊熊的炉火让人格外期待，而长长的读书的周末就在眼前，我想那时我所体验的幸福是人生在世能感受的最大幸福了吧。尤其是如果有一本新的、期待已久的书在等着我。

而我竟然忘了。在说到邮差的时候，我竟然忘了告诉您我收到的不仅是信，还有包裹。比我们年轻的一代人也许都会因为一件事而羡慕我这个年纪的人：我们小时候，这世上的书又便宜数量又多。你们的"人人"[38]那时只要一先令，而且总是货源充足；你们的《世界经典》《缪斯的图书馆》[39]《国内大学图书集》《坦普尔经典集》、纳尔森出版社的法语作品系列、伯恩图书，以及朗文口袋丛书，性价比都很合理。我能剩下的零花钱全都寄给了斯特兰德大街的丹尼公司。一个深灰色的干净的小包裹会在某天下午送到我手中，即便在布克汉姆

---

38. "人人"：指"人人文库"（Everyman's Library）系列出版物。该系列出版物由英国出版商登特（Joseph Dent）创办，登特出身贫寒，决意为"包括工人、学生、有识之士、儿童、男人和女人在内的所有读者"提供价格低廉的经典文学书籍。为达到价廉物美之目的，早期出版的书籍采用统一的开本、封面设计及版式，便于读者随身携带、随时阅读，售价仅为 1 先令。每人只要花 5 英镑，即 100 先令就可以买到 100 本书，这是登特的心愿："每个人书架上都有 100 本经典书籍"，也是最早付诸行动的阅读普及推广。文库之名取自一部中世纪戏剧：Everyman（《凡人》）。

39. 《缪斯的图书馆》：英国诗人马韦尔（Andrew Marvell, 1621—1678）的诗集。

也找不到比收包裹那天更幸福的日子了。弥尔顿、斯宾塞、马洛礼、《圣杯的历史》[40]、《拉克斯峡谷萨迦》[41]、龙萨[42]、舍尼埃[43]、伏尔泰[44]、《贝奥武夫》和《高文爵士与绿衣骑士》（都是译作）、阿普列乌斯[45]、《凯莱维拉》[46]、赫里克[47]、沃尔顿[48]、曼德维尔[49]、悉尼的《阿卡狄亚》[50]，以及莫里斯的几乎全部作品，一本接着一本，这些书全都成了我的。我买的书里有些让人失望，有些则超出预期，不过打开包裹的一刻永远那么美好。偶尔去伦敦，我总会满心敬畏地望着斯特兰德大街的丹尼公司——那里可是我欢乐的源头。

斯缪吉和科克是我的两位恩师。笼统来说（用中世

---

40. 《圣杯的历史》：完成于 13 世纪上半叶的一部佚名法国作品，1898 年翻译成英语。

41. 《拉克斯峡谷萨迦》：冰岛散文体传奇文学作品，写于 1245 年左右。

42. 龙萨（Pierre de Ronsard, 1524—1585）：法国诗人，"七星诗社"中心人物。

43. 舍尼埃（Andre Chénier, 1762—1794）：法国诗人。

44. 伏尔泰（Voltaire, 1694—1778）：法国启蒙思想家、作家及哲学家。

45. 阿普列乌斯（Apuleius，约 124—约 170）：罗马作家、哲学家，代表作是《金驴》。

46. 《凯莱维拉》：又译《英雄国》，芬兰民族史诗，1835 年首次整理出版。

47. 赫里克（Robert Herrick, 1591—1674）：英国牧师、诗人。

48. 沃尔顿（Izaak Walton, 1593—1683）：英国作家。

49. 曼德维尔（Sir John Mandeville）：14 世纪游记《约翰·曼德维尔爵士航海及旅行记》作者。

50. 菲利普·悉尼（Philip Sidney, 1554—1586）：英国诗人，《阿卡狄亚》是其代表作，献给他的妹妹玛丽·赫博特，后者是英国最早的女性作家之一。

纪的话），斯缪吉教给我语法和修辞，而科克则教会了我辩证法。他们分别给了我对方给不了的。斯缪吉的优雅和敏感在科克身上荡然无存，而科克比斯缪吉多了不少幽默细胞。这是一种乖戾的幽默。他确实很像萨杜恩[51]——不是那个意大利传说中被驱逐的国王，而是忧郁冷酷的克罗诺斯，时间之父本人，手握长柄镰刀和沙漏。当他突然起身离开桌边（总是先所有人一步）来到壁炉旁，在台面上一只破旧的烟罐里摸索老烟斗里留下的残烟丝（他一贯节俭，总把烟渣留着再用），这样的时刻他总会说出一些最刻薄也最幽默的话来。我对他感恩至深，敬重之意丝毫不减当年。

---

51. 萨杜恩：罗马神话中的农神，相当于希腊神话中的提坦神克罗诺斯，宙斯之父。前文形容科克有"一种乖戾的幽默"，"乖戾"一词原文为 saturnine，路易斯由此联想到萨杜恩（Saturn）。

# – 第 **10** 章 –

## 命运的垂青

四野，江河，神明，齐心一意

确乎垂青于我，助我心想事成。[1]

——斯宾塞

---

1. 此句引自英国 16 世纪诗人斯宾塞的代表作长诗《仙后》第 1 卷。斯宾塞原定写作 12 卷，写第 7 卷时逝世，留给世人完整的 6 卷《仙后》。路易斯在跟科克帕特里克学习时第一次接触到斯宾塞，他在 1915 年 10 月到 1916 年 3 月之间用周末时间读完了《仙后》，曾遗憾地表示希望全诗能再长一些。《仙后》始终是路易斯最喜爱的文学作品之一，也正因为路易斯关于中世纪文学的重要学术著述，斯宾塞作为英国主要诗人的地位才在 20 世纪上半叶被重新奠定，与乔叟、莎士比亚、弥尔顿并驾齐驱。

离开威尔文，来到布克汉姆，我主要的伙伴也由我哥哥变成了阿瑟。那时哥哥正在法国服役。1914—1916年间，也就是我在布克汉姆度过的日子里，哥哥偶尔会因休假不期而至，那时他头顶年轻军官的耀眼光环，出手之阔绰让人咂舌，常常一阵风似的就把我卷到爱尔兰。一等车厢、火车卧铺，这些我从未见识过的奢侈享受令旅程风光无限。要知道，自打九岁起我每年要六次横渡爱尔兰海，哥哥的休假又增加了我的旅行次数，这就是为什么像我这样一个足不出户的人记忆里却塞满了船舱侧身的影像，多到极不寻常。只要我愿意，只需闭上眼睛就能看见船身后的粼粼波光，有时候这画面无须刻意唤起也会浮现：海水奔涌向后，船桅却一动不动，背对着满天繁星，冰冷、灰绿色的海水尽头是天际线，那里正露出一抹狭长的浅橙色云隙，是日出，抑或日落；又有陆地渐近时那惊心动魄的感觉，海岬也迎着你大踏步走来，更有远方群山错综纷乱地移走，直至形消影没。

　　这些休假当然是莫大的乐事。哥哥去法国前我们之间的紧张关系（拜威尔文所赐）已经抛到脑后。能在一起短暂相处，我们都决心重新唤醒童年的古典时期，对此我俩心照不宣。哥哥隶属皇家陆军补给与运输队，当时属于比较安全的部门，所以我们对他的担心和那时大多数家庭比起来都不算什么。也可能我潜意识里的担心要比清醒时感觉到的更多。这至少可以解释我的一次千真万确的经历，有可能不止一次，那不是一个念头，也不是梦，而是一种印象，一个大脑里的影像，挥之不去。那是在布克汉姆的一个冰冷的冬夜，我仿佛看到哥哥在花园里一面转悠一面呼喊，或者不如说是拼命想呼喊，却只能发出犹如蝙蝠的叫声，正如维吉尔笔下的地狱："呼号从张开的口中升起，沉闷无音。"笼罩这幅画面的气息是我所呼吸过的最为反感的气息，那是一种恐怖阴森与悲戚的混杂，一种软弱的、不幸的、无望的悲戚——是异教徒地狱中的阴郁瘴气。

虽然我和阿瑟的友谊始于对某个主题的认同或共同品位，但我们之间的不同之处足以让彼此受益。他的家庭生活几乎与我的正相反。他的父母是普利茅斯弟兄会[2]的成员，他是一个大家庭里的老幺，然而他家又是那么安静，我家有多吵闹，他家就有多安静。当时他受雇于他的一个哥哥，但是他体质虚弱，生了一两次病之后就不再工作了。他的天赋不止一项：钢琴家、差点成为作曲家，以及画家。我们最早的谋划之一就是由他把

---

2. 普利茅斯弟兄会：基督新教派别之一，19世纪初由英国国教信徒在英国的普利茅斯成立。

《被缚的洛基》谱成歌剧——当然，这个令我们极其幸福的计划进行了极为短暂的时间后就无疾而终了。在文学方面，他对我的影响胜过我对他的，或者说他影响我更为彻底。他的一大缺陷是对诗歌提不起兴趣。为此我做了些补救的努力，可惜很不够。另一方面，除了和我一样钟爱神话和奇异故事，他另有一项爱好是我没有的，而我遇到他之后，却因为他的影响有了同样的品位，从此伴我一生。这就是对他所谓"好看的、实实在在的老书"的品位，即英国的经典小说家们。我在认识阿瑟之前对他们避之唯恐不及，委实叫人吃惊。父亲曾说服我读了《纽克姆一家》[3]，但我读这本书时年纪还太小，之后直到进牛津前我再也没碰过萨克雷。我仍然对萨克雷很反感，不是因为他爱说教，而是因为他说教的水平太差。狄更斯则总会让我心生恐惧，那是因为早在认字之前我就长时间读那些图画小人书。我仍然认为这些小人书是不道德的。它们就和迪士尼的动画人物一样，揭老底的倒不在于这些丑陋的形象有多丑，而在于这些一脸假笑的玩偶目的只有一个：博取我们的同情（华特·迪士尼的动画人物可比狄更斯图画书

---

3.《纽克姆一家》是英国小说家萨克雷（William Thackeray, 1811—1863）的小说，他最著名的作品是《名利场》。

里的强多了）。司各特的作品我只读过一些跟中世纪沾边的，也就是他最差的那些小说。在阿瑟的影响下，我在那段时间读了所有最好的威弗利[4] 小说、勃朗特姐妹的小说，以及简·奥斯丁的小说。这些作品对于我常读的魔幻类小说是很好的补充，由于彼此的鲜明对比，我对二者的阅读乐趣也增加了不少。这类书的某些特点曾经阻碍我的阅读，而阿瑟却教会我看到这些特点的魅力所在。我眼中的"枯燥"或"平淡"在他口中成了"朴实"——这是他想象力的一个关键词。他不是仅仅指家庭生活，尽管也包含其中。他指的是一种根深蒂固的特质，这种特质把此类小说同我们所有简单的生活经验连结在一起：天气、食物、家庭、邻里。《简·爱》开篇第一句总能带给他无穷无尽的欢乐，抑或某个安徒生童话的首句，"这雨下的呀，真真是。"勃朗特姐妹小说里的那个词"颔首"对他来说就是一场盛宴，教室和厨房里的场景也一样。对"朴实"的这份倾心并非限于文学，他也在室外的风景中寻找朴实，还教会了我和他一起寻找。

到那时为止我对自然的感觉局限于浪漫。能吸引我

---

4. 威弗利是司各特的笔名，他于 1814 年出版第一部小说《威弗利》大获成功后，便以威弗利为笔名创作了许多部历史小说。

注意力的几乎都是在我看来令人心生敬畏的，或者原始的、怪异的，以及最吸引我的远方的景致。高山白云是我的挚爱，在任何风景中天空都是要素之一，过去是，现在依然是。早在读到《近代画家》[5]中对云的名称的罗列之前，我就非常关注卷云、积云、雨云的不同特征。至于大地，我童年时的乡村风光足以滋养出最浪漫的情怀，当我第一次透过保育室的窗户望见那遥不可及的"青山"，浪漫主义就此生了根。最让我魂牵梦萦的是霍利伍德山，对于熟悉这些地方的读者而言，只需说这一句就足够了——从斯托蒙特到康柏，从康柏到纽唐纳兹，从纽唐纳兹到斯科坎伯，从斯科坎伯到克雷格安特雷特，从克雷格安特雷特到霍利伍德，再从那里穿过诺克纳格涅回到斯托蒙特，如果你在地图上沿着这个线路画线，就会得到霍利伍德山那个不规则的多边形。如何让一个外国人体会这一切，我可就无能为力了。

　　首先，按照英格兰南部的标准，这里可谓荒芜。林子我们还是有的，但都不是参天大树，我们有花楸树、白桦树和矮冷杉。田地也不大，一块块中间隔着水沟，上有被海风噬咬的参差不齐的树篱。有很多金雀花，也

---

5.《近代画家》：英国维多利亚时期最重要的艺术评论家、社会评论家罗斯金（John Ruskin, 1819—1900）的早期代表作。

有很多裸露的岩石。废弃的小采石场多得出奇，满了冰凉凉的水。草地上几乎总有风掠过。若是有人在犁地，便总有海鸥跟在他身后，啄着他犁过的地。没有田间小路，或者正儿八经的公用通道，但那不打紧，因为每个人都认识你——或者就算他们不认识你，也知道你是什么样的人，知道你会关上身后的门，知道你不会从庄稼上踩过去。蘑菇仍然是普天下共有的，和空气一样。这里泥土的颜色中没有英格兰常见的浓浓的巧克力色或赭色，这里的泥土是灰色的——戴森所说的"古老、苦涩的泥土"[6]。可是草却很柔软茂盛，且带着甘甜，还有那些农舍，都是平房，刷得白白的，房顶是蓝色的石板，点亮了整个风景。

尽管这些山不是很高，从山上往下看，视野却格外开阔丰富。站在东北角，陡峭的斜坡一直延伸到霍利伍德。你脚下是整个宽广的内伊湖。安特里姆海岸向北一个急转，消失在视线之外；相比之下，当郡有更多绿色，也不张扬，蜿蜒向南。夹在安特里姆和当郡之间的海湾汇入大海，若是个大晴天，定睛细看还能望见苏格兰，如幻影般陈于天际。再往南往西走，从父亲的房子

---

6. 引自雨果·戴森（Hugo V. D. Dyson, 1896—1975）与约翰·巴特（John Butt, 1906—1965）合著的《英国文学》（1940 年）。

能望见一座孤零零的农舍，从那里可以俯瞰我们整个地区，大家都叫它"牧童屋"，尽管我们的乡村没多少牧羊人。你沿着山肩走到这里，仍然面朝海湾，但是入海口和大海被山肩挡住了，你会感觉这就是一个内陆湖（眼前所见）。也是在这里，能看到那些深深烙进我心中的强烈对照——死人国[7]与仙宫[8]，英国与罗桂斯[9]，汉德拉米[10]与哈兰德拉[11]，空气与苍穹，俗世与理想国。在这里你最远能看到的是安特里姆山脉，可能就是绵延不变的一片灰蓝色，虽然如果天晴的话你也能辨认出凯弗山自下往上至三分之二高度的绿色斜坡，以及距山顶最后三分之一高度的垂直的悬崖。这是一大美景，而你所站之处是另一番截然不同的美景，甚至更惹人爱——阳光、青草、露水，打鸣的公鸡和嘎嘎叫的鸭子。这两片美景之间，你脚下平坦的山谷谷底，自雾蒙蒙的混沌中升起林立的工厂烟囱、起重台架和大吊车，那就是贝尔法斯特。不断有声音从那里传来，电车嘎嘎吱吱的尖

---

7. 死人国（Niflheim）：北欧神话中永远寒冷、黑暗、多雾的极北之地，是死于年老和疾病者的灵魂的聚集之处。

8. 仙宫：北欧神话中诸神的居所。

9. 罗桂斯（Logres）：亚瑟王传奇中对英格兰的称呼，是亚瑟王的领地。

10. 汉德拉米：路易斯空间三部曲第一部《沉寂的星球》里的古太阳系语，意为"峡谷、低地"。

11. 哈兰德拉：出处同上，意为"高地、山脉"。

叫声，大大小小的马车队的咔嗒声，凌驾于这一切之上的声音来自巨大的造船厂那无休止的搏动和呓语。可因为我们一辈子都在听着这些声音，并不觉得山顶的宁静遭到破坏；相反，这声音衬托出宁静，两相对照让彼此更丰富，让对立的存在更为尖锐。在脚下那片"迷雾与喧嚣"[12]之中，也有阿瑟深恶痛绝的办公室，他不如我幸运，第二天必须回办公室，只有他偶尔放假的时候我们才可能在某个工作日的早晨一起站在这里。那里还有赤脚的老妇人，跌跌撞撞进出"酒铺"（英语里好好的"酒吧"在爱尔兰成了可怕的"酒铺"）的醉汉，奋力向前、精疲力竭的马匹，以及满脸硬邦邦的有钱女人——阿尔贝里希[13]创造的全部世界都在那里，他一面诅咒爱，一面将金子扭曲成一枚戒指。

现在稍稍走几步——只要走过两块地、一条小路，再到较远那一边的河堤头上——向南望去，稍稍偏东，你就会看到一个不同的世界。看过之后，如果你还能指责我怎么成了一个浪漫主义者，那就尽管指责吧。因为这便是那条通往世界尽头之路，通往渴望之乡的路，完全无可抗拒，心灵在这里破碎，也在这里蒙恩。你眼前

---

12. "迷雾与喧嚣"是引用弥尔顿所著的假面剧《科摩斯》。

13. 阿尔贝里希：《尼伯龙根的指环》中的矮人国国王。

看到的也许可以叫作当郡平原，平原之外便是莫恩山脉。

　　第一个向我解释清楚当郡平原究竟是何模样的是K——考特斯表兄的二女儿，那位瓦尔基里[14]。想象当郡平原，你可以试试这个秘方。拿一堆中等大小的土豆，把它们放进一个平底的锡盆里（只铺一层）。再松松地往土豆上撒土，直到土豆被覆盖，但形状还在：土豆与土豆之间的缝隙自然成了洼地。现在把整个画面放大，直到那些缝隙大到可以容纳每一条小溪、每一丛树林。至于颜色，把棕色泥土变成色块交错的田野，永远是小块的田野（每块大约几英亩），各种庄稼地、草地、耕地。现在你眼前就是当郡"平原"，它能称为平原仅仅是因为假设你是巨人，你会认为它平坦，但走起来不太舒服——就像踩在鹅卵石上。接着，要记得每个农舍都是白色的。整片大地跟着这些小小的白点儿欢笑，这画面最像夏季的海面上拂过一阵新鲜的微风，撩起一簇簇白色的浪花尖儿。大路也是白色的，那时还没有柏油碎石路。又因为整个乡村是无数小山组成的混乱国度，这些大路通往什么方向的都有，时而消失，时而又在眼前。不过这片风景可别让英国的大太阳

14. 瓦尔基里：见第三章脚注9。

200

晒到，得再暗一些，再柔和一些，让白色积云的轮廓再模糊一些，带点水淋淋的微光，再厚重些，让一切显得虚虚实实。在这所有一切之外，在你视线的尽头，想象一下群山，它们如此遥远以至于显得奇幻而又突兀。这些山并非四散零落。它们陡峭、坚实，奇峰突起，怪石嶙峋。看起来这些远方的高山似乎与你脚下的山丘、农舍毫无干系。有时候它们是蓝色的，有时候又是紫色的；但又常常似乎是透明的——仿佛巨大的薄纱裁剪成高山的形状，挂在远方，好让你的目光可以穿越薄纱，望见隐于群山背后的大海的波光。

我父亲没有车，而我大多数朋友家都有车，有时他们会带上我兜趟风，我觉得这是一种幸运。这意味着走进那些遥远的景致并非不可实现的梦想，去到那里的次数刚好让我可以忆起它们，而平常又感觉那些地方像月亮一样遥不可及。我不能想去哪就去哪，而这种想去哪就去哪的能力恰恰很可怕。我是用人——双脚走路之人——的标准来测量距离，不是用怒吼的内置引擎的标准。我没有机会糟蹋距离的概念，作为回报，我获得了"无穷的宝藏"，而这些宝地对开车的人来说可能只是"小地方"。关于现代交通最真实也最可怕的主张就是"消灭空间"。现代交通消灭了空间。它消灭了我们被赠予的最美好的礼物之一。这是一种邪恶的通胀，令距离贬值，于是乎，一个生活在现代的男孩旅行了一百英里，可他对解放、朝圣和冒险的感觉却还不如他祖父曾经旅行十英里所感受到的。当然，如果一个人本就厌恶空间，愿意看到空间被消灭，那是另一回事。何不直接爬进棺材？那儿的空间足够小。

遇见阿瑟之前，令我欢喜的户外风光不外乎以上这些了，事实证明他也和我有着一样的喜好。而他对"朴实"的追求则教会我看到其他的东西。要不是阿瑟，我永远不会知道蔬菜——这些注定被扔进锅里的食材——也可以是美丽的。"菜地，"他那时常常会说，"平常的卷心菜菜地——还有比那更好的吗？"他是对的。他常常把我的目光从地平线拉回来，就为透过树篱上的洞去看一片晨光里孤零零的农田；去看一只灰猫，看它如何从谷仓的仓门底下挤身进去；或者看一个驼背的老妪背着空篮子走出猪圈，那满是皱纹的母亲的脸。但是我们最爱的莫过于看到"朴实"和"不朴实"的东西醒目地并列在一起：一块小小的菜圃，一方斜斜窄窄的沃土，周围却满是光秃秃的岩石和荆棘；又或者，西边是月光下颤巍巍的采石场水塘，东边是炊烟袅袅、灯火闪烁的农舍，一派晚间祥和的景象。

与此同时，欧洲大陆上，第一次与德国人的战争，那拙劣的杀戮正在继续。战事如此，而我也开始意识到这场杀戮可能会一直持续到我参军的年龄，于是我被迫做了一个决定，与我同龄的英格兰男孩们不需要做这个决定，这是因为法律；而在爱尔兰，我们没有强制征兵制度。即便是当时我也没有因为决定参军而自以为傲，但我确实觉得这个决定让我可以不再关注战争。阿瑟的心脏让他完全没希望参军，所以这对他来说不成为问题。于是，我就这样把战争搁到了一边，有人会认为这很可耻，有人会觉得难以置信，还有人会说这是逃避现实。我则坚持认为这是与现实达成的协议，把前线固定在某处。事实上，我是在对我的国家说："等到了那一天，我就是你的；在那之前，不行。如果需要，我会为你战死；但那一天到来之前，我要过我自己的生活。你可以拥有我的身体，但不能拥有我的大脑。我会去打仗，但我不会读打仗的新闻。"如果这一态度需要解释，我只能说一个在学校里非常不快乐的男孩不可避免不太会想将来的事，只消在假期稍微想想下个学期，他就会陷入绝望。而且，我体内的汉密尔顿总是时刻警惕着我体内的路易斯，我的自我折磨已经够多了。

　　毫无疑问，即便这种态度是对的，我如此轻易地采取这一态度还是由于我身上的某种特质，而这种特质多少让人有些反感。即便如此，我并不后悔，因为我避免了浪费时间和精力。如果阅读战争新闻，如果除了刻意

203

的正式谈话还要参与更多关于战争的交谈，那可就要浪费太多时间和精神了。有关战斗的消息在传到部队将领那里时已被加工过，等到这些消息从将领那里传出已是二次加工，之后再由记者们"报道"出来，早已面目全非。读这样的战争消息，既毫无军事知识的储备，手头也没有好的地图，一面还努力想弄清楚是怎么回事，结果第二天又会读到相反的说法，强烈的恐惧或希望全都建立在摇摆不定的根据之上，这真是大大用错了心智。即便是和平时期，我也觉得那些认为学生该读报纸的人士都是大错特错的。一个男孩十几岁时在报上读到的几乎所有东西，即便事实确然，对事实所做的强调和解释在他满二十岁之前也都会被证明是错的，而且大多数将会不再重要。因此，他就必须设法消除他所记得的大多数东西带给他的影响。他还有可能已经形成了对庸俗和轰动效应的无可救药的品位，以及从一段跳到另一段的习惯，就为了知道加利福尼亚的某个女演员离婚了，法国的一列火车出轨了，新西兰有人生了四胞胎。

这段时间的我比任何时候都更幸福。以往开学时的痛苦如今一去不返。而学期结束时还跟以前一样充满回家的欢乐。假期越来越美好。我们的成人朋友，尤其是我蒙特布莱肯的表姐们，如今感觉她们也没比我们大多少——因为在那个年龄，比我们稍大些的哥哥姐姐会倒生长或者逆生长，与我们越靠越近。有很多愉快的聚会，欢畅的谈话。我发现除了阿瑟之外还有别的人也喜欢我所喜欢的书。以前那些可怕的"社交活动"，就是舞会，已经不存在了，因为父亲现在允许我拒绝邀请。我所有的活动都轻松愉快，只在一个小圈子内，全是亲戚或老邻居，或是老同学（都是女同学），提起他们我得慎重。而蒙特布莱肯我不得不提，因为讲我自己的故事就不能不提那里，此外我就有些犹豫了。表扬自己的朋友无异于莽撞之举。我不可能在这跟您聊珍妮小姐或她的母亲，也不可能聊比尔夫妇。小说里对外省郊区居民的描述常常显得灰暗，我可没有这样的感觉。我倒觉得我们斯特兰德镇和贝尔蒙的居民很多都既善良又智慧，既美丽又有品位，不输任何我认识的同等规模的社群。

在家里，我和父亲之间貌似友好实则愈加疏离的关系仍在继续。每逢假期从科克那里回到家，我的思想和言论都更加条理清晰，这也使得我与父亲越来越无法进行任何真正的对话。那时的我实在太年轻太缺乏阅历，以至于根本无法感受事实的另一面，无法体会相对于科克的大脑，父亲的大脑有着旺盛的（即便也是模糊的）生命力，有着宽容和幽默，而科克的明晰洞彻却极其枯燥，甚至死气沉沉。出于青春期的残忍，我任由自己对

父亲身上的某些特质厌恶恼怒，而同样的特质放在其他
老人身上我却认为只是可爱的瑕疵。有太多无法逾越的
误解。有一次我收到哥哥的一封信，父亲也在场，他当
即要求看信。对于信中关于某个人的措辞他很是反感。
我反驳说这些话本来就不是写给他看的。"胡说八道!"
父亲回答道，"你哥哥知道你会给我看信的，也希望你把
信给我看。"事实上，我非常清楚哥哥恰恰是在愚蠢地赌
一把，赌他的信送到时父亲正好不在家。但是这一点父
亲是无法想象的。他并非凭借权威明知故犯地侵犯他人
隐私，他是完全无法理解有人会提出这样的隐私诉求。

　　我与父亲的关系能够帮助解释（我不是想要开脱）
我此生做过的最糟糕的事情之一。我让自己在完全不信
的状态下为参加坚信礼做准备，并且做了决志祷告，也
带着同样的不信参加了第一次圣餐仪式，扮演一个角
色，吃下喝下我自己的罪[15]。正如约翰逊所说，若失了
勇气，则其他的德性也难幸免，除非是意外。懦弱让我
变得虚伪，虚伪又让我堕入亵渎。当时的我不知道也不
可能知道我的所作所为的真实性质，这没错；但是我知
道我是在表演一个谎言，而且带着十二万分的严肃。那

---

15. 新约《哥林多前书》11：29："因为人吃喝，若不分辨是主的身体，就是吃
　　喝自己的罪了。"

时的我感觉把自己真实的想法告诉父亲是不可能的。倒不是说他会像传统的一本正经的家长那样暴跳如雷。相反，他的反应（在一开始）会带着极大的善意。"我们好好谈一谈吧"，他会这么说。但是把我真正的观点输入他的头脑中，则是不可能做到的。还没开始，线索就已经找不到了，各种旁征博引、逸事趣闻、深情回忆会将我淹没，而所有这一切所要暗示的那个答案正是当时的我最不屑一顾的——英王钦定本[16]有多么优美，基督教的传统、情感和特性又有多么优美。随着父亲这些努力的失败，我会仍然试图把我的观点说清楚，而我们之间则会开始彼此生气，他会开始咆哮，我则阴郁地喋喋不休。而这个话题一旦开始，就再也不可能放下。当然，所有这一切仍然应该试一试，而不是像我后来选择的那样。但是在当时，我就是感觉不可能。亚述人的元帅在临门庙屈身，还是得了宽恕[17]。而我则像很多人一样，在真神的殿堂里屈身，心里却把真神看作临门一般。

———————

16. 英王钦定本指英国国王詹姆斯一世于1611年颁行的圣经英语翻译版。

17. 旧约《列王纪下》第5章记载亚述人的元帅乃缦染上大麻风，受以色列先知以利沙指点在约旦河中沐浴七次而得洁净，他遂向以利沙表达了对以色列真神的信仰，并说："惟有一件事，愿耶和华饶恕你仆人：我主人进临门庙叩拜的时候，我用手搀他在临门庙，我也屈身。我在临门庙屈身的这事，愿耶和华饶恕我。"（王下5：18）临门是亚述人和巴比伦人崇拜的神，乃缦祈祷以色列的真神能够宽恕他在拜偶像的庙堂里行屈身礼。

周末和晚上的时间我都被紧紧拴在父亲身边，这对我是种煎熬，因为这些时间也是阿瑟通常最有空的时候。工作日的白天我继续享有属于我的一份孤独。当然，还有提姆给我做伴，我本来早该提到提姆了。提姆是我家的狗。它也许是爱尔兰㹴犬中长寿记录的保持者，我还在老鬼学校读书的时候提姆就在家了，而它直到1922年才去世。不过提姆也没怎么陪伴我。我和它早就达成了共识，它还是不要陪我散步为好。我走得很远，而它不喜欢走那么远，因为它的身材早就像是四条腿上架着一个靠枕，或圆桶。而且我会去的一些地方可能会遇到别的狗，可提姆尽管不是懦夫（我见过它在自家地盘上与别的狗恶战），它却讨厌狗。在它还会出去散步的时候，大家都知道它老远看到狗就会立即钻到树篱后面不见踪影，然后在一百码开外的地方重新现身。我们还上学的时候它的性格已经形成了，它对其他狗的态度很可能是学了我们对其他男孩的态度。后来我和提姆之间不再像主人和狗，倒更像住同一间旅店的两位友好的客人。我们常常见面，一起度过白天，然后礼貌地告别，各干各的事儿。我觉得它有一个同类朋友，是隔壁人家一只红色的赛特犬，颇体面的中年狗。这也许对它有好的影响，因为可怜的提姆，虽说我爱它，但它确实是一只最没规矩、最一事无成、最自暴自弃的四条腿

208

生物。它从来不会真的听命于你，只不过有时候同意你的观点而已。

我在空屋子里度过了一个又一个小时，不是阅读就是写作，身心愉悦。我已经读了一半的浪漫主义作品了。那段时间我心里还有着谦卑（作为读者），以后再也不会有了。有一些诗歌我欣赏起来感觉不如另一些。我从没想过这些有可能是次等作品，我只是觉得我已经开始厌倦这个作者了，或者阅读状态不佳。我把《恩底弥翁》[18] 的乏味完全归罪于自己。我努力去喜欢济慈作品中的感官性，所谓"让人心醉神迷"的成分（比如情圣波菲罗昏厥的时候），但是没能成功。我觉得——尽管我忘了为什么——雪莱肯定比济慈好，也因为不能同样喜欢济慈而感到内疚。不过那段时间我最喜欢的作者还是威廉·莫里斯。我最初接触莫里斯是在关于北欧神话的书里，其中有对他的引用，这些引用促使我读了《福尔松族的西古尔德》[19]。我不是很喜欢这部作品，虽然努力去喜欢，我想我现在知道是为什么了：我的耳朵不喜欢这首诗的格律。但是后来，我在阿瑟的书橱里发现了《世界尽头的那口井》。我看了一眼——读了章节

---

18.《恩底弥翁》：济慈的一首诗，基于希腊神话中恩底弥翁的故事。恩底弥翁是个年轻的牧羊人，为月亮女神塞勒涅所爱。

19.《福尔松族的西古尔德》：莫里斯的一首著名长诗。

的题目——翻了几页——第二天就去镇上给自己买了一本。这本书和那么多新书一样，多多少少是一个旧主题的复兴——我童年早期的"穿盔甲的骑士们"又回来了。那以后我把能找到的莫里斯读了个遍，《伊阿宋》，《地上乐园》，散文体浪漫作品。这一新的爱好不断增长，直到我突然意识到，**威廉·莫里斯**这几个字正在生长出如**瓦格纳**一样强烈的魔力，这一发现几乎让我有种背叛的感觉。

阿瑟还教会我另一件事，就是爱护书本本身。我对书本一直保有尊敬。我和哥哥可以无所顾忌地把梯子砍成一截一截，但是在书上留下指印，或者折角，会让我们无地自容。然而阿瑟对书本不光是尊敬，他是深深地迷恋；很快，我也和他一样了。书页的装帧，纸面的感觉和气味，翻动书页时不同材质纸张会发出的不同声音，全都成了感官的愉悦。这让我意识到科克身上的一个缺点。多少次他用他那双园丁的手一把拿起我的一本崭新的经典名著，把书的硬版封面弯折得咯吱作响，每一页上都会留下他的痕迹，这让我不寒而栗。

"是的，我记得，"父亲说，"那还真是老科克的一个缺点。"

"一个坏缺点"，我说。

"难以原谅的缺点"，父亲说道。

# - 第 11 章 -

## 将!

否极泰来。

——《奥丁戈爵士》[1]

---

1.《奥丁戈爵士》：一个古老的中世纪传说。故事主要讲一
　位骑士，奥丁戈爵士，因为被他心仪的贵妇人拒绝，便
　向她的丈夫毁谤她的名誉。夫人一怒之下，要以一场决
　斗恢复名誉，但是却没有其他骑士愿意为她挺身而出，
　于是她的一个侍女周游全国寻找愿意为夫人与奥丁戈爵
　士决斗的人。她并没有找到骑士，却遇见一位男孩，告
　诉她"天必佑你的主人"。决斗当天，男孩果然出现，
　并且打败了奥丁戈爵士，爵士临死前向牧师忏悔了自己
　的罪孽。此处引用的就是男孩对侍女所说的话中的一
　句："当一切都变得最坏时，救援、帮助也就快出现
　了。"全诗是中世纪的古英语，这里用了一句意思非常
　相近的汉语成语来翻译。

几章前曾谈到"喜悦"如何乘着瓦格纳音乐、北欧和凯尔特神话的巨浪再次向我袭来，眼下有必要谈谈喜悦在我生命中发展的新情况了。

我早已暗示过我对瓦尔哈拉殿堂和瓦尔基里的最初热爱开始不知不觉转化为学者的兴趣。一个完全不懂古日耳曼语的男孩能够达到的最高高度我基本达到了。关于这个主题出一张颇有难度的考卷，我也可以应付自如。不少冒失的家伙分不清后期的神话萨迦和古典萨迦，或者《诗体埃达》和《散文埃达》，更有甚者，把埃达和萨迦混为一谈，难免叫我耻笑。我熟悉埃达的世界，知道"大白蜡树"[2]的每一条根须伸向何方，又是谁在这些树根上跳上蹿下。渐渐地，我终于意识到这一切同最初的"喜悦"完全是两回事。而我继续一个细节一个细节地累加着，向着"知至多，乐至少"[3]的时刻前进。最终，我置身自己建造的庙堂，发现神已经逃走了，我醒了过来。当然，那时的我不会这样说。我只会说，原来的兴奋感没有了。我处于华兹华斯式的困境，

---

2. "大白蜡树"：北欧神话中的"世界之树"，也称乾坤树，根深叶茂，接天入地，连接天、地、黄泉为一体。有些现代研究指出乾坤树最初原型可能是紫衫而非大白蜡树。

3. "知至多，乐至少"：引自英国诗人勃朗宁的长诗《克里昂》（1855 年）。

悲叹着"光辉荣耀"[4]已逝。

于是乎便生出了要重拾旧日激情的不幸决定，而最终，那一刻来临了，我被迫意识到所有这样的努力都失败了。我没有让那只鸟儿感兴趣的诱饵。请注意我的盲目。在那个时刻，我记起了某地某时——我曾经如此完整地品尝过如今已无处可觅的"喜悦"的滋味。那是一次在山里的漫步，在一个白雾弥漫的清晨。父亲送我的圣诞礼物刚刚寄到，是《尼伯龙根的指环》剩下的两册（《莱茵的黄金》和《女武神》），我心里想着接下来可以读的书，置身于山腰上的清冷和孤独之中，每一根树枝上的水珠，视线之外的小镇传来的遥远的咕哝声，这一切令我的大脑中升起一种渴望（也是渴望的果实），它流淌而出，似乎卷裹了我的全身。我现在记起了那次散步。我感觉彼时我已然尝到了天堂的滋味。但愿这样的时刻能够重来一次！但是我始终没有意识到，这个时刻确实重来过了——对于那次散步的回忆本身就是一次同样性质的新的经历。没错，这是渴望，不是拥有。但是，当时我在散步时所感受到的也是渴望，仅仅是在以下的意义上可以称为拥有：那种渴望本身值得渴望，是我们在这世上能感受到的

---

4. "光辉荣耀"：引自华兹华斯《颂诗：忆童年而悟不朽》（1807 年）。

最完整的拥有。或者不如这样说，因为"喜悦"的本质使得我们对于"拥有"和"想有"的一般区别变得毫无意义。在喜悦面前，有就是想，想就是有。因此，当我渴望再次感受灵魂刺痛的时刻，这种渴望本身就是又一次的刺痛。曾经停驻在瓦尔哈拉殿堂之上的"被渴望者"，如今停驻在我自己过往生命中的某一时刻。身为偶像崇拜者和形式主义者的我不愿意认出他来，我坚持认为他应该出现在我为他建造的庙宇之中，却不知道他只在乎庙堂建造的过程，对于已经建成的庙堂从来不屑一顾。我想，华兹华斯一辈子都没能走出这个错误。《序曲》通篇充满了幻象消失的失落感，而我敢肯定这种失落感本身就是一种同样类型的幻象，但凡他愿意相信。

在我的思想体系中，把我所犯的错误跟那几个坟墓旁的妇女所犯的错误做个比较算不上渎神，天使是这样斥责妇女的："为什么在死人中找活人呢？他不在这里，已经复活了。"[5] 诚然，比较的对象一为某个无限的时刻，一为某件微不足道的事，就像拿太阳跟一滴露珠折射出的阳光做比较。但在我看来，两者确实有

---

5. 出自《路加福音》24：5—6。这是耶稣被钉十字架后的第三天，跟随耶稣的妇女们来到他的坟墓，准备用香料膏耶稣的身体，墓中却空无一人，正在她们疑虑不定时，出现两位天使，对她们说了路易斯引用的这两句话。

得一比，因为我认为那段基督徒的经历和纯属想象的经历之间非常相似，而这种相似并非偶然。我认为所有的事物都以各自的方式折射着天地之真理，想象力也是其中之一。"折射"是个关键词。低级的想象力不是*高级的精神生活的发端，也不是向后者迈出的一步，而仅仅是一个意象。至少我的想象力既不包含信仰，也不包含道德元素，无论在想象力的道路上走多远，我既不会变得更智慧，也不会成为更好的人。然而，无论相去多远，想象力仍然拥有它所折射的事实的轮廓。

即便这种相似哪里都看不出，至少也在以下这个事实中可见一斑：我们在两个层面上都能犯下完全同样的错误。您可还记得，我上小学时曾经因为一种可怕的主观主义毁了自己的宗教生活，这种主观主义将"领悟"变成祈祷的目标：不再面向上帝，而是去追寻心境，并企图"靠技巧"实现这些心境。而如今，带着难以置信的愚蠢，我在我的想象生活中继续犯下一模一样的大错，或者不如说是同样的一对大错。当我抱怨说"往日的兴奋"变得越来越少时，我犯了第一个错。因为这样

---

* 意即并非必然如此，或者本性并非如此。上帝完全可以让想象力成为精神生活的发端。

的抱怨其实是偷换来一个假设，即我想要的就是"兴奋"，是一种心境。而致命的错误就在这里。只有当全部的注意力都集中在某样东西之上——无论是远方的群山，还是旧日时光，还是仙宫里的诸神——"兴奋"才会产生。兴奋是副产品。兴奋存在的先决条件是：渴望的对象并非兴奋，而是其他外在的东西。如果借助任何变态的苦行或者用什么药就能让人的体内产生兴奋，我们立刻会觉得这种兴奋一钱不值。把对象拿走，那么，还剩下什么呢？——纷乱的画面，隔膜处的颤动，一时的心不在焉。谁会要这些东西呢？要我说，这就是第一个致命的错误，生活的每个层面都会出现的错误，不管出现在哪里结果都是致命的：把宗教变成自我安慰的奢侈享受，把爱变成自我意淫。第二个错误是，既然已经把这样一种心境错当成目标，便企图制造这一心境。北欧神话的魅力开始消退，对此我本该得出这样的结论：我的目标、我所渴望的，离我甚远，神话体系相对而言是一个公开的、外在的事物，与之相比，我的目标更为外在，也更为客观——事实上，我所渴望的只是透过神话体系得以显现。然而，我当时得出的结论却是：我所渴望的是我自己体内的一种心情或状态，在任何场景中都可能出现。"再拥有一次"，我乐此不疲，每读一首诗，每听一段音乐，每散一次步，我都警觉地守望着自己的大脑，看看那个幸运的时刻是否已经开始，若果如此，我便要努力再次拥有它。由于我仍然年轻，美的世界仍不断展现在我面前，所以我自己的强制干预常常被推到一边，我常常因讶异而忘我，便再次品尝到"喜悦"。但是，更多的时候，因为我迫不及待要抓住喜悦，喜悦反被我的贪婪吓跑。即便它真的来了，也会被我的自省瞬间破坏，而且每一次，我对它本质的错误认定都将它庸俗化了。

不过，我还是明白了一件事，这使我免于成为众多流行论调的牺牲品。我凭着经验意识到，这种渴望的本质并非性欲。若有人觉得只要给青春期少年都配上合适的女伴，便不会再听到任何"对不朽的渴想"，这肯定是无稽之谈。我意识到这是一个错误，原因很简单，虽然有些丢人，因为我一而再再而三犯下这个错误。一个人不可能从北欧神话轻易地滑进性幻想而分辨不出两者的区别，然而当莫里斯的世界变成"喜悦"的媒介，这一过渡就成为可能了。你会很容易觉得对那些森林的渴望是因为其中的女性居民，对金星花园[6]的向往是因为

---

6. 金星花园：这个花园一般被认为是位于西方的极乐园，因其中结了金苹果而常译作"金苹果花园"。花园里住着一群美丽的仙女，她们共同的名字是赫斯珀里德斯，意为金星之女。

金星的女儿们，喜爱许拉斯之河[7]则是因为水泽仙女们。我一再沿着这条道路前行——直到终点。在终点处你找到的是快感，随即便发现，快感（无论是这种还是其他任何形式的快感）并不是你在寻找的东西。这里不涉及任何道德问题，当时的我可以说要有多超道德，就有多超道德。苦恼也并不在于所发现的快感是"低等"而非"高等"快感。糟糕就糟糕在，眼前的结局离题十万八千里。猎狗们的线索变了，抓住的猎物不是你想要的。性快感之于我所说的渴望，就好比羊排之于一个快渴死的人。面对终点处的性快感，我并没有为了洁身自好而恐慌地拒绝："不要这个!"我的感受不妨这样描述："还可以。我懂了。只是，我们是不是有点跑题了?""喜悦"并非性的替代品，性倒常常是"喜悦"的替代品。有时候，我怀疑所有的快感也许都只是"喜悦"的替代品。

那么，我想象力层面的生活就是这样了;与之相对的，是我的智力生活。我大脑的这两大半球形成尖锐的对比。一方面，是布满岛屿的诗歌神话的海洋;另一方面，却是油嘴滑舌、肤浅的"理性主义"。几乎所有我

---

7. 许拉斯之河：许拉斯是希腊神话里的一位美少男，是大英雄赫拉克勒斯宠爱的男童，他在山中清泉边打水，水中的仙女被他的美丽吸引，纷纷围拢过来。

热爱的东西，我都深信是出自想象；而几乎所有我认为是真实的东西，我又觉得讨厌、毫无意义。例外的是一些人（我既爱着他们，也相信他们是真实的），还有大自然本身，但那是就感官所感受到的大自然而言。我没完没了地咀嚼着这样一个问题："它怎么可以如此美丽，又如此残忍、浪费、一无用处？"因而，当时的我几乎可以附和桑塔亚纳[8]道："凡是善的，皆为想象；凡是真的，皆为邪恶。"某种意义上，唯有"逃离现实"是可以想象的。我如此远离不切实际的愿望，以至于除非恰恰与我的愿望相悖，我几乎不会觉得任何事是真实的。

　　几乎，但不完全如此。因为世界在某种意义上仍然满足了我的愿望，这是科克的理性主义教会我的看事物的角度。现实也许是狰狞的、死气沉沉的，但是至少没有了基督教上帝的管束。为什么在我看来这是件了不得的大好事，有些人（不是所有人）会觉得难以理解。但是，您得考虑我的历史，以及我的性格。我在老鬼学校里度过的有信仰的那段日子有太多恐惧。等我回过头去看那恐惧，又受了萧伯纳、伏尔泰以及卢克莱修和他的"宗教恶"[9]的怂恿，我便在记忆中夸大了害怕的元素，

---

8. 桑塔亚纳（George Santayana, 1863—1952）：西班牙哲学家、文学家、批判实在论代表之一。

9. "宗教恶"：卢克莱修的原话为"多少恶行假宗教之名"，出自他的《物性论》。

却忘了还有其他很多与之并存的元素。只要那些被满月点亮的宿舍之夜不再重来，我可以不惜一切代价。您也许还记得，我也是个负面需求远大于正面需求的人，逃离痛苦远比获得幸福更让我孜孜以求，未经我同意就把我创造出来，这足以令我义愤填膺。对这样一个胆小鬼来说，唯物论者的宇宙具有无比强大的吸引力，因为它加给你的债务是有限的。在这样一个世界里，没有什么严格意义上的无限灾难会临到你头上。死亡将结束一切。即便有限的灾难让人感觉难以忍受，自杀也总是可能的。基督教世界的可怕之处就在于不存在一扇标有**出口**二字的门。而基督教外在的表现形式不能在我心里唤起美感，这可能也不失为一个重要因素。东正教的意象和形式很大程度上令我反感，至于剩下的部分，基督教对我来说，主要是和丑陋的建筑、难听的音乐，以及糟糕的诗歌联系在一起的。在我的经历中，威尔文隐修院和弥尔顿的诗句几乎是基督教与美仅有的交汇点。不过，当然，最重要的还是我对权威的深恶痛绝、我的极端个人主义，以及我的目无法纪。在我的词汇表中，没有哪个词比**干涉**更能表达强烈的憎恶。而基督教的中心恰恰摆着一个在当时的我看来是超验的干涉者。如果这样的画面是真实的，那么任何一种"与实在（reality）达成的协议"都是不可能的。无论哪个领域，甚至在灵魂深处（尤其是此处），你都不能围起一道带刺的铁丝网，竖一块上书"禁止入内"的警戒牌。而那恰恰是我想要的，就只一件事，无论多么微不足道：我可以宣告，"这是我的事，我一个人的事。"

在这一点上，一开始也只在这一点上，我可能是有愿望的，其实是肯定有的。唯物论世界观如果不是满足了我至少一个愿望，我也不会觉得它的可能性那么大。但是，完全从人（即便是一个男孩）的愿望的角度来解释他的思想，这样做也存在一个困难，即在这样的大问题上，人的愿望常常具有两面性。一个正常大脑所能接受的世界观，必然会满足这个大脑的某些愿望，同时也让另一些愿望落空。唯物论者的宇宙，对我有着巨大的、负价值的吸引。舍此无他。但另一点我也得接受，我不得不看着一堆原子乱舞（我那时正在读卢克莱修，您该记得），意识到所有表象的美都是一道主观的磷光，然后把所有我珍视的东西都降格到幻影的世界。这个代价我也乖乖付了，因为我从科克那里学了点智力的荣誉感，明白反复无常是可耻的。当然，带着年轻且庸俗的骄傲，我还会因自以为获得了启蒙而欢欣鼓舞。跟阿瑟辩论的时候，我就是个虚张声势的小流氓。现在看来，那时的我几乎是难以置信的粗俗和愚蠢。我处于这样一种男孩的心理，自以为管上帝叫"耶和华"、管耶稣叫

"约书亚"[10]是极能说明问题的。

　　此刻回首我的人生，我惊讶于自己没有再进一步，一脚踏入与基督教针锋相对的那种正统——我竟然没有变成一个左派，一个无神论者，我们都非常熟悉的那一类惯于讥讽的知识分子。所有条件似乎都已具备。我恨我的学校。我恨所有我知道的或者想象出来的大英帝国的东西。而且，尽管我对莫里斯的社会主义观点很少关注（他作品中有太多其他东西是我更感兴趣的），我一直在读萧伯纳，结果就是我当时的一些萌芽状态的政治观点多少有点社会主义的倾向。罗斯金也有推波助澜的作用。我对感伤主义的终生恐惧本足以使我成为一个积

---

10. 耶和华是"Jehovah"的音译，这个词来源于希伯来文"YHWH"。在旧约中，耶和华是上帝的名字，就像人有自己的名字一样。而"上帝"，或者"神"，这个专有名词在希伯来文中对应的是"以罗欣"（Elohim）。以色列民族认为上帝的名字太过神圣，直呼其名是一种亵渎，所以耶和华在希伯来文中是唯一一个没有元音的词，拼作 YHWH，后来在圣经中根据并不确定的发音补了元音，拼作 Yahweh，或者 Jahveh，再后来演变为英语中的 Jehovah，即中文翻译为"耶和华"的对应词。而"约书亚"是以色列人常用的一个名字，在希伯来文中拼作 Yeshua，本意为"上帝是帮助"，这也是耶稣出生时他父母给他起的名字。后来耶稣的特殊地位使得他的本名脱离了"约书亚"的拼法，变成了我们熟悉的"Jesus"，中文译作"耶稣"其实是根据其希伯来发音的音译，而不是英语中的发音。而"约书亚"作为一个普通名字也保留下来，进入英语后拼作 Joshua。年少时的路易斯自作聪明，认为把耶稣叫作"约书亚"是强调耶稣只是和所有人一样的普通人，因为这就是耶稣出生时父母给他的名字。而把上帝叫作"耶和华"则是强调那才是上帝的名字，以示上帝与耶稣的区别。

极的"揭发者"。我对集体主义的厌恶绝不输给任何人对他最厌恶之物的厌恶,但是当时我肯定没有认识到集体主义与社会主义有何关联。一旦跟那些正统的知识分子面对面,我想我的浪漫主义也注定了我们会分道扬镳;而且,我对未来和共同行动如此不抱乐观态度,要让这样一个大脑想到革命,恐怕难上加难。

这便是当时的我:除了众神和英雄、赫斯珀里德斯的花园、兰斯洛特和圣杯,什么都不在乎;除了原子、进化论和兵役,什么都不相信。有时候会感到很累,但我想这种压力还算健康。在布克汉姆的最后那段时间里,我的唯物论"信仰"(姑且称之)开始出现间歇性的摇摆,我不觉得这种摇摆仅仅出于我自己的意愿。它另有源头。

当时我阅读的所有诗人中(我读了全本的《仙后》和《尘世天堂》[11]),有一位与众不同,这位诗人就是叶芝。我是读了他很长一段时间以后才发现他的不同,如果不是也读了他的散文,比如《神秘的玫瑰》《在月亮友善的寂静中》,也许我永远不会发现。这种不同就是,叶芝相信。他笔下那些"长生者"不仅仅是虚构的或者他所渴望的,他是真的认为存在那样一个世界,其中的

---

11.《尘世天堂》:莫里斯的一部诗集,是他的代表作,也译作《地上乐园》。

生物多多少少就像他笔下描述的，而那个世界与我们的世界发生沟通也是可能的。说得再明白些，他真的相信"魔法"。他后来的诗人身份使公众忽略了他的这一面，但事实无可争议——几年后我遇到他时肯定了这一点。这可真是伤脑筋的事。您知道我的理性主义必然是建立在我认为是科学发现的基础之上，又因为我不是科学家，我只能盲目接受这些发现——事实上就是相信权威说了算。那么，现在又出现了一个反面权威。如果叶芝是个基督徒，我会对他的证词不屑一顾，因为我认为我已经给基督徒们"定性"了，一劳永逸地处理掉了。可是我现在却发现，还有一些人，他们不是传统意义上的正统人士，却同样把整个唯物论哲学拒之门外。而那时的我仍然是很天真的。我完全没想过这世上有过多少胡言乱语是被写成文字，又印刷成册的。我认为叶芝是一位博学的、有责任心的作家，他说的话肯定值得思考。叶芝之后，我又一头扎进了梅特林克[12]，非常天真，也非常自然，因为当时所有人都在读他，也因为我打定主意要多加点法语大餐。在梅特林克的书里，我遇到了唯灵论、神智学以及泛神论。又一个有责任心的成人（非

---

12. 梅特林克（Maurice Maeterlinck, 1862—1949）：比利时法语诗人和剧作家，象征派戏剧的代表作家，1911年诺贝尔文学奖得主。

基督徒），相信在物质世界的背后或之外，还存在着另一个世界。我得为自己说句公道话，我并不是无条件地全盘接受。但是一滴让人不安的疑惑落进了我的唯物论。那仅仅是一个"也许"。也许（哦，多大的喜悦!），毕竟还是存在着"什么东西"的；而且（哦，多大的宽慰!），也许这跟基督教神学毫无关系。一旦我在那个"也许"上驻足，所有神秘主义的玩意儿，所有夏朵时代那位舍监小姐无意间在我心中唤醒的东西，都从过去探出头来。

这下事情有点一发不可收拾了。目前为止我大脑中泾渭分明的两件事竟然撞到一起了：想象中对"喜悦"的渴望，或者不如说，渴望**即为**"喜悦"的那个东西；以及对神秘主义，所谓"超自然"的贪婪的、半性欲性质的渴望。随之而来的是某种不安（不再是让人愉快的），某种我们都还是婴儿时就知道的古老的恐惧，成年之后依然挥之不去（如果我们肯承认的话）。大脑中也存在某种引力，好的吸引好的，坏的吸引坏的。这一厌恶与渴望的混合体把我体内所有不好的东西都吸引过去了。如果神秘主义知识确实存在，那么它也只属于少数人，而且被大多数人嗤之以鼻，这个想法本身也成为一种诱惑，您应该记得，我对"我们几个"这个词的感情是很深的。获得这种知识的方式是"魔法"——世界上最精致的反传统之物，无论是按基督教还是理性主义的标准——当然也吸引着我体内的那个反叛者。我对于浪漫主义中堕落的部分早已很熟悉，我已经读过《安娜克托利亚》[13]，也读了王尔德，钻研过比亚兹莱[14]，还不至于被吸引，但也没做任何道德判断。对此，我现在可以说是明白了。一句话，您在我的人生故事里已经看到了"世俗"和"肉欲"，眼下，"魔鬼"出场了。要是当时我家附近哪个年长的邻居搞点什么妖魔鬼怪的东西（他又善于发掘新信徒），我现在可能已经是个撒但崇拜者或者躁狂症患者了。

　　事实上，我被保护得很好，这一精神放纵最终还有个不错的结局。首先，是我的无知和无能保护了我。不管"魔法"是真是假，我反正也找不到能给我启蒙的老师。我的懦弱同样保护了我，只要天还亮着，被唤醒的童年时代的恐惧还会给我的贪婪好奇添油加醋。但要是天黑了，剩我一人独处，我就会使出浑身解数再次变身为严格的唯物论者，不是每次都能成功。一个"也许"

---

13. 《安娜克托利亚》：公元前 6 世纪古希腊女诗人萨福（Sappho，约公元前 630 或前 612—约公元前 592 或前 560）的诗作。

14. 比亚兹莱（Aubrey Beardsley, 1872—1898）：英国插图画家，画风受新艺术曲线风格和日本木刻粗犷特点的影响，代表作有王尔德剧本《莎乐美》的插图。

就足以让我神经紧张。但是最大的保护来自我所知道的
"喜悦"的本质。我贪婪地想打破边界，撕开帷幕，走
进被揭开的秘密，可是越沉溺于这一渴望，我也就越清
楚意识到它跟我对"喜悦"的渴望是不一样的。出卖它
的是它的粗俗的强烈程度。慢慢地，虽然也有反复，我
还是意识到，魔法之于"喜悦"就像性欲一样，是毫不
相干的。线索再次改变。如果通过一堆圆圈和五边形，
还有代表上帝的四字母词[15]，真的可以呼唤（或看似呼
唤）某个神灵，那也许是件极其有趣的事——只要你的
神经足够强大。但是，你真正渴望的东西仍然没有获
得，真正的渴望会这样问你："这跟我有什么关系呢？"

我喜欢经历，是因为经历如此诚实。你可以无数次
拐错弯，但是，只要你睁着眼睛，不用走太远就一定会
看到警示牌。你可以自欺欺人，但是经历不会欺骗你。
不管你在哪里试探宇宙，只要你是公正的，宇宙的反馈
就是真实的。

我窥视那个黑屋的其他结果罗列如下。首先，我有
了新动机希望唯物论是真的，同时我也就不再那么肯定
它是真的了。不说您也猜得到，这个新动机的源头是那
些恐惧，它们本来昏睡于我童年的记忆之中，却被我自

---

15. 代表上帝的四字母词：即 YHWH，亦作 JHVH。参见本章脚注 10。

己轻率地叫醒了，像个真正的路易斯家的人那样，非要弄巧成拙才肯罢休。任何一个怕鬼的人都有理由成为唯物论者，把妖魔鬼怪都赶走是唯物论信条所保证的。至于我已经动摇的自信，仍然是以"也许"的形式存在，不再是直接的、粗俗的魔法"效果"——一种让人愉快的可能性，宇宙也许就是舒适的唯物论，再时不时地加一点儿……加一点儿我也不知道是什么的东西；某个地方，远处的什么东西，"难以想象的孤独思绪的居所"[16]。这非常糟糕。我开始试图两样都要：唯物论和唯灵哲学让人舒服的东西我都要，但是其他让人难受的东西我都不要。不过第二个结果更好些。我对所有神秘主义和神神叨叨的东西都有了一种健康的反感，等到我进了牛津，再遇到各种魔法师、唯灵论者，诸如此类的人，这种反感就颇有益处了。倒不是说，我再也不会被那种贪婪的欲望所诱惑，而是说，我现在已经知道那是一种诱惑。最重要的是，我现在知道了那不是"喜悦"所指的方向。

这整个时期的收获不妨这样总结：自此以后，"肉欲"和"魔鬼"虽然仍然可以诱惑我，但是它们提供的贿赂已经不可能入我的眼了。我已经知道它们并没有本

---

16. "难以想象的孤独思绪的居所"：引自济慈的诗《恩底弥翁》。

事满足我。而"世俗"更是提也不用提了。

　　接着，感恩的是，除此之外又发生了一件事，我不止一次在别的书里也试着描述过。我那时有个习惯，大约每周一次步行到莱泽海德，有时候会坐火车回来。夏天，我去那里主要是因为莱泽海德有个小小的泳池，对于记事前就已经学会游泳、一进到水中就兴奋不已的我来说，这泳池虽小，也聊胜于无了。步入中年后，我因风湿缠身只能放弃游泳。不过，冬天我也会去那里，去找书，再理个发。我现在要说的那个傍晚是在 10 月。莱泽海德车站很长的木头站台上只有我和一个列车员。天色渐暗，发动机冒出的烟的下方在火炉的映衬下显出亮红色。杜金鸡谷另一边的群山是蓝色的，蓝得那么深，几乎呈紫色，而天空则绿绿的，带着霜气。我耳朵冻得生疼。周末就在眼前，又能尽情读书了。我转身在书报亭拿起一本护封脏脏的"人人"版的《幻境》，乔治·麦克唐纳[17] 著。这时，火车进站了。我现在都还记得那个列车员报站名的声音，撒克逊口音，如甘甜的果仁——"布克汉姆—艾封汉姆—赫斯里线。"那个晚上，我开始读我的新书。

---

17. 麦克唐纳（George MacDonald, 1824—1905）：英国小说家、诗人、基督教寓言作家，原为牧师，尤以写童话著称。《幻境》是其代表作之一，下文的"安诺德"是该书主人公。

故事中的林地旅行、鬼魅般的敌人、亦善亦恶的女人，这些都与我习惯的意象非常接近，于是我不知不觉往下读着，却没注意到转变的发生。那感觉仿佛我在睡梦中被抬到了另一个国家，又好像我已经在旧国度里死了，怎么也想不起是如何来到新国度里生活的。因为，在某种意义上，新国度与旧国度几乎一模一样。我在新国度遇到的是早就吸引过我的东西，在马洛礼、斯宾塞、莫里斯和叶芝那里都能找到的东西。但是，在另一种意义上，一切都改变了。安诺德的旅行所具备的那个新特质、那个明亮的阴影，该叫它什么，我那时还不知道（用了很长时间我才明白）。现在我知道了，那是"圣洁"。第一次，女妖们的歌声听起来像是我母亲或我奶妈的声音。这是外婆的故事，喜欢这样的故事没什么好骄傲的。就好像那个曾经在世界尽头呼唤我的声音，如今它就在我身边说着话。它跟我在同一间屋子里，或者就在我自己的身体里，在我的身后。如果我以前错过它是因为太远，我现在抓不住它却是因为太近——近得无法看清楚，简单得无法理解，就在知识的这一边。它仿佛一直都跟我在一起，但凡我脑袋能转得再快一点，我就能一把抓住它。如今，我第一次觉得抓不住它并非因为有什么是我不能做的，而是因为有些事我无法停下不做。但愿我能就此罢手，放开手，让自己重新来过，那么它就在那里。与此同时，在这个新国度里，所有我追求"喜悦"时遇到的困惑全都不攻自破了。故事中的场景与场景之上的光亮，这两者之间不再有混淆的危险，我也不再假设这些场景是作为现实来描述的，或者梦想它们成为现实，我就能到达安诺德走过的树林，从而离我的渴望更近一步。然而同时，故事中吹来的"喜悦"之风与这个故事本身也是最难以分割的，胜过所有其他故事。当真神与其副本几乎合而为一时，也最不用担心有混淆二者的危险。因此，当那些伟大的时刻到来时，我并没有从我读到的那些树林和木屋边跑走，去寻找在它们之上的无形的光亮。但是渐渐地，不断继续地（就像早晨的阳光透过薄雾），我找到了照亮那些树林和木屋的光，然后，这光也照亮了我自己过去的生命，照亮了我学习的那间安静的屋子，还有我年长的老师，他正一面读着他的塔西佗，一面频频点头。这时，我也意识到，虽然这个新国度的清新空气使我所有色情和魔法的变态欲望都显得肮脏不堪，可它对桌子上的面包，或壁炉里的煤炭，却没有同样的作用。这是神奇所在。到那时为止，每一次"喜悦"的体验都会让现实世界一时间形同沙漠——"第一次碰到大地，他几乎丧命。"[18] 即

---

18. "第一次碰到大地，他几乎丧命"：引自济慈的诗《恩底弥翁》。

便我幻想的是真的云或树，也仅仅因为云和树会让我想起另一个世界，我一点都不喜欢回到我们的世界。可是现在，我看到那个明亮的光影从书中升起，进入真实的世界，停留在这里，改变了所有普通的事物，而它自己丝毫不变。或者更确切地说，是我看到普通的事物被吸进那个光影。"这是从哪里得的呢?"[19] 那时的我举止可耻、心智无知到无以复加，可所有这一切却被赠予我，没有问过我，甚至也不需要我的同意。那个晚上，在某种意义上，我的想象力经历了洗礼；自然，又过了很久，我全人才接受洗礼。我完全不知道，买下这本《幻境》对我来说意味着什么。

---

19. "这是从哪里得的呢?"：引自新约《路加福音》1：43，"我主的母到我这里来，这是从哪里得的呢?"这是施洗者约翰的母亲伊利莎白见到怀孕的圣母马利亚时所说的话，那时伊利莎白自己腹中怀着约翰。路易斯引用这句话表达他对于这段神奇经历的庆幸。

# - 第 12 章 -

## 枪炮和战友

与这么多高贵、年轻、积极的人做伴，愉快；自由的谈话，毫不做作；不拘小节的男子气的生活方式，畅快。[1]

——蒙田

旧日的模式开始重演。在布克汉姆的生活像一个悠长、灿烂的假期，现在已近尾声。接下来是奖学金考试，之后便是军队，就像又一个讨厌的学期在逼近。那段好日子的最后几个月是最幸福的时光。尤

---

1. 此段引文选自蒙田的散文，路易斯引用的是经由他删节的法语原文。

其难忘的是在多尼戈尔游泳戏浪的欢乐时光。那是冲浪式的戏浪：不是如今那种带着冲浪板的正儿八经的冲浪，而是最原始的翻滚，滔天的碧绿波浪震耳欲聋，是永远的赢家。当你回头看见一个如此雄伟的巨浪（已经太迟了），你若知道它要来，本来是能躲开的，它像个让人惊恐又让人欢乐的玩笑。但是后浪重又聚拢起来，气势犹胜前浪，如一场革命般，那么突然，那么难以预料。

1916 年冬季学期末，我去牛津大学参加奖学金考试。在和平时期面对这场磨难的男生们，恐怕很难想象当时的我有多么不在乎。这不是说我低估考试成功的重要性（某种意义上）。那时候我已经很清楚这个世界上除了大学教师之外，恐怕没有什么职位适合我谋生立命，而且我是孤注一掷地投入到一场极少有人会赢的游戏中，成百上千的人都以失败告终。正如科克在给我父亲的一封信里所说的（当然，我是很多年后才读到的）："您可以把他培养成作家或者学者，不过，要想培养成别的什么，还是别想了。您最好接受**这一点**。"这一点我自己也心知肚明，有时候，这让我害怕。不过，不管我能否赢得一份奖学金，第二年我都得入伍，这缓解了我的紧张情绪。时值 1916 年，即使是个比我乐观的人也会觉得，一个步兵中尉还有心思担忧他那很可能不存在的战后生活，那才不正常。有一次，我试图向父亲解释这一点，这是我常做的一种努力（虽然毫无疑问我努力的次数应该更多些），意在打破我们父子交流中的不自然，让他进入我真实的生活。那是个彻底的失败。他立即给了我一些长辈的忠告：要努力学习，专心致志，他已经为我的教育花了不少钱，日后他能给我的帮助有限，简直可以说微乎其微，等等。可怜的人！他要是觉得我众多的恶习中还包括功课偷懒，那他真是太不了解我了。在生死攸关的时候，考不考得上奖学金这种事怎么还能一如既往的重要呢，他到底怎么想的呢，我这样自问。我想真相是这样的：尽管死亡（我的，他的，每个人的）也常常浮现在他眼前，是他焦虑和其他情绪的主题，但是作为一个严肃的、现实的、带有后果的可能事件，死亡在他大脑中并不占一席之地。无论如何，那场对话是个失败。又在老地方触礁了。他一面希望我能完全信任他，一面又根本无法听见（在严肃意义上）我说的任何话。清空自己的大脑，或者让大脑安静下来，以便给某个外来的思想腾点地方，这是他永远做不到的。

我跟牛津的初次接触颇有喜剧效果。我没给自己事先安排住宿，只有不多的手提行李，于是我步行走出火车站，想找个公寓房或者便宜的旅馆，我满心期待着看到那些"梦幻的尖顶"和"最后的魔幻"[2]。就眼前所见让我失望，但还能忍受。毕竟小镇最丑陋的一面总是在铁路旁。但是，越继续往前走，我越感到困惑。这一排连着一排的破旧商店真的就是牛津吗？我还是往前走，期待着下一个转弯会柳暗花明，发现这确实是个大镇，刚才只是我的错觉。一直到眼前明显已经是镇的尽头，确实已经走到乡下了，我才转头回望。就在那里，我的身后，远远的，以后也再没见过这么美的画面，就是那些著名的成群的尖顶和塔楼。我出车站的时候走错了方向，一直走到了当时就已经又丑又大的郊区伯特莱。我那时没有意识到这次小小的冒险在多大程度上是我整个人生的寓言。我再次走回车站，脚有些疼，叫了辆马车，跟赶车的说："请把我带到能找到住宿的地方，能住一个星期的那种。"这样的做法，现在的我会觉得冒失，但那次非常成功，很快我就在一个舒适的公寓楼里喝茶了。那个房子现在还在，从赫里维尔出来，转到曼斯菲尔德路上，右手第一幢便是。客厅是跟另一个考生合用，他来自加的夫学院，声称那里的建筑在牛津无出其右者。他的学问之大，让我颇受惊吓，但他倒是和蔼可亲。那以后我再也没见过他。

天非常冷，第二天开始下雪，塔尖都成了婚礼蛋糕

---

2. "梦幻的尖顶"和"最后的魔幻"都是引用马修·阿诺德文章里的话。

上的装饰品。考试在奥利尔学院的饭厅举行，我们个个穿着大衣、戴着围巾参加考试，至少左手的手套都没脱。监考人，老费尔普斯，给我们发试卷。试卷内容我都忘得差不多了，不过我感觉纯古典学的部分，我的很多对手应该都做得比我好，我是靠通识和辩证法部分胜出的。我印象中觉得自己考得很差。与科克在一起的这么多年（看似漫长的年月）治愈了我威尔文时代出于自卫的自命不凡，我也不再觉得其他男孩都很无知，只有我一个人什么都知道。作文是关于约翰逊的一段话。这段引自鲍斯威尔书中的对话，我读过好多遍，能够回忆起全部的上下文，但是我从没想过这记忆（就像对叔本华的还算过得去的了解）能让我多得些分数。遇到那个作文题值得庆幸，但当时我仍感觉沮丧。写完文章离开饭厅的时候，我听见一个考生对他的朋友说："我把我知道的那点卢梭和社会契约论全放进去了。"那句话带给我深深的不安，因为虽然我也读了点《忏悔录》（并无收获），但是对《社会契约论》一无所知。就在那天早上，一个好脾气的哈罗公学毕业生还悄悄在我耳边说："我连这是塞姆还是本[3]都搞不清楚。"我很天真地

---

3. 塞姆是指塞缪尔·约翰逊博士，本是指以评论莎士比亚戏剧著称的英国剧作家、评论家本·琼森（Ben Jonson, 1572—1637）。琼森的英语拼写为Jonson，约翰逊则是Johnson。

跟他解释，这是塞姆，不可能是本，因为本的名字里是没有 H 的。我没觉得透露这样的信息有什么坏处。

回到家，我告诉父亲八成考砸了。这是一个有计划的口供，目的是唤起他全部的温情和骑士精神。一个男孩也会考虑自己可能死亡，或者自己的死亡概率，这是我父亲无法理解的，但是他完全能理解一个孩子的失望。再也不会听到跟费用和困难有关的一个字，只有安慰、鼓励和爱意。然后，几乎是圣诞夜当天，我们听说"大学"（大学学院[4]）选中了我。

尽管我现在已经是大学学院的成员，我仍然必须通过初试[5]，其中包括基础数学。为了准备这次考试，圣诞节过后，我又回到科克家过了一个学期——那是一个黄金学期，在考试的阴影之下忧伤地幸福着。复活节的时候，我在初试中考了个大大的不及格，还是跟以前一样搞不清数目。"再仔细一点儿"，每个人都这样建议，但是我发现仔细没用。我越是仔细，错得越厉害，就像直到今天，我越是认真地誊写一篇文章，越会在第一

---

4. 大学学院：牛津大学一共有 38 座学院，也译作"书院"，"大学学院"是最古老的学院，建于 1249 年。

5. 初试：1960 年前，牛津大学文学学士要经过三次考试才能拿到学位，这是其中的第一次考试，通常在录取前或入学后不久进行。因各学院并没有统一录取标准，牛津大学用这个考试来考核所录学生的质量。

行犯下一个可怕的笔误。

尽管如此，我还是在 1917 年的夏季学期（复活节后）住进了学校，眼下真正要做的是加入大学军官团，这是我入伍的最优路线。然而，我在牛津学习的最初那段时间，仍然在为初试做准备。我跟着哈福德郡的老坎贝尔先生读代数（让代数见鬼去吧！），他竟然是我们的好朋友珍妮小姐的朋友。我最终也没通过初试是肯定的，但是我记不清自己有没有再次参加考试，然后再次不及格。战争结束后，这个问题不再重要，因为一条善意的法令免除了所有退役官兵参加初试的义务。要不然，毫无疑问，我只能放弃上牛津的念头。

我进大学不到一个学期，我的材料就通过审核，我入伍了。当时的情况下，那个学期过得实在极不寻常。大学有一半地方改成了医院，在皇家陆军军医队辖下。剩下的地方住了我们这群本科生，人数屈指可数：有两位没到参军年龄，两位身体不合格，一位拒绝为英格兰打仗的新芬党成员[6]，还有零星几个人，我始终没弄清他们的来头。我们在一个小讲厅里吃饭，那里如今已是师生休息室和饭厅间的通道。虽然我们人数很少（大约

---

6. 新芬党：1905 年成立的爱尔兰政党，旨在联合那些拥护爱尔兰独立的资产阶级和小资产阶级。

八位），却称得上人才济济，因为我们中间有 E. V. 戈登，后来的曼彻斯特[7]英语教授，以及 A.C. 尤因，剑桥的哲学家，还有幽默和蔼的希奥博德·巴特勒，他擅长把最吓人的打油诗改编成古希腊诗歌。那段时间我过得非常愉快，但是很难找到与正常大学生活的共通之处，对我而言，那是一段动荡的、激动人心的，但基本上也是无用的日子。然后就是军队了。命运的神奇之手并没有让我离开牛津。我被分到一个军官候补生营队，宿营地就在基布尔[8]。

我通过了普通训练课程（跟刚刚结束的这场战争[9]相比，当年的训练课只是小菜一碟），被编入萨默塞特轻装步兵队，就是原来的第十三步兵团。我十九岁生日当天（1917 年 11 月）到达前线战壕，大部分服役时间是在阿拉斯[10]外面的几个村庄里——伐木坡（Fampoux）和蒙奇（Monchy）。1918 年 4 月，我在靠近利勒（Lillers）的本诺重山（Mt. Bernenchon）负伤。

我惊讶于自己对军队并没有太强烈的厌恶。军队生活当然是可厌的，"当然"二字是关键，这就是军队与

---

7. 曼彻斯特：这里应该是指牛津大学的哈里斯·曼彻斯特学院。

8. 基布尔：指牛津大学的基布尔学院。

9. 刚刚结束的这场战争：指第二次世界大战。

10. 阿拉斯：法国的一个城市。

威尔文的区别所在。没有人假装喜欢军队，你遇到的每个人都想当然地认为这一切令人作呕，却无可避免，是理性生活的恐怖终止，因而情况就完全不同了。明明白白的苦难，与自我标榜为乐趣的苦难相比，反而更容易承受。前者会在患难与共者之间产生一种兄弟情谊，甚至（特别强烈时）是一种爱；后者则只会带来互相猜忌、隐藏的愤世嫉俗，以及令人焦躁的厌恨。其次，我发现部队里比我年龄大的，或者更优秀的人，他们远比威尔文的"血青"待人和气。毫无疑问，这是因为三十岁对十九岁，自然会比十九岁对十三岁要和善得多，那是真正成人的年龄，没有自我肯定的必要了。不过，我倾向于认为是因为我的脸变了。我曾不停被告知"拿掉它"的那个"表情"，显然已经把自己拿走了——也许是在我读《幻境》的时候。甚至有证据表明，取而代之的那个表情能引起同情，或是善意的兴趣。于是，我在法国的第一晚，在一个巨大的营帐，也可能是营房里，大约一百个军官要在那里的木板床上过夜，有两个中年加拿大人第一时间接管了我，并不是把我当儿子一样对待（那可能会让我见怪），而是当成久未谋面的老友。愿上帝保佑他们！还有一次，在阿拉斯的军官俱乐部里，我正独自用餐，自得其乐地看着书喝着红酒（那时候一瓶黑钻香槟只要八个法郎，一瓶巴黎之花十二法郎），有两个年龄已经很大的军官，身上挂满了彩带和红领章，在我快吃完的时候走到我桌边，大声喊着"阳光吉姆"，把我架到了他们那桌，跟他们一起喝白兰地抽雪茄。他俩并没有喝醉，也没把我灌醉，只是纯粹的好心。而且，尽管有些不寻常，倒也没有多么严重。军队里也有讨厌的人，但是记忆中的这几个月，却充满了愉快、短暂的接触。每隔几天，似乎就会遇到一个学者、一个独一无二的人、一个诗人、一个叫人愉快的滑稽小丑、一个会讲故事的人，或者至少是个心怀善意的人。

那个冬天过了大约一半时间，我很幸运得了一种当时部队里称为"战壕热"的病，医生称之为 P. U. O.（不明发热）[11]，我被送往勒雷特波尔的医院，度过了愉快的三星期。也许我应该早点说明自从孩提时起我的肺就很敏感，很小我就学会了让小病一场成为人生乐趣之一，即便是和平时期也一样。而眼下，作为战壕的替代品，一张床，一本书，简直就是"天堂"了。医院的前身是家旅馆，两人一个房间。我的第一个星期有些美中不足，夜班护士中有一位正和我的同屋疯

---

11. P. U. O.：这三个字母分别是 pyrexia（发热）、unknown（不明）和 origin（源头）的首字母。

狂热恋。我的热度很高，顾不上感觉难堪，但是人类的耳语是一种非常无聊且毫无乐感的噪音，尤其在夜晚。之后我的运气有了好转。多情男被送往别处，取代他的是一个来自约克郡的爱好音乐的厌女者，第二个早晨他就对我说："嗯，老弟，要是我们自己铺床的话，那些个婊……就不会在房间里待太久了"（诸如此类的话）。如此这般，我们每天都自己铺床，每天两个志愿救护队成员探头进来，就会说："哦，他们自己把床铺好了！这俩可真是大好人不是吗？"并对我们报以最灿烂的微笑。我想她们是把我们的行为看作侠义心肠了。

也是在这里，我第一次读了一卷切斯特顿的散文。我以前从没听说过他，完全不知道他代表了什么，我也不能理解为什么他能这么快征服我。我的悲观主义、无神论，以及对情感的厌恶，本来足以让切斯特顿成为所有作家中最不对我胃口的一个。可是，似乎上天（或者某种极其莫名的"第二因"）在决定让两个心灵相遇时，会否定我们以前的品位。喜欢某个作家也许会像陷入爱情一样身不由己，一样难以置信。那时为止，我已经是个经验足够丰富的读者，完全能分清喜欢和认同。我不需要接受切斯特顿的言论才能喜欢他的文字。他的幽默感是我最欣赏的那一种——不是一页上嵌进几个

"笑话"，就像蛋糕上嵌着几粒葡萄干，更不是一般的轻佻和滑稽（这是我不能忍受的），而是一种完全无法跟他的论点切分开来的幽默，是逻辑论证本身的"绽放"（正如亚里士多德会说的）。剑之所以发光，不是因为剑客努力让它发光，而是因为剑客在做生死一搏，因此必须迅速出招。对于那些认为切斯特顿轻浮或者"模棱两可"的评论家，我只能勉强可怜他们，不可能同情他们。更重要的是，我喜欢他是因为他的善，尽管这可能看似奇怪。我可以自由地承认这一品位（即便是在当时的年龄），因为这种对善的喜爱与我自己是否努力向善毫无关系。我从来没有感觉到对善的讨厌，而这种讨厌似乎在比我优秀的人中间很常见。我的批评词汇表里从来没有"自鸣得意""沾沾自喜"这样非难别人的话。我缺少愤世嫉俗者的鼻子，所谓 *odora canum vis*[12]，或曰对虚伪和伪善的猎犬般的敏感。这是一种鉴赏力：我感觉到善的"魅力"，就像一个男人感觉到他并不想娶作妻子的女人的魅力。事实上，也正是隔了这样的距离，其"魅力"才最彰显。

读切斯特顿，就像读麦克唐纳一样，我并不知道那

---

12. *odora canum vis*：这句拉丁文选自维吉尔的《埃涅阿斯纪》，字面意思为"狗的嗅觉能力"。

对我来说意味着什么。一个希望长期做坚定的无神论者的年轻人，对于自己读什么书真要千万小心。到处都是陷阱——"翻开的圣经、成千上万的惊喜"，正如赫伯特所言，是"精致的罗网和计策"[13]。要我说的话，上帝真是无所不用其极呢。

在我所属的营队里，我也备受冲击。在这里我遇到了一个叫约翰逊的人（愿他安息），若不是他死于战争，我们会是一生的好友。他和我一样，已经是牛津大学的学生（皇后学院），希望战争结束后从事他的学术研究。他比我年长几岁，当时是连长。我在他身上找到了之前我只在科克身上看到过的逻辑辩证的能力，但是他身上还有着青春、冲动，以及诗意。他正在倾向有神论，关于那个问题还有其他各种话题，我们只要一出队伍就会没完没了地争论。但是重要的不在此。重要的是，他是个有良知的人。到那时为止，我几乎没怎么遇到过一个和我年龄、性情都相仿，却还有着高度原则性的人。最让人吃惊的是，他认为讲原则是理所当然的事。自从背教之后，我还是第一次想到，那些更为严格的美德也许可以跟我们自己的生活发生某些关联。我说"更为严格的美德"，是因为我对朋友间的善意、忠诚以及钱财方

---

13. 此句引自赫伯特诗集《神殿》（1633 年）中一首名为《罪》的诗。

面的慷慨还是有点概念的——谁又不是如此呢？直到他遇见诱惑，发现和这些美德相对立的堕落也可以换上新的、更为文明的说法。但是，我从来没严肃考虑过以下这个问题：像我们这样的人，像我和约翰逊这样想知道美是否客观存在的人，想知道埃斯库罗斯是如何让宙斯和普罗米修斯和好的人，我们也应该努力做到严格意义上的诚实、贞洁、忠于职守。我一直认为这些不是我们的主题。我们之间从来没讨论过这个问题，而且我觉得他从来没怀疑过我是和他不一样的人。我压根儿也没想让他发现。如果说这是虚伪，那么我不得不作出结论：虚伪也能造福于人。对于要说出口的话感到羞愧，假装本来认真说的一句话只是开玩笑——这是不光彩的，但是，这也强过丝毫不以为耻。而且，假装比真实的自己更好，以及事实上开始变得更好，这两者间的区别很微妙，并不像道学家认为的那样泾渭分明。我刻意掩饰的只是一部分，我几乎立刻就接受了他的原则，内心甚至完全没有试图为自己"不加自省的生活"做辩解。当一个大老粗第一次进入谦恭有礼者的世界，除了模仿之外，他一时半会儿还能做什么呢？

您应该已经猜到我们营队是个融洽的集体，少数几个正规军领导着鱼龙混杂的大多数，有从士兵升上来的军官（这些一般都是西部农民出身），有律师，还有大学生。在我们这儿，什么有趣的对话都能听到。也许我们中最好的一位是一直被我们当作笑柄的瓦利。瓦利是个农民，罗马天主教徒，一个充满激情的士兵（我遇见的唯一一个真心渴望战斗的人），即便是最没经验的下级也能牵着他的鼻子走。诀窍就是批评义勇骑兵队[14]。可怜的瓦利知道那是马背上坐过的最勇敢、最有效率、最坚强、最廉洁的部队。这一切他心里清清楚楚，是他从一个加入过勇骑兵队的叔叔那里听来的，他那时还是个孩子。可是他却偏偏说不清楚。他总是结结巴巴、自相矛盾，最后又总是甩出同一张王牌："真希望我叔叔本在这儿，让他跟你说说。我叔叔本会告诉你的。他会告诉你的。"凡人本不该论断，但是我总怀疑，所有在法国打过仗的人里，瓦利一定是头一个直接升入天堂的，如果他战死的话。与其嘲笑他，我还不如给他擦靴子更合适。我也许应该再补充一句：由他领导的那段不长的时间，我过得并不舒坦。瓦利对于杀死德国人有着真诚的热情，且全然不顾他自己或其他人的安全。他总是不停地想出一些让我们这些下级汗毛倒竖的好主意。幸运的是，他可以轻易被我们能想到的任何借口说服。

---

14. 义勇骑兵队：1761 年由自由民、自耕农等子弟组成，1907 年起改编为领土保卫军。

他如此英勇且天真，以至于从来不曾怀疑我们的动机有可能不是纯军事性的。他永远理解不了睦邻原则，这是双方部队默认的，也是堑壕战的主导原则，我的中士早就点拨过我了。有一次我们看见德国人的战壕里有脑袋在动，我就建议给他们"砰砰"来几发枪榴弹，"咱要真想那么着也行，老弟，"中士说道，一面挠着他的脑瓜，"不过，咱要是真那么着，早晚也得轮到咱自个儿头上，明白不？"

我也不能把战时的军队全说成花好月圆。在那里我既遇到了"世俗"，也遇到了伟大的"愚蠢"女神。我到达前线的第一晚（我的十九岁生日），"世俗"便以非常可笑的面目出现在我面前。我穿过井字形通道，钻进防空洞，在烛光里眨着眼睛，这时我注意到眼前听取我汇报的长官正是我在校时的某位教师，我对他的喜爱胜过尊敬。我试着跟他打招呼。他压低嗓音，急促地承认他确实做过教师，这个话题从此再也没在我们之间提起。与伟大女神的相遇甚至更可笑，那时我还没进入自己的部队。从鲁昂来的运送官兵的火车——那种开起来没完没了、时速十二英里的火车，没有哪两节车厢是一个模样的——那天大约是晚上十点出发的。我和另外三个军官被分在同一节车厢。没有暖气，我们自己带了蜡烛照明，要方便就只有对着车窗了。火车大概要开十五个小时。车外冰天雪地。在快到鲁昂的一个隧道里（我的同龄人都记得那个隧道），突然传来一阵刺耳的咣当声和摩擦声，我们车厢的一扇门掉了，消失在黑暗中。我们牙齿冻得咯咯打战，就这样坐到第二站，指挥火车的军官急吼吼地奔过来，质问我们这门是怎么回事。"门掉了，长官"，我们回答。"别胡说了，"他说，"如果你们没有胡闹的话，门怎么会自己掉了呢!"——就好像这世上最自然不过的事情就是，四个军官（还得事先带好螺丝刀）在大冬天的晚上坐进火车，二话不说先把自己车厢的门给拆了。

至于战争本身，那些比我见得多的人已经反复描述过，我在这里就不多说了。德国人春季的那场大进攻之前，我们基本上很太平。即便是进攻期间，他们主要的攻击对象也不是我们，而是我们右翼的加拿大部队，那一整天里，都差不多是一分钟向我们射三发子弹，以便"让我们乖乖待着别动"。我想应该就是在那天，我注意到了什么是大恐胜过小惧：我遇到的一只老鼠竟然没有企图从我身边逃开（一只可怜的瑟瑟发抖的老鼠，和一个可怜的瑟瑟发抖的人）。整个冬天，我们主要的敌人是疲惫和水。我曾经一边行军一边睡着了，醒过来发现自己还在继续行军。穿着高筒胶靴在战壕里走，水深过膝盖，若是靴子被看不见的带刺铁丝刺破了，冰冷的水就在靴子里漫起来，那感觉永生难忘。与死人的接触，无论是已经死了很久的，还是刚死的，都再次证实了我对尸体的看法，那是我看见我死去母亲的那一刻形成的看法。我逐渐开始认识、怜悯并尊重普通人，尤其是亲爱的埃尔斯中士，同一颗炮弹（我这样觉得）把我打伤，却要了他的命。我是个无用的军官（那时候的任命太过轻率），是由埃尔斯摆布的木偶，而他却把这种既荒唐又痛苦的关系变成了某种美丽的东西，他对我而言，几乎成了父亲的角色。至于剩下的，那场战争——恐惧，寒冷，炸药的气味，已经被炸得稀碎却还像几乎被踩扁的甲虫一样蠕动的人，或坐或站的尸体，白茫茫一片寸草不生的大地，日日夜夜穿着感觉已经长在脚上的靴子，所有这一切——则很少在我记忆中出现，即便出现也已模糊不清，而且跟我其他的经历形成断裂，常常感觉似乎是发生在别人身上的，某种意义上甚至显得微不足道。我有过一个想象中的时刻，现在感觉那一刻似乎比那之后的现实更重要。那是我听到的第一颗子弹的声音——离我如此遥远，以至于它的"呜呜声"就像是记者或者和平时期的诗人的子弹。那一刻有一种感觉，不太像害怕，更不是无动于衷，而是一个小小的颤动的信号，它在说："这就是战争。这就是荷马曾描述过的东西。"

# - 第 $13$ 章 -

## 新视角

数月劳苦，砌此围墙，若非大功告成，则心无宁日。[1]

——笛福，《鲁滨逊漂流记》

我在战争中的其他经历和本书没有太多关系。我是怎么"拿下"六十个战俘的——是这样的，不知从哪突然冒出一大群穿灰军服的人，且个个举手过头，这个

---

1. 此句引文并非英国小说家笛福（Daniel Defoe, 1660—1731）名著《鲁滨逊漂流记》的原话，而是路易斯基于书中鲁滨逊对砌墙经历的记述，凭借记忆写下的几句话。这里路易斯应该是借"围墙"来比喻他在牛津时期努力要培养的那个新视角，借以将宗教和浪漫主义拒之门外。

发现让我大舒了一口气——实在不值一提，除非当笑话来讲。福斯塔夫[2]不是也"拿下"了戴尔的考维勒爵士吗？读者诸君也没必要知道我是怎么被一颗英国子弹击中留下"轻伤"的，或者伤员急救站[3]迷人的 N 嬷嬷是如何从此成为我心目中的阿尔忒弥斯[4]的。有两件事与众不同。其一是我被击中的那一刻，我发现（或以为我发现）我不能呼吸了，于是认定这便是死亡。我没感到害怕，肯定也没有勇气。似乎那个场合既不适合害怕也不适合勇气。"这里有个垂死的人"，这一命题在我大脑中显得那么干巴巴，那么真切现实，那么毫无感情色彩，就像教科书里的一句话。甚至非常没趣。这次经历的结果是，几年之后，我接触到康德对"本体我"和"现象我"（the Noumenal and the Phenomenal self）的区分，对我来说，这个区分绝不仅仅是抽象的理论。这是我的亲身体验，我已经证实存在一个完全有意识的"我"，与作为自省对象的"我"之间有着既松散又短暂的关联。另一个重要经历是在索尔兹伯里平原的一间疗

---

2. 福斯塔夫：莎士比亚笔下著名的喜剧人物，既吹牛撒谎，又乐观幽默，没有胆量，也没坏心。
3. 伤员急救站：指战时伤亡人员接待处，其工作人员常由修道院嬷嬷组成。
4. 阿尔忒弥斯：希腊神话中的月神和狩猎女神。

养院里阅读伯格森[5]。这次阅读教会我躲避**虚无**一词背后所隐藏的各种智力陷阱。不过，它对我的情感观也具有革命性的作用。到那时为止，我在情感上完全倾向于苍白、遥远、稍纵即逝的事物：莫里斯的水彩世界，马洛礼笔下绿荫掩隐的幽深去处[*]，叶芝吟诵的朦胧暮色。"生命"一词对我来说具有哪些联想，几乎都可以在雪莱的《生命的凯旋》里找到。我本来不可能理解歌德说"生命的金色之树"[6]是什么意思。伯格森告诉了我。他并没有摧毁我的旧爱，但确实给了我新欢。从伯格森那里我第一次学会了欣赏活力、丰饶和冲动，那属于生长之物的勇气、胜利，甚至傲慢。我开始能欣赏一些本来于我毫无意义的艺术家，所有那些洪亮的、教条的、热烈的、不容反对的人，比如贝多芬、提香（他那些神话主题的作品）、歌德、邓巴[7]、克里斯托弗·雷恩[8]，以及更为欢欣鼓舞的《诗篇》[9]。

---

5. 伯格森（Henri Bergson, 1859—1941）：法国哲学家，生命哲学和现代非理性主义的主要代表，1927 年诺贝尔文学奖得主。

[*] 马洛礼作品中的刚强，那抱悔的悲剧，我那时还完全没有体会到。

6. 歌德的《浮士德》中有一个名句："理论皆灰暗；生命的金色之树常青。"

7. 邓巴（William Dunbar, 1460—1520）：苏格兰诗人，乔叟派首要人物。

8. 克里斯托弗·雷恩（Christopher Wren, 1632—1723）：英国建筑师、天文学家和数学家。

9. 《诗篇》：指旧约中一卷书，收入赞美诗、圣歌、祷告词等，共 150 篇。

1919 年 1 月，我回到牛津——我"复员"了。但是在叙述这段生活之前，我必须正告读者诸君，有一段重要而复杂的经历被省略了。对这段经历，除了沉默我别无选择。我能说的，或者需要说的仅仅是，我以前总对情感充满敌意，这一次是全盘、彻底地遭到了报复。但是，即便我可以自由地叙述这个故事，我也怀疑它与本书的主题并无多少关联。

我在牛津交的第一位终生挚友是 A. K. 汉密尔顿·杰肯[10]，后来他因写作有关康沃尔郡的书而闻名。他延续了（由阿瑟开启的）对我的教育——将我培养成一个能看、能听、能闻的有接受力的人。阿瑟爱好"朴实"的东西，而杰肯似乎什么都能欣赏，甚至是丑。我从他那里学到，我们应该努力完全接受当下的任何氛围：如果身在一个肮脏的小镇，就去寻找肮脏到恐怖、肮脏到极致之处；如果是阴天，就去找个最阴冷、最湿漉漉的树林；如果起风了，就去找风刮得最猛烈的山脊。这中间并没有贝杰曼式[11]的嘲讽，有的只是一种严肃的、然而也是愉快的决心，要揪住事物的本质不放，为事物（如此盛大）的本来面目欢欣不已。

---

10. A. K. 汉密尔顿·杰肯（A. K. Hamilton Jenkin, 1900—1980）：英国历史学家。

11. 贝杰曼：参见本书第五章脚注 21。

我的第二个朋友是欧文·巴菲尔德[12]。某种意义上来说，阿瑟和巴菲尔德就是每个人都会交的第一个朋友和第二个朋友。第一个朋友是"知己"，因为他，你第一次意识到你在这世上并非孤单一人，你可以与他分享心中所有最秘密的喜悦。要跟这个人成为朋友，你不需要克服任何东西，你和他的交融一如落在窗户上的雨滴。但是，第二个朋友则是那个几乎事事都跟你唱反调的人。说他是"知己"，还不如说是"异己"。当然，他跟你趣味相同，不然他根本不可能成为你的朋友。但是他接近那些趣味的角度跟你完全不同。他读的书都没错，但是他从每一本书里得出的结论都是相反的。这就好像他跟你说的是同一种语言，但是发音完全不是一回事。他怎么可以如此接近正确，却又毫无例外每次都错呢？他就像一个女人一样让你着迷（也让你抓狂）。当你试图纠正他的异端邪说，你却发现他确乎下了决心要把你当异端来纠正！然后你们就激烈地争执，夜复一夜地争到深更半夜，争得走在优美的乡间却无暇瞥一眼美景，你俩都感到对方的实力，更多时候像是互相尊重的敌人而不是朋友。事实上（尽管当时你绝不会这样感觉），你们是在互相修正对方的思想，从这些无休止的

12. 巴菲尔德：参见本书第一章脚注 19。

混战中产生了心灵的默契，以及深沉的感情。不过，我觉得他对我的改变远胜于我对他的。他后来写进《诗意语汇》里的许多想法，早在这本重要的小书出现前就已经变成我的想法了。如果不是这样倒奇怪了。当然，当时的他远不如后来那么博学，但是他的天赋早在那里了。

与"瓦德汉"[13]的巴菲尔德紧紧相连的是他的朋友（很快也成了我的朋友），"堂屋"（The House）的 A. C. 哈伍德，后来是麦克豪尔学校的顶梁柱，那是一所位于基德布鲁克的斯坦纳学校[14]。哈伍德跟我们两个都不一样，是个真正泰然自若的人。尽管他也很穷（跟我们大多数人一样），也"前途未卜"，可是他的表情却总是跟一个 19 世纪银行存款充裕的绅士一模一样。徒步旅行的傍晚，下着雨，在最后一抹光线消失前我们却发现一直都看错了地图（很可能是他），最好的指望是"走五英里，到马德汉姆（如果能找到的话），**说不定能在那找到床铺**"，而他脸上依然是那副表情。争论最激烈的时

---

13. 瓦德汉是指牛津大学的瓦德汉学院，下文的"堂屋"是指基督堂学院，而前文提到的杰肯和路易斯同属大学学院。

14. 斯坦纳（Rudolf Steiner, 1861—1925）是德国哲学家，人智学的创立者，认为通过人的固有智慧可以认识精神世界，根据其哲学和教育思想，在世界各地创办了 170 余所各种学校。

候，他也是那副表情。你会觉得，若是谁会被说"你给我把这表情收起来"，那应该就是他。可是，我相信从来没人这样对他说过。这副表情不是面具，也不是因为愚蠢。他早就经历了人生的各种悲伤忧愁。哈伍德是我认识的这个盛产哈姆雷特的时代里唯一的霍拉旭[15]，不受"命运之手的摆布"。

关于我在牛津遇见的这些和其他一些朋友，有一点一定要说。按照严格的异教徒标准（而非我自己的过低标准），他们都是"良善之徒"。换言之，他们都和我的朋友约翰逊一样，相信诚实、集体精神、贞洁和节制都是必需的，并且言行一致——正如考官们所言，"所有应试者均需努力践行"。约翰逊为我打下了基础，使我能受他们这群人的影响。我原则上接受了他们的标准，而且可能也试着付诸行动（但这部分我记不太清了）。

我在牛津的前两年忙于（除去准备"第一考"和"大考"[16]）建立一种姑且称之为知识分子的"新视角"：不再悲观主义，不再自怨自艾，不再纠缠于任何超自然的观点，不再抱有浪漫主义的幻想。总而言之，和《诺

---

15. 霍拉旭是哈姆雷特的挚友，正直勇敢，全剧最后的幸存者。

16. "doing Mods"和"beginning Greats"，要获得牛津大学的文学学士学位必须通过这两个考试。

桑觉寺》[17]里的女主人公一样，我下定决心，"以后无论判断还是行动，都要带着最大的理智"。而理智在那时对我而言，就意味着与各种一直以来主导我人生的浪漫主义撇清关系，几乎是场惊慌失措的大逃亡。原因有好几方面。

首先，我新近认识了一位爱尔兰老牧师，他是个龌龊、可悲的赌徒，早就没了信仰，但还是以牧师为职。我认识他的时候，他唯一的兴趣就是寻找"人类幸存"的证据。他不停地读着这方面的书，也聊起来没完，又因为他有个爱批评的大脑，所以永远不能让自己满意。尤其让人震惊的是，他既有着对个人不朽的强烈渴望，同时（显而易见），又对所有从正常人角度来说可能让这种不朽值得拥有的一切东西完全无动于衷。他寻找的并非荣福直观[18]，他甚至不相信上帝存在。他不是想有多一点时间，以净化提升自己的人格。他不是梦想与死去的朋友或爱人相聚，我从没听他说起谁是带着感情的。他想要的就是他可以称之为"自己"的那个东西，能够无论怎样在他的肉体生命之外获得延伸。至少可以这么说吧，我想。那时的我还太年轻、太冷酷，以至于

---

17.《诺桑觉寺》是《傲慢与偏见》的作者简·奥斯丁（Jane Austen, 1775—1817）的作品。

18. 荣福直观：Beatific Vision，指圣徒灵魂在天堂对上帝的直接认识。

我从来没有想过，他这种心理的背后可能只是对幸福的饥渴，他在这世上从未体会过的幸福。那时，他的心态在我看来是我所遇见过的人中最可鄙的。于是我决定，任何有可能让人陷入这种偏执狂的思想或者梦想都必须彻底回避。有关不朽的问题让我厌恶，我把它扫地出门。人的所有思想都必须集中于：

> 这个世界，我们所有人的世界——
> 最终，也是在这里，
> 我们找到，或者找不到，幸福。[19]

其次，我跟一个正在发疯的人一起度过了十四天，那十四个晚上也大都在一起。他是我深爱的一位朋友，也值得我爱。当他躺在地板上踢滚，喊叫着魔鬼正在撕裂他的身体，他正跌进地狱，我在他身边努力抱住他。我很清楚，眼前这个人没有走寻常人的路。他什么没试过？神智学，瑜伽，唯灵论，心理分析。也许他的发疯跟这些东西确实没关系，而是有生理原因（我现在相信）。但那时，我不这样觉得。我认为我看到了一个警告：所有浪漫主义的渴望，所有脱离世俗的思索，最终

---

19. 此段引文引自华兹华斯的《序曲》（1850 年）。

就是把人引向这里，引向躺在地板上的胡言乱语——

> 切莫痴迷钟情于远方
>
> 也莫使心中幻念脱缰。[20]

安全第一，我心想：走老路，走大路，走在路中央，走在路灯下。那两个星期噩梦般的经历之后，有几个月的时间，"普通"和"平凡"这两个词概括了一切我最渴望的东西。

再次，新派心理学当时在我们中间风靡一时。我们并没有全盘接受（当时很少有人会那样），但是都受了影响。我们最关心的是"幻想"或者叫"一厢情愿的想法"。因为（当然了）我们都是诗人、批评家，我们赋予柯勒律治式的"想象力"很高的价值，所以不仅把"想象力"同"胡思乱想"区别开来，也同心理学家所理解的"幻想"区分开来，就变得很重要了。我所有的"甘美群山"和"西方花园"难道不就是一堆幻想吗？我这样自问。它们一次次引诱我进入不假掩饰的情欲梦幻，或者关于魔法的脏兮兮的噩梦，这还不说明它们的

---

20. 此处引自英国诗人和小说家德拉·梅尔（Walter de la Mare, 1873—1956）的诗《想象力的骄傲》。

本质吗？事实上，当然了，正如前几章里所说的，我自己的经历反复显示，这些浪漫意象从来就只是某种一闪而过的画面，甚至是渣滓，是"喜悦"出现后留下的，这些山、这些花园从来就不是我想要的，而只是象征，它们也不曾表明自己是其他什么东西，所有把它们当作真正的渴望对象的努力很快都会证明自己的失败。可是眼下，我正忙着建立我的"新视角"，把这些给忘了。我非但没有忏悔自己的偶像崇拜，反而去诋毁这些被我崇拜的无害的意象。带着一个男孩的自信，我决定跟这些东西一刀两断。再没有阿瓦隆[21]了，再没有赫斯珀里德斯[22]了。我已经把它们"看穿了"（事实恰恰相反）。我再也不会上当了。

最后，当然还有伯格森。因为这样那样的原因（我今天再看他的书已经不清楚到底是为什么），我在伯格森那找到了对叔本华那个令我挥之不去的观点——宇宙"可能并不存在"——的反驳。换言之，我眼前出现了上帝的某个属性：上帝必然存在。那时，这个属性仍然被加在错误的主体之上，之后很长一段时间也是如此，它被加诸宇宙，而非上帝。但是这个属性本身具有巨大

---

21. 阿瓦隆：凯尔特神话中的西方乐土岛，据说亚瑟王及其部下死后，尸体被移往该岛。
22. 赫斯珀里德斯：参见本书第十一章脚注6。

的潜力。实在（reality）只是"虚无"的某个任意的替代品，一旦扔掉这个荒诞的想法，你就不再是悲观主义者了（甚至也不是乐观主义者）。责怪或称赞"整体"（the Whole）都是毫无意义的，事实上，关于"整体"，无论说什么都是没有意义的。即便你坚持普罗米修斯或者哈代[23]式的反抗，但由于你本身就是整体的一部分，整体只是通过你"平静地高声地诅咒自身"[24]——这种无用在我看来也可以使罗素[25]那篇激动人心的文章《自由人的信仰》毫无说服力。诅咒就跟梦想西方花园一样无用，一样不成熟。我们必须（像卡莱尔的女士那样[26]）"接受"宇宙，完全地、毫无保留地、忠诚地接受。这种斯多葛派的一元论是我的"新视角"的哲学，它给了我巨大的心灵慰藉。这可能是我自中学时代以来最接近宗教性质的体验，它结束了（我希望是永远地）所有与

---

23. 哈代（Thomas Hardy, 1840—1928）：英国小说家，以其悲观主义和无神论著称。

24. 此句引自马修·阿诺德的长诗《恩培多克勒斯在埃特纳火山》（1852 年）。

25. 罗素（Bertrand Russell, 1872—1970）：英国哲学家、分析哲学主要创始人，1950 年诺贝尔文学奖得主。

26. 卡莱尔（Thomas Carlyle, 1795—1881）：苏格兰散文作家和历史学家，据说路易斯曾在美国哲学家和心理学家威廉·詹姆斯（William James, 1842—1910）的名著《宗教经验种种》中读到关于卡莱尔的一段轶事：有人告诉卡莱尔，著名的超验主义者玛格丽特·福勒女士最喜欢说的一句话是"我接受宇宙"，卡莱尔嘲讽地说，"很好！她还是接受的好！"卡莱尔和路易斯一样是虔信的基督徒。

实在达成协议或妥协的念头。只是领会了上帝的一个属性，就能产生如此巨大的变化。

至于"喜悦"，我现在管它叫"审美经验"，并且拿这个名字做了很多文章，声称它很"可贵"。但是如今喜悦来得很少，就算发生了，也没什么影响。

培养新视角的最初那些日子整体上是愉快的。慢慢地，天色起了变化。我自己生活中的不愉快和焦虑越来越多，而巴菲尔德正在经历——

青春那一年
生命犹如疼痛的牙齿。[27]

我们这一代，复员士兵这代人，开始过气了。牛津到处是新面孔。大一新生开始因我们的经历而体谅我们扭曲的观点。未来的出路问题也显得越来越紧迫和黯淡。

就在这时，一件真正可怕的（对我而言）事发生了。先是哈伍德（他脸上的表情还是没变），接着是巴菲尔德，都接受了斯坦纳的学说，成了人智学主义者。我备受打击。我如此费力要从自己生活中驱赶出去的东

---

27. 此处引文出处不详。关于巴菲尔德的痛苦在路易斯日记中曾有记录，主要涉及他的爱情生活。

西，如今在我最好的朋友身上卷土重来。他们不仅是我最好的朋友，而且是我觉得最不可能接受这一套东西的人：一个是对什么都无动于衷；另一个在思想自由的家庭长大，对任何形式的"迷信"都有免疫力，直到进学校才听说基督教。（巴菲尔德第一次听到福音是听写一组《马太福音》里的寓言。）这不仅发生在我那些貌似最安全的朋友身上，而且是在一个我们最需要站在一起的时刻。而等我搞明白（就我所了解的而言）斯坦纳到底说了些什么，我的恐惧变成了厌恶和气愤。因为，我看到的显然就是所有令我厌恨的那些玩意儿，没有什么比那些曾经吸引过我的东西更令我厌恨的了。神仙，精怪，前世来生，秘传，玄学，冥想。"怎么回事——该死的——这简直是**中世纪**"，我叫道。我那时仍然有着时代势利症（chronological snobbery），会把以前时代的名称当作骂人的话来使用。眼前这一切分明是我的新视角努力要排除在外的，这一切会把人领入歧途，陷人于黑暗之地，那里有人正在地板上翻滚，尖叫着说他们正被拖进地狱。这些当然全是一派胡言。**我**可不会上当。可是，孤独接踵而来，那被抛弃的感觉。

我想当然地认为我的朋友们有着和我一样的欲望，那些如果我成为人智学主义者就会作用于我的欲望。我认为他们正在陷入对神秘主义的贪婪、淫荡的欲望。我现在知道，从一开始所有的证据就表面来看并非如此。他们不是那样的人。而人智学，就我现在所知，也并非为了满足那样的欲望。人智学有其艰涩的一面，一种（对我而言）让人欣慰的德国式枯燥，这一特点会让那些追求刺激者很快望而却步。我也一直没有意识到，它对于那些接受者的性格具有伤害作用，我以前一度认为它有很好的作用。

我这样说，不是因为我自己曾经有任何可能接受人智学；我只是想说句公道话，也是作为一份迟来的弥补，因为关于人智学，我曾向朋友们说了许多不公平又过分的坏话。巴菲尔德的归信人智学，标志着我和他之间那场我只能称之为"伟大战争"的开始。感谢上帝，我们从来没有真的吵架，如果他对我也像我对他那样暴力的话，我们随时可能大吵一架。但是我们的争论无休无止，有时候是写信，有时候是面对面，一直持续了几年。而这场"伟大战争"也是我生命的转折点之一。

巴菲尔德始终没能把我变成一个人智学主义者，但是他对我的反击永远毁灭了我思想中的两个要素。首先，他迅速治愈了我之前提到的"时代势利症"，即不加批判地接受我们自己时代的精神氛围，想当然地认为只要是过时的就是不好的。你总要搞清楚为什么会过时。它被证明是错误的（如果有，是谁证明的，在哪里证明的，有多少说服力)？还是说仅仅消失了，就像时尚一样？如果是后者，那么它是对是错，我们一无所知。明白了这一点，就可以继续认识到，我们自己的时代也只是一个"阶段"，肯定有它自己特有的错觉，就像所有的时代一样。这些错觉最有可能潜伏在流行的观念中，没有人敢于攻击这些观念或者觉得有必要为它们辩护，因为这些观念在我们的时代已经根深蒂固。其次，我们目前为止所持有的信念，使得我们不可能拥有令人满意的知识论，这一点他也把我说服了。严格意义上说，我们都是"实在论者"（realists），也就是说，我们接受由感官揭示的宇宙，将其作为岩石般牢固的实在。但是，与此同时，关于某些意识现象，我们却继续做着很多有神论或者观念论（idealism）的解释。我们坚持抽象的思想（如果遵循逻辑规律）能够达到无可争议的真理，也坚持我们的道德判断是"有效的"，我们的审美经验不仅仅愉悦，而且"珍贵"。这一观点在当时很普遍，贯穿于布里吉斯[28]的《美的契约》、默里[29]的作品、罗素的《自由人的信仰》。巴菲尔德使我相信了这些思想的不一致性。如果思想是纯主观的活动，所

---

28. 布里吉斯（Robert Bridges, 1844—1930）：英国诗人，1913 年被封为桂冠诗人。

29. 默里（Gilbert Murray, 1866—1957）：英国古典学者。

有关于思想的断言都必须放弃。如果你接受感官的宇宙（作为岩石般的实在），借助于仪器，通过调动感官来形成"科学"，那么你就必须走得更远——很多人也确实越走越远——并接受一种关于逻辑、伦理、美学的行为主义理论。但是，这样一个理论无论当时还是现在，对我来说都是难以置信的。我使用"难以置信"这个词是用它的本意，很多人使用它来表达"不可能"甚至"不合意"的意思。我是想说，去相信行为主义者所相信的东西，这是我的大脑无法进行的一项活动。我无法强迫塑形自己的思想，就好比我没法用大脚趾挠我的耳朵，或者把瓶里的红酒倒进酒瓶的碹底。这是物理学上绝对不可能的。因此，我被迫放弃了实在论（realism）。自从开始读哲学书，我就努力为实在论辩护。无疑部分原因只是"顽固"。观念论当时是牛津的主流哲学，而我天生"反政府"。但是，还有部分原因是，实在论也满足了我的情感需求。我希望大自然相对于我们的观察可以是独立的，是它者，中立的、自在的。（这跟杰肯抓住事物本质不放的狂热一脉相承。）但是现在，我似乎连这一点也不得不放弃。除非我接受另一个难以置信的观点，我就必须承认大脑不是一个后到的附带现象，整个宇宙终极来说是存在于大脑的，我们的逻辑是宇宙逻各斯的一部分。

我当时可以认为这一观点跟有神论毫无关联，这真让人吃惊（现在看来）。我怀疑是有一点故意的盲目。但是，当时有各种各样的盖毯、绝缘体、保险单，让你可以获得有神论的各种方便，同时不需要相信上帝。英国的黑格尔信徒，比如作家 T. H. 格林[30]、布拉德利[31]以及博赞克特[32]（当时都是如雷贯耳的名字），他们写的东西都是这一类货色。绝对的大脑——更好的是"绝对"本身——是私人的，或者说只通过我们认识它自己（却不认识我们?），它如此绝对，以至于并不比别的东西更像大脑。而且，不管怎样，这个概念越是搞得模糊不清，自相矛盾越多，也就越证明我们的发散性思维只在"表象"层面上运作，而"实在"肯定在别处。那么，实在除了在"绝对"之中，还能在哪里呢？"感官帘幕"背后的"更完整的光辉"是在那里，而不是这里。与之相关的情感体验当然是宗教性质的，但这是一个不需要付出任何代价的宗教。我们可以宗教性地讨论

30. 格林（Thomas Green, 1836—1882）：英国新康德主义哲学家、教育家和政治理论家，曾任牛津大学道德哲学教授。

31. 布拉德利（Francis Bradley, 1846—1924）：英国观念论哲学家，认为物质、运动、时间、空间等只是"现象"，而非"实在"，只有"绝对经验"才是"实在"。

32. 博赞克特（Bernard Bosanquet, 1848—1923）：英国哲学家，力图将黑格尔的观念论原则用于社会问题和政治问题。

"绝对"，但是"绝对"会对我们做些什么，这样的危险并不存在。"绝对"就在那里，很安全的距离，不会改变的距离。"绝对"永远不会来"这里"，永远不会（恕我直言）自找没趣。这一"半宗教"就是一条单行道，"人之爱"（*eros*）自下而上源源不断，但是"神之爱"（*agape*）却并没有应声而下。没有什么可害怕的，更妙的是，没有什么可遵守的。

然而，这套思想中存在一个完全健康的元素。"绝对"存在于"彼处"，而"彼处"包含了所有的对立面，是对一切有限性的超越，是隐藏的光辉，也是唯一完全真实的所在。事实上，彼处已经有了很多天堂的特征。但那是一个我们谁也去不了的天堂，因为我们只是表象。去到"彼处"，本质上来说，就是我们不再是我们自己了。所有接受这一哲学的人，他们的人生如同但丁笔下高尚的异教徒们，"有欲望，无希望"。或者，跟斯宾诺莎[33]一样，他们如此爱他们的上帝，以至于无法盼望上帝也能爱他们。如果不曾有过那段经历，我会深感遗憾。我觉得这个经历要比很多称之为基督徒经验的东西更具宗教性。我从观念论者（idealists）那里学到的

----

33. 斯宾诺莎（Baruch de Spinoza，1632—1677）：荷兰哲学家，与笛卡尔和莱布尼茨并称近代西方哲学的三大理性主义者。

是以下这条真理：天堂应该存在，这比我们中任何人应该进天堂要重要得多。

就这样，伟大的垂钓者戏弄他的鱼儿，而我做梦也没想到鱼钩已经钩住了我的舌头。但是，我已经取得了两大进步。伯格森告诉了我什么是必然存在。借着观念论，我又向着理解以下这句话迈进了一步："我们为您伟大的荣耀献上感谢。"北欧诸神给了我最早的暗示，但是那时候我不相信他们存在，而我现在相信"绝对"存在，我现在确实相信（就人可以相信"荒诞"而言）"绝对"存在。

# - 第 14 章 -
## 将死！

地狱的一大原则——"我是我自己的。"[1]

——乔治·麦克唐纳

　　1922 年夏天，我通过了大考。由于没有哲学类职位，或者说没有我能得到的职位，我那位苦恼已久的父亲又供我在牛津读了一年书，这个第四年我读的是英语专

---

1. 此句选自麦克唐纳的散文《王权》。阅读麦克唐纳小说《幻境》曾让路易斯经历了想象力的洗礼。关于麦克唐纳，参见本书第十一章脚注 17。本章主要描述路易斯归信一神论的过程，对他来说这似乎也正是一个彻底走出以自我为中心的过程。

业，给我的弓又添了第二根弦。我想我和巴菲尔德的伟大战争应该就是那时候开始的。

我一进英语学院就立刻去了乔治·戈登[2]的讨论课，在那里我交了一个新朋友。他张口说的第一句话就让他从在场的十个还是十二个人中脱颖而出，一个让我一见倾心的人，而且以我当时的年龄，青春期那种一拍即合的友谊已经越来越难发生了。他的名字是内维尔·考格希尔。我很快便吃惊地发现，他——那个班级中明显最聪明最明智的一位——竟然是个基督徒，一个彻头彻尾的超自然主义者。他身上还有一些我喜欢的特征，却又感觉奇怪而古老（因为我那时仍然是个现代人）：骑士精神，荣誉感，彬彬有礼，"自由"，"文雅"[3]。甚至能想象他与人决斗的场面。他也常说"粗话"，但是从不说"脏话"。巴菲尔德那时已经开始颠覆我的时代势利症，考格希尔则又给了它致命一击。我们的生活中真的失去了什么吗？古老的就是文明的，现代的就是野蛮的吗？对于那些把我看作"旧日讴歌者"的批评家来

2. 乔治·戈登（George Gordon, 1881—1942）：英国学者，曾于利兹大学和牛津大学任教。

3. "自由"（freedom）、"文雅"（gentillesse）二词用引号是因为引自乔叟的《坎特伯雷故事集》，拼写略异于现代英语，下文的"粗话"（ribaldry）、"脏话"（villeinye）亦同此。

说，这样一个问题在我的生命中出现得如此之晚，也许有点奇怪。要读懂我写的那些书的关键，则是多恩[4]的一句名言："人们最痛恨的异端邪说正是那些他们相信过又转而抛弃的。"我所激烈肯定的东西，也是我曾经抗拒时间最长，最晚才接受的。

考格希尔身上这些让我不安的因素又与另一个涉及面更广、威胁到我整个往日世界观的不安因素联起手来。所有的书都开始跟我对着干了。我关于人生的理论和我作为一个读者的真实经验，这两者之间一直存在着一个荒唐的矛盾，而我竟然始终没看到，真与睁眼瞎无异。乔治·麦克唐纳比其他任何作家对我的影响都更大，当然了，很遗憾他对基督教有那么点儿迷信。**尽管如此**，他还是很好。而切斯特顿，所有其他现代作家加在一起都比不上他有说服力，当然了，除了他的基督教思想。约翰逊则是少有的几位我觉得可以完全信赖的作家，可奇了怪了，他也有一样的毛病。更加碰巧的是，斯宾塞和弥尔顿竟然也是这个问题。即便是古代作家中，也能找到同样的矛盾。宗教性最强的几位作家（柏拉图、埃斯库罗斯、维吉尔）明显是我真正能读进去

---

4. 多恩（John Donne, 1572—1631）：英国诗人、玄学派诗歌代表人物，伦敦圣保罗大教堂教长。但后面的引文应该出自莎士比亚的《仲夏夜之梦》，而非多恩的作品。

的。另一方面，那些不会因为宗教而痛苦的作家，在理论上我应该跟他们心有灵犀的——萧伯纳、威尔斯、密尔[5]、吉本[6]、伏尔泰——却都显得有点单薄，我们小时候会说"没劲"。倒不是说我不喜欢他们。他们都很有趣味（尤其是吉本），但是仅此而已。感觉他们似乎缺乏深度，太简单了。他们的书里找不到生命的艰辛和厚重。

如今我开始读英国文学，同样的矛盾更加严重了。我被《十字架之梦》[7]深深感动，朗格兰[8]对我的触动尤为深刻，我曾（一度）对多恩如痴如醉，托马斯·布朗[9]始终让我感到深深的满足。而最叫人惊心动魄的是乔治·赫伯特。在我眼里，这位作家可以把我们在现实中每分每秒感受到的生活本质传递出来，胜过我读过的

5. 密尔：英国历史上有两位密尔，他们是父子，詹姆斯·密尔（James Mill, 1773—1836）和斯图尔特·密尔（John Stuart Mill, 1806—1873），都是著名的哲学家和经济学家，这里不清楚路易斯具体是指哪一位密尔。

6. 吉本（Edward Gibbon, 1737—1794）：英国历史学家，著有史学巨著《罗马帝国衰亡史》。

7.《十字架之梦》：这是现存为数不多的古英语诗之一，古英语文学的重要组成部分。

8. 朗格兰（William Langland, 1330—1400）：据猜测是中古英语头韵诗名篇《农夫皮尔斯》的作者，把教堂语言及其概念化为一般人能理解的形象和比喻。

9. 托马斯·布朗（Thomas Browne, 1605—1682）：英国医生、作家，把科学和宗教融为一体。

其他所有作家；可是这个倒霉的家伙，偏偏不肯直截了当，偏偏要坚持通过沉思的形式，就是我仍然只能称之为"基督教神秘主义"的那种东西。另一方面，大多数可被视为现代启蒙运动先驱的作家，在我看来却都像小杯啤酒似的不过瘾，无趣至极。我觉得培根[10]（说句实话）就是个一本正经、装腔作势的混蛋，王政复辟时期的喜剧我是打着哈欠看完的，而《唐璜》[11]可以说是咬紧牙关总算坚持到最后一行，然后我在封底写了一句"永不再看"。唯一在我眼里还算过得去的非基督徒作家是浪漫派，而他们中很多人都在宗教边缘——有时候甚至就是基督教边缘——危险地徘徊。这一切的结果几乎可以用《罗兰之歌》的主人公罗兰的那句伟大台词来表达，只是要加以扭曲——

基督徒错了，其他人则无聊透了。[12]

比较自然的下一步是，认真追问基督徒是否真的错

---

10. 培根（Francis Bacon, 1561—1626）：英国哲学家、语言大师、英国唯物论和实验科学的创始人，反对经院哲学，提出"知识就是力量"。

11.《唐璜》：英国诗人拜伦（George Byron, 1788—1824）的代表作。

12.《罗兰之歌》：法国史诗，其中主人公罗兰曾说过："异教徒是错的，基督徒是对的。"

了。但是，我没走那一步。我觉得不需要那个假设也能解释为什么基督徒作家优于其他作家。我很荒唐地（然而，很多绝对观念论者都有这个荒唐的念头）认为，对于不做哲学思考的人，"基督教神话"能够把绝对观念论的真理在他们能够理解的程度上传递给他们，即便他们接受的不多，也足以使他们胜过没有信仰的人。那些无法理解"绝对"概念的人，可以通过对"某个上帝"的信仰而更接近真理。作为理性的人，我们属于一个没有时间也因此没有死亡的世界，那些无法理解这一点的人，可以通过相信死后的人生而对真理有一些象征性的了解。这一想法的暗示——我以及大多数其他本科生不需要太费劲就能理解的东西，对于柏拉图、但丁、胡克[13]、帕斯卡[14]来说却太难了——那时的我还没觉得荒唐。我希望这只是因为我没有直面这个问题。

随着情节加速加深发展，直奔结局而去，我也省略了越来越多的细节，那更适合写进一部完整的自传。我父亲的死，他在病情恶化时表现出的坚韧（甚至不以为意），我就不在眼下这个故事里展开了。当时我哥哥在

---

13. 胡克（Richard Hooker, 1553—1600）：英格兰新教神学家，创立安立甘宗（即圣公会），主张政教合一。
14. 帕斯卡（Blaise Pascal, 1623—1662）：法国数学家、物理学家、哲学家、散文家。

上海。至于我如何当了一年牛津的临时讲师，又如何在1925 年被选为莫德林学院的研究员，也都无关紧要。最糟糕的是我不得不放弃描写很多我深爱的人，也是我深深感激的人：G. H. 斯蒂文森和 E. F. 加略特，我的导师们，法夸尔森[15]（又有谁能描述他呢？），还有那五位伟大的莫德林人——P. V. M. 贝尼克、C. C. J. 韦布、J. A. 史密斯、F. E. 布莱特曼，以及 C. T. 奥尼思，是他们打开了我的眼界，让我知道什么才是真正的学者人生。我这辈子总能遇到最好的老师，无论是校内还是校外，当然老鬼是个例外。在莫德林的最初几年里，几乎任何我想知道的东西都不需要我独立去发现。他们那几个人里总会有人给我出点主意。（"关于这个你可以去看阿兰[16]……"——"你不妨试试马克罗比乌斯[17]……"——"这个问题孔帕雷蒂[18] 没提到过吗？"——"你去杜·孔日[19] 那儿找过了吗？"）我发现，永远是越成熟的人，对后生小

---

15. 法夸尔森（A. S. L. Farquharson, 1871—1942）：曾在牛津大学莫德林学院教授哲学。

16. 阿兰（Alain de Lille, 1125—1203）：法国神学家，常被称为里尔的阿兰。

17. 马克罗比乌斯（Macrobius Ambrosius Theodosius）：生活于公元 4 世纪前后的拉丁语法学家。

18. 孔帕雷蒂（Domenico Comparetti, 1835—1927）：意大利语文学家，著有《维吉尔在中世纪》（1872 年）。

19. 杜·孔日（Charles du Cange, 1610—1688）：法国语言学家，研究拜占庭的历史学家。

辈越和善，越勤勉用功的人，越有时间给别人。我开始在英语系教书的时候，又交了两个朋友，都是基督徒（这些怪人这会儿感觉无处不在了），这两位很大程度上助我跨过了最后那道门槛。他们是雨果·戴森（当时在雷丁大学）和 J. R. R. 托尔金。跟后者的友谊意味着我的两大偏见被打破。我刚踏入社会就被（含蓄）警告，永远不要相信一个教皇至上主义者；我刚进入英语系就被（直接）警告，永远不要相信一个语言学家。托尔金既是教皇至上主义者，又是语言学家。

实在论已经被抛弃，新视角差不多也全毁了，时代势利症受到严重挑战。我眼前的牌局，几乎所有棋子都处于不利位置。很快，连主动权在我自己这个错觉也将失去。我的"对手"[20] 开始走他的最后几步棋了。

第一步他消灭了我新视角的最后一点残余。我突然有了冲动，把欧里庇得斯的《希波吕托斯》（当时肯定是没有必要读的）又重读了一遍。一个副歌将世界末日的景象在我眼前升起，那是我取得新视角时拒绝的景象。我喜欢这个景象，但我不愿投降，而是试图屈尊俯就它。但是第二天，我就不知所措了。那是一个充满了

---

20. "对手"是路易斯对上帝的戏称。

甜蜜的不安的转折性时刻，然后——突然间——长久以来的抑制感消失了，荒芜的沙漠退居身后，我再次进入了渴望的绿洲，我的心同时破碎和升华，那是我自从离开布克汉姆后再也不曾有过的感受。我没有什么可做的，不可能再回到沙漠了。我只是被命令——或者说是被强迫——"把那个表情从我脸上拿走"，而且再也不要露出那个表情。

　　第二步棋是针对我的智识，也巩固了第一步的成果。我在亚历山大[21] 的《空间，时间与神》里读到了他关于"享有"（enjoyment）和"思考"（contemplation）的理论。这些是亚历山大的哲学术语，"享有"跟愉悦无关，"思考"也跟沉思的人生无关。当你看到一张桌子，你"享有"看的动作，"思考"桌子。之后，如果你开始考虑光学并思考"看"，那么你就是在思考看的动作，享有思考本身。当你失去亲人，你思考所爱之人以及他的死，而照亚历山大的思想体系里，你是"享有"孤独和悲痛，如果一个心理学家把你当作抑郁症患者来观察，那么他就是在思考你的痛苦，同时享有心理学。我们"想希罗多德不可靠"，这跟我们"想一个想法"是不一样的。当我们想一个想法，"想法"是一个

---

21. 亚历山大（1859—1938）：生于澳大利亚的英国哲学家。

同根宾语[22]（就像"打一拳"里的"拳"）。我们"享有"那个想法（希罗多德不可靠），这样做的同时，我们也是在思考希罗多德的不可靠。

我立即接受了这种区分，从此一直把它当作不可或缺的思考工具。片刻之后，接受这一区分的结果——对我来说是灾难性的——开始出现了。爱、恨、希望或者欲望的一个本质特性是对其对象的关注，这一点在我看来是不言而喻的。停止思考，或者停止关注那个女人，也就意味着停止爱她；停止思考，或者停止关注害怕的对象，意味着停止害怕。但是，关注你自己的爱或者怕，意味着停止关注爱或者怕的对象。换言之，享有和思考这两样内心活动，是互不相容的。你不可能在希望的同时，也思考你的希望，因为，当我们希望的时候，我们关注希望的对象，如果我们去关注希望本身，我们便是（可以这么说）打断了希望。当然，这两个活动可以也确实以很快的速度彼此切换，但它们是不一样的，也是不相容的。这不仅仅是亚历山大的分析的逻辑结论，而且可以在每天每时的生活经验中得到证实。解除愤怒或者情欲，最可靠方式就是转移你对那次侮辱或者

---

22. 同根宾语是指"想法"作为一个宾语，其谓语动词也是"想"，即宾语和谓语是同根词。

对那个女孩的注意力，转而考察这种激情本身。破坏快感的万无一失的方式就是开始考察你的满足感。但是，如果真是如此，下一步结论就是，所有的自省在某种意义上都具有误导性。当我们自省的时候，我们试图"向内看"，想弄清楚到底是怎么回事。但是，几乎所有前一分钟还在进行的心理活动，都会因为我们去关注它而立即停止。不幸的是，这并不意味着自省会一无所获。相反，自省发现的恰恰就是我们所有正常的心理活动被停滞时所剩下的东西，而这些剩余物主要就是大脑里的意象和生理反应。把这些剩余物、印记或者副产品错当作心理活动本身，这就是最大的错误。人们就是这样才可能相信思想只是未说出口的话语，或者对诗歌的欣赏只是一堆大脑意象的综合，而事实上，这些只是思想或者欣赏在被打断之后留下的东西——正如波浪涌起的海面，风其实已经停了。当然，并不是说在被我们的自省中断前，这些活动都是无意识的。我们的爱、恨和思考都是有意识地进行的。有意识的和无意识的二分法应该被三分法取代——无意识的，享有的，思考的。

这一发现照亮了我之前全部的人生。我意识到，我对"喜悦"的全部等待和守望，我徒劳地希望找到某种思想的内容，可以让我用手指按住它说"就是这个"，这些无望的努力其实就是对享有对象的思考。所有这样的守望和等待**能够**发现的，无非是一个意象（阿斯加德、西方花园，诸如此类），或者是隔膜处的一阵颤动。我不应该再为这些意象和感觉浪费时间了。我现在知道它们只是"喜悦"经过之后留在大脑中的印迹——不是海浪，而是海浪留在沙滩上的痕迹。渴望本身的辩证本质已经在某种意义上向我展示了这一点，因为所有的意象和感觉，如果被错当成"喜悦"本身来膜拜，很快都会老老实实承认它们自己的不足。到最后，它们都会说："不是我。我只是给你提醒的。看！快看！我让你想起了什么？"

到目前为止，一切都还好。但是接下来的一招儿真让我大惊失色。毫无疑问，"喜悦"是一种渴望（又因为它与此同时是善的，它便也是爱的一种）。但是渴望面向的不是它自己，而是它的对象。不仅如此，渴望所有的特性都源自其对象。情欲之爱不同于对食物的渴望，对一个女人的爱与对另一个女人的爱是不同的，这两个女人有多不同，爱的方式和程度就有多不同。甚至我们对一种红酒的渴望也会不同于我们对另一种红酒的渴望。我们想知道某个问题的正确答案，这种智力渴望（好奇）与我们希望知道这个答案正确而另一个答案错误的渴望，也不一样。被渴望者存在于渴望之中。渴望是苦涩还是甜美，是粗俗还是精致，是"高"还是"低"，这都取决于渴望的对象。是对象决定了渴望本身值得渴望还是面目可憎。我明白了（这是奇迹中的奇迹），正如我以为自己真的渴望赫斯珀里德斯的花园是错的，我以为自己渴望"喜悦"本身也是错的。喜悦本身，在我的大脑中只是被作为一个事件对待，其实毫无价值。所有的价值在于"喜悦"所渴望的对象。而渴望的对象，很显然，并非我自己的大脑或者身体的某个状态。某种意义上，我已经通过排除法证明了这一点。我已经在我的大脑和身体上试过所有能试的一切，我不停地问自己："这是你想要的吗？是这个吗？"最后，我也问了是否"喜悦"本身是我想要的，在给它贴上"审美经验"的标签之后，我也假装我可以回答"是的"。但是，那个答案也破灭了。"喜悦"毫不留情地宣布："你想要——我就是你想要的——别的什么东西，外在的东西，不是你自己，也不是你自己的任何某个状态。"那时的我并没有追问下去。那么谁是那个被渴望者？到底是个什么东西？但是，也足够了，我已经如五雷轰顶，因为我明白了，在最深的孤独中，有一条路可以让你走出自己，与某个东西发生交流，这个交流的对象拒绝承认自己是任何感官的对象，或任何人的生物或社会需要，或任何想象物，或我们自己的任何心理状态；这个对象宣布自己是彻底客观的存在。远比身体更客观，因为它不像身体被我们的感官所包围：这个原原本本的"他者"，没有形象（尽管我们的想象力总以各种形象向它致敬），无法认知，无法定义，只是被渴望着。

这就是第二步棋，或许类似棋局中输掉了最后一个"主教"[23]。第三步棋当时在我眼中并不危险，只是把关于"喜悦"的这次启蒙和我自己的观念论哲学联系起来。我发现，以我现在的理解，"喜悦"可以融入我的哲学体系。我们凡人，以科学的眼光来看，以通常彼此的眼光来看，都不过是"现象"而已。但也是来自"绝对"的现象。如果我们确实存在（这好像跟没说差不多），那么可以说我们都根植于"绝对"之中，这就是十足的实在。这也是我们为什么会感受到"喜悦"的原因：我们渴望一种永远无法企及的合一，除非我们不再是眼下这种独立的生命现象，被称之为"我们"的存在，这种合一才能企及。"喜悦"并非错觉。我们经历喜悦，就是经历我们最清晰的意识，我们意识到自己碎片的、昙花一现的本质，渴望那终将让我们消失的不可能的结合，或者那自相矛盾的觉醒，觉醒到我们并非做

---

23. 这里指国际象棋中的"Bishop"，一般译作"象"，但鉴于上下语境，选译为"主教"。

了一个梦，我们**就是**一个梦而已。我的理智对这一解释感到满意。甚至我在情感上也很满足，因为天堂应该存在，要比我们应该到达天堂更重要。而我没有意识到的是，我已经跨过了一座里程碑。在那之前，我的思想都是离心分散型的；而那一刻，向心运动开始了。我的人生经历由非常不同的部分组成，而现在它们开始成为连贯的整体。我的渴望与我的哲学吻合了，这预示着我将被迫更严肃地对待我的"哲学"，远比我自己希望的更严肃，而这一天正迅速向我走来。我并没有预见到这一切。我就像一个只是丢了"一个卒"的人，怎么都没想到这会意味着几步之后会被将死。

第四步棋更让人咂舌。我那时一面教哲学（我怀疑教得很差），一面教英语。在指导学生的时候，我的掺了水的黑格尔主义派不上用场*。导师应当把事情说清楚，但"绝对"是说不清楚的。你的意思是"谁都不知道的什么东西"？还是说一个超人大脑，所以（我们不妨承认）是个"人"？毕竟，黑格尔和布拉德利，还有全部他们那帮人，除了把本来简单明了的伯克利²⁴的有

---

* 当然不是说我觉得导师要让学生转而接受自己的哲学。但是我觉得我需要一个属于我自己的立场，以便评判学生的文章。
24. 伯克利（George Berkeley, 1685—1753）：爱尔兰基督新教主教、观念论哲学家，认为"存在即被感知"，存在的只是我的感觉和自我。

神的观念论弄得更神秘一点，还做了些什么呢？我觉得是没做什么。伯克利的"上帝"跟"绝对"扮演的角色不是一模一样的吗？我觉得就是一模一样的，而且还有一个优势：我们说"他"的时候到底指什么，至少还能有点概念。所以，我又回到了类似伯克利主义的东西，但是这个伯克利主义还带了点我自己的表面装饰。我把这个哲学的"上帝"与"大众宗教的上帝"严格区分开来（我自己是这么说的）。我解释说，绝对不可能与这个上帝发生任何个人的关系。因为我觉得，他设计我们，就像一个剧作家设计他的角色，我不可能"遇见"他，就像哈姆雷特不可能遇见莎士比亚。我也不称他为"上帝"，我称他为"精神"。人总是要做垂死挣扎的。

接着，我读了切斯特顿的《永恒的人》，生平第一次，我觉得眼前这个以基督教视角观察到的历史是有道理的。我还是做到了没让自己太惊慌失措。您应该记得，我以前就认为切斯特顿是活着的人中最明智的一位，"除了他的基督教思想"。而现在，我认为自己真的觉得——我当然没那么**说**，因为一说出口立马会显得荒谬绝伦——基督教也是很明智的，"除了它的基督教思想"。我已经记不太清了，因为我刚读完《永恒的人》，一件更让我咂舌的事发生了。1926 年初，我认识的所有无神论者中最强硬的一位，坐在我房间远离壁炉的一头，说了一句话，他说福音书的历史真实性似乎还真是有不少叫人吃惊的证据。"真是怪事，"他继续说道，"弗雷泽[25] 那些关于垂死的上帝什么的，真是怪事，看起来简直好像真的发生过一样。"要理解这一切的震撼力，就必须认识说这话的人（他自那以后肯定也没再对基督教表示过兴趣）。如果他，这个怀疑者中的怀疑者，所有顽固派中最顽固的一个，连他都不是——我现在也会这么说——"安全"的，那么我又该何去何从呢？难道就没出路了吗？

奇怪的是，在上帝全面包抄我之前，我真的有过一个时刻，现在看起来那是一个完全自由选择的时刻——从某种意义上说。我正坐在一辆公共汽车的前方往海丁顿山上去。一个关于我自己的现实出现在我眼前，既没有文字，也几乎没有画面（我觉得）。我意识到我在阻挡着什么东西，非要把它关在门外。或者，也可以这么说，我正穿着一件很紧的衣服，就像紧身衣，甚至是铠甲，就好像我是一只龙虾。就在那时那地，我觉得我正被赋予一次自由的选择。我可以打开门，也可以继续让它关着；我可以解开铠甲，也可以继续穿着。两种都不是责任，也都不带有威胁或保证，尽管我知道解开铠甲或脱掉紧身衣，意味着一切将难以预料。这个选择似乎无比

---

25. 弗雷泽：参见本书第九章脚注 12。

重大，但是很奇怪，它也不带任何感情色彩。我感觉不到渴望或害怕。某种意义上，我什么都感觉不到。我选择了打开，解开，松开缰绳。我说"我选择"，然而似乎也不可能做相反的选择。另一方面，我意识到自己没有任何动机。你可以说我不是一个自由意志者，但是我更倾向于认为这更接近一个完全自由的行为，比我大多数的行为都更自由。自由的反面未必就是必然，也许当一个人无法产生动机，却只能说"我就是我的行动"，那时候他才是最自由的。接着，就是想象层面的后果。我感觉仿佛自己是个雪人，终于开始融化了。是从后背开始的——从滴答滴答，到汩汩流淌。我真是不喜欢那感觉。

狐狸从黑格尔的树林里被赶了出来，此刻正在草原上奔跑，"带着整个世界的悲伤"，浑身泥污，疲惫不堪，后有猎犬紧追不舍。眼下，几乎所有人都站在一队了（多多少少吧）：柏拉图，但丁，麦克唐纳，赫伯特，巴菲尔德，托尔金，戴森，"喜悦"。所有人，所有的一切，都加入了另一方。甚至我自己的学生格里菲斯——如今已经是比德·格里菲斯[26]——也掺和进来，尽管当

---

26. 格里菲斯（Alan Griffiths, 1906—1993）：路易斯的这本书就是献给格里菲斯的。阿兰·格里菲斯 1925 年进入牛津大学，路易斯是他 1927—1929 年间的英语文学导师。1933 年他成为本笃会修士，改名为比德（意为"祷告"）。圣比德（Saint Bede, 672—735）：英国神学家、历史学家。

时他还不是信徒。有一次，他和巴菲尔德在我房间里一起吃午饭，我正好说到哲学这门"课程"。"哲学对柏拉图可不是一门**课程**，"巴菲尔德说，"对他来说，哲学是一条道路。"格里菲斯默不作声却是十二分热切地赞同，他们互相飞快交换了理解的眼神，这让我意识到自己的轻浮。思考得已经够多了，所说的、所感觉的、所想象的都已经够多了。是时候做点什么了。

当然了，我的观念论一直附带有一套伦理观（理论上）。我认为我们这些有限的半真实的灵魂的任务就是成倍增加对"精神"的意识，我们要从不同的视角来观察世界，尽管本质上保持着与"精神"的一致。我们受限于某个特定的时间地点、特定的环境，然而也要动用自由意志，就像"精神"本身一样去思考。这很难，因为"精神"既设计了灵魂和世界，也赋予这些灵魂不同的互为竞争的利益追求，所以就有了自私的诱惑。但是，我认为对于由特定自我制造的情感视角，我们每个人都有能力漠视它，就好像我们可以漠视空间位置造成的光学视角。希望我自己幸福，而不是我的邻居幸福，这就好比认定最近的那根电线杆真的是最大的一根。恢复那个普遍的、客观的视角，按此视角行动，就是每日每时记住我们自己的本质，重新进入或者回到"精神"中，如果我们真的就是"精神"本身的话，那么我们始终都是如此。是这样的，但是现在，我感觉最好试着采取行动。我终于要（用麦克唐纳的话说）**"行动起来，不多不少，就是行动"**，必须为完整的德性做出尝试。

说真的，一个年轻的无神论者真得格外小心才能保护自己的信仰。危险无处不在。除非你准备好了"晓得教训"[27]，你就不能行天父的旨意，甚至连试一试都不行。我所有的行动、渴望和思想，都要与无处不在的"精神"成为和谐一体。生平第一次，我怀着一个严肃的实际目标检验我自己。我的发现让我惊恐：芜杂的欲念，混乱的野心，恐惧滋生，仇恨也蠢蠢欲动。我的名字叫"群"[28]。

当然，如果不能继续求助那个我称之为"精神"的东西，我什么都做不了——连一个钟头都撑不下去。但是，一旦你开始认真去做，这种求助与人们口中常说的"向上帝祈祷"之间的微妙区别立即就消失了。观念论

---

27. 此处与《约翰福音》7：16—17 有关："耶稣说：'我的教训不是我自己的，乃是那差我来者的。人若立志遵着他的旨意行，就必晓得这教训或是出于上帝，或是我凭着自己说的。'"

28. 《路加福音》8：30 讲到耶稣为一个被鬼附体的人赶鬼，"耶稣问他说：'你名叫什么？'他说：'我名叫群。'这是因为附着他的鬼多。"

可以被谈论，甚至可以被感觉，但是观念论没法被生活。如果我继续认为"精神"对于我向其靠近是无知无觉的，或者完全被动的，显然已是荒唐的了。即便我自己的哲学是正确的，主动权又怎么会在我手里呢？我第一次意识到，我用的那个比喻其实暗含了相反的意思：如果莎士比亚和哈姆雷特能相遇，那肯定是莎士比亚的作为*，哈姆雷特什么都做不了。也许，即便如此，我的"绝对精神"仍然不同于宗教里的上帝。真正的问题不在此，或者尚不在此。真正的可怕之处在于，如果你认真相信哪怕这样一个如我所承认的"上帝"或者"精神"，一个全新的境况就开始发展了。正如那些骸骨在以西结那个可怕的山谷里颤动、连结[29]，一个大脑中的哲学理论也开始不安地骚动、起伏，挣脱了裹住它的寿衣，直挺挺地站了起来，成了一个鲜活的存在。我已经不能再玩弄哲学了。正如我所说的，我的"精神"在某种意义上仍然不同于"大众宗教的上帝"，也许是这样。我的"对手"把这个问题搁到一边，那完全无足轻重。他不想争论这个问题。他只是说："我是主。""我是自

---

　　* 原则上来说，莎士比亚可以让自己以作者的身份出现在剧本中，再写一段他自己和哈姆雷特之间的对话。剧中的"莎士比亚"当然既是莎士比亚，也是莎士比亚的人物之一。这个比喻也可以用来理解成肉身。

29. 见旧约《以西结书》37：1—14。

有永有。""我是。"

　　天然有宗教信仰的人很难理解这一启示会引发的惊恐。好脾气的不可知论者可以轻松谈论"人对上帝的追寻"。对那时的我而言，他们还不如谈论老鼠对猫的追寻。我这一困境的最好比喻是《齐格弗里德》第一幕里米姆和沃坦[30]的相遇：*hier brauch' ich nicht Spärer noch Späher, Einsam will ich…*（奸细和探子对我来说一无用处。我想一个人……）

　　您应该记得，一直以来我最希望的就是"不被干涉"。我想要的就是（疯狂的愿望）"做自己灵魂的主人"。对我来说，逃避痛苦远比追求快乐更为紧迫。我的目标一直是有限的责任。超自然之于我，先是非法酒精，接着就让人如酒鬼般作呕了。甚至我实践自己哲学的努力也被各种保留团团包围（我现在知道了）。我非常清楚，我理想中的德性绝不会把我引入任何无法忍受的痛苦，我得保持"理智"。可是眼下，曾经的理想变成了命令，你还能期待命令不会做什么吗？毫无疑问，上帝的本质就是"理性"。但是上帝也会像我们理解的那样"理智"吗？关于这一点，我没有任何把握。彻底臣服，往黑暗中纵身一跃，这是我面对的命令。这个命

---

30. 沃坦即北欧神话里的主神奥丁。

令甚至也不是，"要么全部交托，要么什么都别交托。"我想我已经过了那个阶段，就是在公共汽车上，当我解开铠甲，当雪人开始融化的时候。眼下，这个命令就是"全部交托"。

　　想象一下这幅画面：我一个人，在莫德林的那个房间里，夜复一夜，只要我的大脑一离开工作，我就会感觉到"他"正坚定不移地稳步向我走来，而我是如此不愿意跟他见面。我如此害怕的事情终于发生在了我身上。1929年[31]复活节过后的那个学期，我投降了，承认上帝是上帝，我双膝跪地，祈祷，或许我是那个晚上全英格兰最沮丧、最不情愿的归信者。当时，我并没有意识到一件事，现在却感觉是最夺目最明显的一件事：上帝竟谦卑到接受这样一个归信者。那个浪子毕竟还是自己一步一步走回家的[32]，而我这个浪子，却是一路踢打挣扎，满心怨恨，眼珠乱转四处寻找逃走的机会，最后才被拖进了大门。谁又能完全体会开门者的大爱呢？"迫使他们进来"[33]，这句话因为

---

31. 据路易斯的研究者们考证，确切的年份应该是1930年，具体是当年6月前三周中的某一天。

32. 指新约中耶稣以比喻所讲的著名的浪子回头的故事。

33. "迫使他们进来"：参见新约《路加福音》14：15—24和《马太福音》22：1—10所记载的对那些拒绝参加天国筵席的人的警告。

用心险恶者的滥用而让听者不寒而栗；但是，如果能够正确理解，这句话恰恰丈量出了上帝慈悲的深度。上帝的严厉比人的温柔更善，上帝的强迫是我们的解放。

# - 第 15 章 -

## 开端

凭栏远眺平安之地，是一回事……

长途跋涉走向那里，是另一回事。

——圣奥古斯丁，《忏悔录》

第七章，xxi[1]

---

1. 圣奥古斯丁（Saint Augustine, 354—430）：基督教神学家、哲学家、拉丁教父的主要代表。其代表作《忏悔录》第七章是写他 31 岁那年的精神历程，他无法让自己摆脱对上帝的物质化认识，他意识到罪的原因是自由意志，但是原罪的概念仍然让他困惑。他对柏拉图主义者的研究使他理解了道的神性所在，但他无法理解耶稣的道成肉身。最后他对圣经尤其是保罗书信的研读，消除了他的疑惑。这与路易斯本人的归信经历有类似之处。

读者诸君须得明白，前一章里记录的是我对有神论而不是基督教的归信，对，仅仅是有神论。我那时对道成肉身还一无所知，我所归顺的上帝是完全非人的。

从童年时起我就频频被"喜悦"之箭射中，而如今我正靠近射出这些箭的源头，那么我的恐惧是否已经消除了呢，也许可以这样问。完全没有。上帝与喜悦之间有过或者会有任何关联，这样的暗示我一丁点儿都没得到。要说有，那也是相反的暗示。我曾经希望实在的核心可以用某个地方作为它的象征，结果我发现，实在的核心是一个"人"。我不知道，他[2] 给我的命令之一，或第一个命令，会不会是完全放弃我称为"喜悦"的东西。我被拖过门槛往里拽的时候，里面既没有传来音乐，也没有永恒花园的芬芳。完全感觉不到渴望。

我那时的归信还不包含对永生的信仰。我能有几个月甚至一年的时间来慢慢认识上帝、尝试顺服，而完全没有提出关于永生的问题，现在想来，这真是极大的恩典。我的这种训练有点像犹太人所经历的，坟墓之外除了黑暗到无法形容的**阴间**，几乎什么都没有（或者比阴间更糟糕），而那个时候，上帝已经向犹太人显明了自己，而我则是做梦都没想过永生。有些人，比我优秀得

---

2. 这里"他"是指上帝。

多的人，几乎把不朽当作他们的核心宗教信条。但是对我来说，一开始就过度关注这个问题似乎很难让整个信仰保持纯洁。我从小的教养让我相信，善之为善全在于无关私念，任何对奖赏的盼望或者对惩罚的害怕都会玷污意志。如果我错了（这个问题确实比我当时理解的要复杂得多），我的错误也获得了最温柔的宽容。我害怕威胁或者承诺会让我变得不道德，结果，我并没有收到任何威胁或者承诺。命令没有商量的余地，但是命令背后也没有任何奖惩之说。我们要服从上帝，仅仅因为他是上帝。很久以前，上帝就通过北欧仙宫里的诸神，后来是通过"绝对"的概念，教会了我这一点：我们尊重某个事物可以不是因为它能为我们做什么，而仅仅是因为它本身是什么。这就是为什么我知道我要顺服上帝，因为他是他，这虽然可怕，但我并不吃惊。如果你问我们为什么应该顺服上帝，最终的回答就是，"我是。"认识上帝，就是认识到我们的顺服是理所当然的。上帝的本质正体现了他的合法主权。

当然，正如我之前所说，事情要复杂得多。最初的、必然的存在，造物主，既拥有合法主权，也拥有事实主权。大能（权柄）、国度、荣耀，皆他所有。但是我认识他的合法主权在我认识他的大能之前，权力在能力之前。对此，我心存感恩。即便是今天，我仍然觉得有时候不妨这样对我们自己说："上帝是这样的，即便（**实际上不可能**）他的大能会消失，而他其他的特质保持不变，以至于至高的权力永远失去至高的大能，即便如此，我们仍然应该给予他我们现在所给他的忠诚。"另一方面，上帝的本质就是他的命令的真正奖惩，这样说当然没错，然而要理解这一点，最终我们会得出如下结论：与这一本质的结合是一种幸福，与它的分离则是噩梦。天堂和地狱之分也即在此。但是，除了在这个语境中，对天堂和地狱无论哪一个如果想得太多，或者以为它们有具体所在，就好像除了上帝的在与不在，它们还有什么重要含义，那么很可能关于天堂和地狱的教义都会受损，而且当我们这样想的时候，我们本人也会受损。

　　我故事的最后阶段，即从单纯的有神论过渡到基督教，也是我现在感觉记忆最模糊的一个阶段。又因为它也是离我最近的一个阶段，这样的无知也许显得奇怪。我想有两个原因。其一，当我们年龄渐长，越是遥远的过去反而会记得越清楚。但是，另一个原因我想是在于，我对自己的观点和心理状态变化的关注程度大大减少了（早该如此了，这本书的每个读者都会这样觉得吧），而我以前一直是极度关注的，这是我归信有神论之后最早的结果之一。对很多健康的外向型人来说，自省是从归信开始的。对我来说，几乎正好相反。自省当然还在继续。但自省现在有了明确的间断（我想是这样，但我记不太清了），而且有了现实的目标：自省成了责任、纪律、一件让人不舒服的事，不再是爱好或者习惯。拥有信仰和祈祷是我变得外向的开始。用别人的话来说，我是"走出自己"了。即便有神论除此之外什么用都没有，我也仍然应该为了一件事感谢它：是有神论治愈了我那个浪费时间的愚蠢的写日记习惯。（即便是为了写自传的目的，日记也远没有我希望的那么有用。你每天把你认为重要的东西写下来，但是你当然不可能每天都看清楚，从长远来说什么才是重要的。*）

我一成为有神论者，便开始在星期天去我的教区教堂，工作日则去我大学的小教堂，这不是因为我信基督教，也不是因为我觉得基督教和简单的有神论之间的区别不大，而是因为我认为应该以某种清楚明白的外在标志来"表明立场"。我的行为是出于对某种（可能是错误的）荣誉感的顺从。神职人员整体上对我毫无吸引

---

\* 我写日记所获的唯一真正益处在于，它让我能充分欣赏鲍斯威尔的惊人天才。我也非常努力地记录对话，有些对话的参与者是非常有趣、极不寻常的人物。但是这些人里没有一个在我的日记中显得栩栩如生。显然，鲍斯威尔笔下的朗顿、布克拉克、威尔克斯，还有其他那些人物，对他们的刻画不仅仅是靠精确的记录。

力。我一点也不反神职人员，但我是根深蒂固地反教会权威。牧师助理、主教助理[3]，还有堂会执事，全部要有，这些都妙不可言。他们满足了我对所有重口味事物的杰肯式热爱[4]。而且（除了老鬼）我遇到的神职人员也都很优秀，尤其是亚当·福克斯，莫德林神学系主任，以及我家乡爱尔兰的教区长阿瑟·巴特（后来是都柏林大主教）。（顺便说一句，巴特也曾吃过贝尔森的老鬼的苦头。谈到老鬼去世的时候，我对他说："好吧，**他**我们是不会再见到了。""你是说，"他苦笑着回答，"**希望**如此吧。"）不过，尽管我喜欢神职人员就像我喜欢熊一样，我去教堂的意愿却也跟我去动物园一样微乎其微。教堂，首先就是一种集体，是让人疲惫的"聚到一起"的事儿。我那时仍然不能理解，这种事跟个人的精神生活能有什么关系。对我来说，宗教应该就是好人们独自祈祷，两三个聚在一起聊聊精神生活的话题。但是却有那么些烦琐的浪费时间的自找麻烦！钟声、人群、仪仗伞、通知、奔忙、没完没了的安排和组织。赞美诗对我来说尤其烦人（如今也一样）。在所有乐器中管乐器是我最不喜欢的（如今也一样）。我还有某种精神上

3. 主教助理：英国国教中地位仅次于主教的牧师。
4. 此处路易斯略带善意嘲讽，杰肯是本书第十三章里他提到的一位大学朋友，他主张对任何东西，哪怕非常丑陋可厌，也要热爱接受。

的笨拙，使我不愿意参加任何仪式。

因此，我去教堂只是象征性的临时行为。如果去教堂确实帮助我往基督教的方向走，我当时并没有意识到，如今也还是不清楚。在那段旅程中我主要的伙伴是格里菲斯，我和他频繁通信。我们俩现在都信上帝，随时都想从各个源头去了解他，无论是异教徒还是基督徒的角度。在我脑子里（我没法替格里菲斯说，他在《金线》[5]里讲了他自己的故事，非常精彩），"宗教"的令人困惑的多样性开始逐渐被厘清。真正的线索是那个铁杆无神论者放到我手里的，是他说了那句："真是怪事，所有那些关于垂死的上帝什么的，看起来简直好像真的发生过。"除了他，还有巴菲尔德，他鼓励我以更尊敬的——即便不是更愉快的——态度看待异教徒的神话。问题不再是在一千个一定是错的宗教里找到一个一定是对的宗教。问题是："宗教在哪里达到真正的成熟？如果说所有异教中的暗示都实现了，那么又是在哪里实现的?"对于反宗教者我已经不关心了，他们的人生观不值一顾。与他们相对的，所有敬拜神灵者——曾经唱过、跳过、祭祀过、颤抖过、敬畏过的人们——显然是对的。但是，理智和良心，必须同祭祀和仪式一样，做

---

5.《金线》：格里菲斯的自传，1954年出版，比路易斯这部自传早出版一年。

我们的向导。回到原始的、没有神学的、没有道德的异教信仰，那是完全不可能了。我最后承认的上帝是独一的，也是公义的。异教信仰只是宗教的童年时期，或者仅仅是一个预言之梦。完全成熟的东西在哪里？或者说觉醒在哪里？（《永恒的人》在这个问题上对我有帮助。）只有两个答案是真正可能的：要么在印度教，要么在基督教。其余的要么是这两者的准备，要么就是它们的**庸俗版**（取该词的法语意）。你在别处能找到的，在印度教或者基督教里都能找到更好的。但是印度教似乎有两个不足之处。首先它似乎不是异教信仰的道德化和哲学化的成熟阶段，而更像是哲学和未经净化的异教信仰的共存体，就像油和水互不相溶：婆罗门在森林里冥想打坐，而几英里外的村庄里，是寺庙娼妓、殉夫自焚、残忍、暴行。其次，印度教不像基督教有史料为佐证。我那时对文学评论已经很老到了，不会再把福音书当作神话。福音书没有神话的味道。然而，那些犹太人以缺乏艺术性的史料形式所记录下来的东西——那些头脑单一的、没有魅力的犹太人，他们对于周围异教世界里的神话宝藏视而不见——恰恰就是伟大神话里的东西。如果某个神话故事变成了现实，或者有了具体的化身，那肯定就是他们记录的这样。而所有其他的文学没有像福音书这样的。神话在某种意义上有点类似福音书。历史书在另一种意义上有点类似福音书。但是没有什么跟它一模一样。也没有哪个人像福音书所描述的那个"人"，穿过时间的深谷，依然栩栩如生、跃然纸上，就像柏拉图笔下的苏格拉底或鲍斯威尔笔下的约翰逊（十倍于埃克曼[6]的歌德或洛克哈特的司各特），但同时又是神圣的，被此世之外的光所照亮，是一个神。但是，如果是一个神——我们不再是多神论者——那么也就不是一个神，而是上帝。这里，也只有在这里，万世神话必定已经成为事实：道成了肉身，上帝成了人。这不是"一个宗教"，也不是"一种哲学"。它就是宗教和哲学的总和与现实。

正如我之前所说，最后这个转变阶段跟之前任何阶段相比，都是我最不确定的，很有可能在前一段的记述中我加入了后来才有的想法。但是对于主线我应该是不会错的。有一件事我确定无疑：随着我逐渐靠近结局，我有了一种抗拒感，就像我之前对有神论的抗拒感一样强烈。一样强烈，但是时间更短，因为我看得更清楚了。我所走的每一步，从"绝对"到"精神"，从"精神"到"上帝"，都是向着更具体的更进一步，也是向

---

6. 埃克曼（Johann Eckermann, 1792—1854）：德国学者和作家，歌德晚年的助手和知己，著有《与晚年歌德谈话录》三卷。

着更为紧迫的、更无法抗拒的更进一步。每向前一步，"称我的灵魂为我所有"的机会就更少一些。接受道成肉身也是向同一方向的更进一步。它拉近了上帝和我之间的距离，或者使我以一种新的方式靠近上帝。而这正是我不想要的。但是，认识到我逃避的原因，当然也就认识到了逃避的可耻和徒劳。最后一步何时发生的我知道得很清楚，但是如何发生的我几乎一无所知。一个阳光明媚的早晨，我坐在去维普斯内德的车上。出发的时候，我还不相信耶稣是上帝之子，等我们到了那里的动物园，我相信了。但是那一路上，我的脑子几乎什么都没想。也没有什么巨大的情感波动。对那些最重要的事情，"感动"也许是最用不上的一个词。那感觉更像是，一个人睡了长长的一觉之后，仍然一动不动地躺在床上，却意识到自己已经醒了。也有点像在公车上的那一刻，模棱两可。自由，还是必然？两者的极大值难道不一样吗？在那个极大值，人就是他自己的行动，行动之外或者之后他就什么都不剩了。至于我们一般称之为"意志"的东西，以及"情感"，我感觉都有点太高调、太言之凿凿，难以信赖，我们心里都偷偷怀疑，强烈的激情或者坚定的决心，多少有可能是个圈套。

自那以后，维普斯内德就不再只是动物园了。沙袋鼠树林里，鸟儿在头顶喳喳叫着，脚下是蓝色的风铃草，沙袋鼠围着你跳来跳去，几乎成了伊甸园的重现。

　　不过，还是要说一句，"喜悦"怎么样了呢？毕竟，这个故事主要是关于"喜悦"的。跟您说实话，我自打成为基督徒后，对这个话题几乎已经完全没兴趣了。我确实不可能像华兹华斯那样抱怨幻想之光一去不返。我觉得（如果确实值得记录），以前的那种刺痛感、那种甜蜜的苦涩，在我归信之后，跟我生命的任何阶段一样，也常常会再次出现，也一样深刻难忘。不过，我现在知道，这一经历，我自己大脑的某种状态，从来都不曾有过我赋予它的重要性。它唯一的价值在于它指向别的、外在的什么东西。当那个东西不能确定时，这个指向标也自然在我心里挥之不去。当我们在森林里迷了路，看见路标可是一件大事。第一个看见的人会喊："快看！"一队人都会围过来盯着看。但是，当我们找到了大路，每过几英里还会经过一个路标，那时我们便不会再停下，再定睛凝望了。路标会鼓励我们，而我们则会对竖起这些路标的权威心怀感激。但是我们不会停下，不会定睛，或者仅仅停留片刻便又上路了；尽管银柱金字，但我们要去的不是这里。"我们要去耶路撒冷。"

　　当然，我还是会常常发现自己停下脚步，盯着路边的什么东西，甚至是远远不如路标重要的东西。

# 附录：C. S. 路易斯的
# 最后一次访谈[1]

舍伍德·艾略特·威尔特

协助新闻通讯社（ANS）

1963 年 5 月 7 日，我驱车至英格兰剑桥，采访了 C. S. 路易斯先生，当代最有影响力的基督教作家之一。我希望他能谈一谈如何鼓励年轻人通过文字来捍卫信仰。

很快我便意识到，这次采访将不同于我以往所做的任何人物访谈。我来到剑桥

1. 引自期刊《决定》（*Decision*），1963 年 9 月刊，葛培理福音协会。

大学莫德林学院，路易斯教授在那里教授中世纪文学与文艺复兴英语文学。我走进一个砖墙的四方院子，爬上一段破旧不堪的狭窄楼梯，眼前一扇古老的木门上挂着一块简易名牌："路易斯教授"。我敲了敲门，一位清洁工开门带我进去。

穿过摆放着简单家具的休息室，我来到一间看起来很简朴的书房。路易斯教授坐在一张平平无奇的桌子前，桌上放着一只老式闹钟和一个老式墨水瓶。他起身跟我打招呼，欢快的笑容和亲切的态度立即让我心生温暖，一位温文尔雅的典型英国绅士。他指了指一把靠背椅，然后自己坐下来，穿着两件毛衣和粗花呢外套的他看起来很舒适，我们这就开始了。


**威尔特：** 路易斯教授，如果您有一位年轻朋友，有兴趣写点基督教主题的文章，您会建议他做些什么准备呢？

**路易斯：** 我会说，如果一个人要写关于化学的文章，他会学习化学。基督教也一样。但是说到写作技巧本身，我不知道该怎么建议别人如何写作。这需要天赋和兴趣。我相信，如果一个人想成为作家，他一定是有强烈的感觉。写作像一种"欲望"，或者"发痒时的挠挠"。写作源于一种极其强烈的冲动，而当这种冲动来的时候，我自己是非下笔不可的。

**威尔特：** 有没有什么路径能激发大量基督教文学的创作，从而影响我们的世代？您对此有何建议？

**路易斯：** 这类事情没什么公式可言。我没有配方，也没有药丸。作家的训练因人而异，没有人能开出什么处方来。圣经本身也不具有体系性，新约展现出最大的多样性。上帝向我们展现他可以使用任何工具。巴兰的驴[2]，你应该记得吧，在它的一串叫声中做了一段特别有效的布道。

[此时，路易斯先生明显斗志昂扬。我决定转移到更具开放性的话题。]

**威尔特：** 您的作品都具有轻松幽默的特征，哪怕您处理的是相当严肃的神学主题。您是否同意说，这样一种态度的培养是有一定要诀的？

**路易斯：** 我相信这是个人气质决定的。不过，我有这样一种态度，也获益于我研究的中世纪作家，以及切斯特顿的作品。比如，切斯特顿就不惮将严肃的基

---

2. 巴兰的驴：旧约《民数记》第 22 章里的故事，上帝让巴兰的驴突然开口对巴兰说话。

督教主题跟滑稽戏谑结合在一起。同样，中世纪的神迹剧会围绕一个神圣主题，比如基督的诞生，但是又将其与闹剧相结合。

**威尔特：** 那么，在您看来，基督教作家是否应该努力让自己幽默起来？

**路易斯：** 不。我认为在灵性主题上刻意地插科打诨，这让人厌恶，有些宗教作家的幽默努力着实恐怖。有些人下笔凝重，有些人举重若轻。我喜欢后一种方式，因为我相信存在大量虚假的虔敬。面对神圣事物，存在太多严肃和紧张，太多圣洁口吻的高谈阔论。

**威尔特：** 可是，一个神圣的氛围难道不应该严肃吗？严肃难道不是有益于神圣氛围吗？

**路易斯：** 既是，也不是。个人和团体的信仰生活是有区别的。在教会里，严肃是得体的，但是教会中的得体之物到了教会之外不一定就得体，反之亦然。比如，我可以一边刷牙一边祷告，但那不意味着我应该在教会刷牙。

**威尔特：** 您对于当今基督教会内部的写作有何看法？

**路易斯：** 宗教传统内部的作家们出版了大量不忍卒读的东西，事实上是在把人从教会里推出去。那些不断改动和压缩福音真理的自由派作家要对此负责。我不明白，一个人怎么能做到白纸黑字地宣称，不相信他担任圣职起的一刻就默认的一切。我感觉这就是某种形式的卖淫。

**威尔特：** 伍尔维奇大主教约翰·罗宾逊的新书《对上帝诚实》引起很大争议，您对这本书有什么看法？

**路易斯：** 相比"对上帝诚实"，我更喜欢诚实。

**威尔特：** 哪些基督教作家对您有帮助？

**路易斯：** 现代作品中我最受益于切斯特顿的《永恒的人》。其他包括埃德温·贝芬[3] 的书，《象征主义和信念》，鲁道夫·奥托[4] 的《圣洁的概念》，还有多萝西·塞耶斯[5] 的戏剧。

**威尔特：** 我记得应该是切斯特顿，有人问他为什么要加入教会，他回答："为了摆脱我的罪。"

［路易斯教授对这个问题的突然回答让我吃了一惊。］

---

3. 埃德温·贝芬（Edwyn Bevan, 1870—1943）：英国哲学家，专攻希腊文明的历史学家。

4. 鲁道夫·奥托（Rudolf Otto, 1869—1937）：德国宗教学家、哲学家、基督教神学家。

5. 多萝西·塞耶斯（Dorothy Sayers, 1893—1957）：英国侦探小说家、戏剧家、神学理论家、翻译家。

路易斯： 摆脱自己的罪还不够。我们需要相信救我们脱离我们罪的那一位。我们不仅需要认识到我们是罪人，我们还需要相信一位带走罪的救主。马修·阿诺德这样说："人会饿，证明不了我们有面包。"我们知道自己是罪人，这推导不出我们会得救的结论。

威尔特： 在《惊悦》一书中，您提到您是一路踢打挣扎，四处寻找逃走的机会，一百个不乐意地被拉进了信仰。您的意思是说，您是被迫成了基督徒？您在归信时，是否感觉自己是做了一个决定？

路易斯： 我不会那么说。我在《惊悦》中写的是，"在上帝全面包抄我之前，我真的有过一个时刻，现在看起来那是一个完全自由选择的时刻。"但是我感觉我的决定没有那么重要。在这件事上，我是受动者，不是施动者。我被决定。后来事情的发展让我很高兴，但在那一刻我听到的是上帝在说："放下你的枪，我们谈一谈。"

威尔特： 这听起来感觉就像，您走到了做出决定的一个非常明确的节点。

路易斯： 好吧，要我说，最深受强迫的行动同时也是最自由的行动。这样说的意思是，没有哪一部分的你不曾参与这个行动。这是一个悖论。我在《惊悦》中是这样表达的：我做出了选择，然而似乎也真的不可能做相反的选择。

**威尔特：** 您在二十年前这样写道："一个普通人若说了耶稣说的那些话，他不会只是一个了不起的道学家。他将要么是个疯子——跟一个说自己是只荷包蛋的人差不多——要么就是地狱的魔鬼。你必须做出选择。要么这个人是，一直都是，上帝之子；要么他就是个疯子，或者比疯子还糟糕的某些东西。你可以让他闭嘴，像对待一个傻瓜那样；你可以对他吐唾沫，再杀了他，像对待一个魔鬼那样；或者你可以匍匐在他脚下，称他为我主，上帝。但是，我们还是不要自以为是地胡说什么他是一个了不起的人类师长。他没有让这一选项成为可能。他从来没想那样。"

　　对这一问题的看法，您会说现在有所改变吗?

　　**路易斯：** 我会说，没什么本质的变化。

　　**威尔特：** 您觉得，基督教写作的目标，包括您自己的写作，是要让读者与耶稣基督相遇吗?

　　**路易斯：** 这不是我的语言，然而这确实是我虑及的目标。比如，我刚完成了一本关于祷告的书，是想象的书信往来，对方提出了感觉祷告困难的相关问题。

　　**威尔特：** 那我们该如何促进人们与耶稣基督的相遇呢?

　　**路易斯：** 你没法给出一个上帝的模式。带领人们进入上帝的国有很多不同的方式，甚至有些是我尤其不喜欢的！所以我也学会了谨慎判断。

但是我们也很可能以不同的方式造成阻拦。作为基督徒，我们不自觉地就会对信仰之外的人做出毫无必要的让步。我们退让得太多了。我的意思不是说我们应该冒着惹人厌的风险，在不恰当的时刻作见证；但是有些时候，我们必须表面立场：我们不同意。如果我们要对耶稣基督真实，我们就必须显示基督徒的本色。我们不能对什么都保持沉默，什么都可以让步。

我的一本儿童书里有一个人物叫阿斯兰，他这样说："我对每个人说的故事，都是他自己的故事。"我没法讲述上帝是如何对待其他人的，我只知道他是怎么对待我的。当然，我们要为灵性觉醒而祷告，我们也可以有各种方式为此做点什么。但是，我们必须记得，叫他生长的既不是保罗也不是亚波罗[6]。正如查尔斯·威廉斯曾经说过的："圣坛必在某处建起，是为了有火在另一处降下。"

〔我和路易斯先生在剑桥大学莫德林学院他的宿舍里度过了一个半小时，这将是我永远珍藏的记忆。路易

---

6. 这里是间接引用新约《哥林多前书》3：5—6："亚波罗算什么？保罗算什么？无非是执事，照主所赐给他们各人的，引导你们相信。我栽种了，亚波罗浇灌了，惟有上帝叫他生长。"

斯教授身处简朴的住处,他被古老大学城的历史氛围环绕着,终日埋首于中世纪古典文学的教学。很难意识到,眼前这位谦逊的老者很可能是我们这个时代最优秀的基督教文学大师。我禁不住对他说:]

**威尔特:** 路易斯教授,您的作品有一种不同寻常的特质,很少能在关于基督教主题的讨论中找到。感觉您很享受写作。

**路易斯:** 如果我不享受写作,我就不会再写了。在我所有的书里,只有一本写得很没乐趣。

**威尔特:** 是哪一本?

**路易斯:** 《魔鬼家书》。这些信干巴巴的,含沙射影。当时我是在考虑对基督徒生活的各种反对声,然后就决定用书信的形式来写。"魔鬼会那么说。"但是,把好的说成"坏的",坏的说成"好的",让我精疲力尽。

**威尔特:** 您会如何建议一位年轻的基督教作者发展出自己的风格?

**路易斯:** 一个人发展风格的方式是:第一,明确知道自己想说什么;第二,确信自己说出的正是想说的东西。读者一开始并不知道我们是什么意思,我们必须牢记这一点。如果我们的语言模棱两可,读者就不会明白我们的意思。我有时候想，写作就像赶羊群上路，如果有任何一扇门通向左边或右边，读者肯定会进去。

**威尔特：** 您相信圣灵今天还会通过基督教作家说话吗？

**路易斯：** 关于一位作家直接受圣灵"光照"，对此我宁愿不做判断。我无从得知写下的东西是否来自天堂。我确实相信上帝是众光之父——自然之光和灵性之光皆有（雅1∶17）。也就是说，上帝并非只对基督教作家感兴趣，他关注所有种类的写作。同样，上帝的呼召不局限于教会职能，给萝卜田除草的人一样是在服务上帝。

**威尔特：** 美国作家德威·比戈尔评论说，艾萨克·瓦茨[7]的赞美诗《我每思念十字宝架》比旧约中的《雅歌》有更多来自上帝的灵感。对此您怎么看？

**路易斯：** 教会中的伟大圣人和神秘主义者对此都是相反的感觉。他们在《雅歌》中找到非同一般的属灵真理。这是另一个层面的问题，是涉及正典的问题。而且我们必须记住，给成人的东西可能并不适合孩子的味蕾。

**威尔特：** 您如何评价以海明威、贝克特和萨特这

_____

7. 艾萨克·瓦茨（Isaac Watts，1674—1748）：英国神学家、赞美诗作家，被后世誉为"圣诗之父"。

样的作家为代表的现代主义文学潮流？

**路易斯：** 这一领域的东西我读得很少。我不是搞当代研究的学者。我甚至也不搞古代研究，但我热爱古代。

**威尔特：** 您认为当代文学为了塑造一种现实主义氛围而使用污言秽语，这是否有必要？

**路易斯：** 没有必要。这种发展在我看来是一种病症，是某个文明失去信仰的标志。先是灵性的坍塌，紧接着就是道德的坍塌。对于不远的未来我忧心如焚。

**威尔特：** 那么，您是不是觉得，现代文明正在被去基督教化？

**路易斯：** 我没法就这个问题的政治层面发表意见，但关于教会的去基督教化，我有很明确的看法。我相信存在大量与人方便的布道者，教会里也有太多并不真正相信的人。耶稣基督没有说："去到全世界，告诉全世界，一切都好。"福音是完全不同的东西。事实上，福音是直接与世界对立的。

世界反对基督教的说辞颇有分量。每一场战争，每一次海难，每一个癌症患者，每一种灾祸，都可以成为针对基督教的看似有理的驳斥。面对这样的表面证据，做信徒也不是容易的事。这需要有对耶稣基督的深刻信仰。

**威尔特：** 您是否赞同像布莱恩·格林和葛培理那样，要求人们在作为基督徒的生活中有一个决志时刻？

**路易斯：** 我很荣幸曾与葛培理有过一面之缘。1955 年，他因一个向学生布道的活动访问剑桥大学，我们曾共进晚餐。我觉得他是一个非常谦虚、非常明智的人，我确实很喜欢他。

在我们这样一个文明里，我觉得每个人都必须面对耶稣基督对他的生命的要求，否则就得担上罔顾或逃避这个问题的罪责。在苏联，情况不一样。很多今天住在俄罗斯的人从来不需要考虑基督的要求，因为他们从来没听说过这回事。

同样，我们这些生活在英语国家的人，也从未被强迫去考虑，比如说印度教对人的要求。但是，在我们的西方文明里，我们从道德上和智性上，都不得不认真对待耶稣基督。如果我们拒绝这样做，我们就担上了不认真思考的罪责。

**威尔特：** 您怎么看基督徒生活的一条日常规则——需要有与上帝单独在一起的时间？

**路易斯：** 对这个话题我们有新约的军令。我会想当然地以为，所有成为基督徒的人都会这样做。这是主对我们的命令，又因为是他的要求，我相信必须遵从。耶稣基督告诉我们，要进你的内屋，关上门，他很可能就是这个意思。

[由于路易斯教授写作范围极广，既有小说也有非虚构作品，还写过星际旅行（参见他的三部曲：《沉寂的星球》《皮尔兰德拉星》和《可怖之力》），我尤其好奇他对于人类未来有什么看法。]

**威尔特：** 路易斯先生，您觉得未来几年里，人类历史会发生什么变化？

**路易斯：** 我无从得知。我的主要领域是过去。我一路往前时，总是背对着引擎，这让操作方向盘尤其艰难。世界可能十分钟后就停止了，与此同时，我们还是得继续担负我们的责任。最重要的事，莫过于在自己的位置上做上帝的孩子，把每天当作我们的最后一天，又要像我们的世界还会延续一百年一样做好计划。

当然，关于将会发生的事，我们可以从新约找到确信。当我发现人们因这样那样有可能发生的灾难而焦虑，我总是禁不住要笑出声来。他们难道不知道自己终究会死吗？显然确实不知道。我妻子有一次问一位女性朋友她是否考虑过死亡，然后她回答："等我到了那样的年纪，科学就已经想出什么办法了！"

**威尔特：** 您相信将来会有大规模的星际旅行吗？

**路易斯：** 如果存在其他有生命体的星球，对于要跟他们接触，我深感恐惧。我们只会把我们所有的罪性和占有欲带给他们，然后建立一个新的殖民地。想想都可怕。但是当然了，如果我们在地球上先跟上帝恢复关系，一切都会改变。一旦我们发现自己在灵性上觉醒了，我们也可以带着一切美好的东西走向外太空。那就完全是另一回事了。

**图书在版编目(CIP)数据**

惊悦:我的前半生/(英)C. S. 路易斯(C. S. Lewis)著;丁骏译.
—上海:上海三联书店,2023.10
ISBN 978-7-5426-7860-7

Ⅰ.①惊…　Ⅱ.①C…②丁…　Ⅲ.①C. S. 路易斯－自传
Ⅳ.①K835.616

中国版本图书馆 CIP 数据核字(2022)第 164458 号

# 惊悦:我的前半生

著　　者 / C. S. 路易斯

译　　者 / 丁　骏

合作出版 / 橡树文字工作室

特约编辑 / 司　阳

责任编辑 / 邱　红

装帧设计 / 周周设计局

监　　制 / 姚　军

责任校对 / 王凌霄

出版发行 / 上海三联书店

　　　　　(200030)中国上海市漕溪北路 331 号 A 座 6 楼

邮　　箱 / sdxsanlian@sina.com

邮购电话 / 021-22895540

印　　刷 / 上海展强印刷有限公司

版　　次 / 2023 年 10 月第 1 版

印　　次 / 2023 年 10 月第 1 次印刷

开　　本 / 889 mm×1194 mm　1/32

字　　数 / 172 千字

印　　张 / 10.25

书　　号 / ISBN 978-7-5426-7860-7/K·685

定　　价 / 58.00 元

敬启读者,如发现本书有印装质量问题,请与印刷厂联系 021-66366565